城市轨道交通工程机电系统与概预算

Electromechanical System and Budget Estimate of Urban Rail Transit Project

王立勇　主编

中国建筑工业出版社

图书在版编目（CIP）数据

城市轨道交通工程机电系统与概预算＝
Electromechanical System and Budget Estimate of
Urban Rail Transit Project/王立勇主编. —北京：
中国建筑工业出版社，2021.12
ISBN 978-7-112-26807-8

Ⅰ.①城… Ⅱ.①王… Ⅲ.①城市铁路-铁路工程-
机电系统-概算编制②城市工程-铁路工程-机电系统-
预算编制 Ⅳ.①U239.5

中国版本图书馆 CIP 数据核字（2021）第 215348 号

责任编辑：张文胜
责任校对：孙惠雯

城市轨道交通工程机电系统与概预算

Electromechanical System and Budget Estimate of Urban Rail Transit Project

王立勇 主编

*

中国建筑工业出版社出版、发行（北京海淀三里河路9号）
各地新华书店、建筑书店经销
北京科地亚盟排版公司制版
天津翔远印刷有限公司印刷

*

开本：787 毫米×1092 毫米 1/16 印张：16 字数：398 千字
2021 年 12 月第一版 2021 年 12 月第一次印刷
定价：**56.00** 元
ISBN 978-7-112-26807-8
（38084）

本书编委会

主　　编：王立勇

副 主 编：光振雄　傅萃清　王华兵　余　轲　彭慧琼　徐　纳

编　　委：侯文龙　刘浩杰　熊志浩　周俊松　朱　胜　王　瑞

　　　　　李　健　林兴贵　全维新　聂艺博　李琳国　李展毅

　　　　　卢军振　王杨帆　程亚飞　王文伟　曹　跃　曾　静

　　　　　李尚龙　谭　园　朱德章　叶晓峰　刘红中　刘润南

　　　　　王逸维　肖宇轩

序　言

2021年是"十四五"规划开局之年，在经历了跨越式发展之后，城市轨道交通行业开始转向高质量发展。早在2018年，《国务院办公厅关于进一步加强城市轨道交通规划建设管理的意见》（国办发〔2018〕52号）就确定了城市轨道交通建设"量力而行，有序发展"的方针，特别是要求已审批（核准）建设城市轨道交通项目的城市"合理控制工程造价，有效降低工程总投资"；之后的2020年，《住房和城乡建设部办公厅关于印发工程造价改革工作方案的通知》（建办标〔2020〕38号）明确提出"改进工程计量和计价规则、完善工程计价依据发布机制、加强工程造价数据积累"等要求，指明了造价改革的方向，将城市轨道交通工程造价带入"加强造价控制、探索造价改革"的新时期。以上两个文件的发布充分体现了城市轨道交通加强投资控制与推进造价改革的重要性和紧迫性。

《中国制造2025》指出"要大力推动先进轨道交通装备发展，加快新材料、新技术和新工艺的应用，研制先进可靠适用的产品和轻量化、模块化、谱系化产品。"轨道交通装备的研发被提升到制造强国战略的高度，机电设备在轨道交通领域的重要性不言而喻。2020年《中国城市轨道交通智慧城轨发展纲要》正式发布，智能化和信息化已成为轨道交通领域未来的发展方向，全自动驾驶已在多个城市轨道交通中得到应用，这就要求各个关键机电系统设备具有更高的智能化程度和更高的安全性、可靠性。在国家战略规划的要求和智能化发展的趋势下，城市轨道交通机电设备的新产品研发应用必将迅猛发展，加强机电系统的投资控制与成本管理则尤为重要。

城市轨道交通工程机电系统组成复杂，涵盖了通风空调、给水排水与消防、动力照明、通信、信号、供电、牵引网、综合监控、火灾自动报警（FAS）、环境与设备监控（BAS）、安防、门禁、自动售检票、站内客运设备、站台门、工艺设备、车辆等各大系统，费用占城市轨道交通工程直接工程投资比例约30%，且呈上升趋势。机电系统投资主要受系统功能影响，从系统功能入手，研究机电系统核心设备和主要材料，构建概预算编制体系，是解决机电系统投资控制的重要抓手。

中铁第四勘察设计院集团有限公司20多年来累计在30余个城市开展了100余条城市轨道交通线路总体总包设计工作，依据价值工程理论和"二八定律"，全面系统研究了城市轨道交通技术经济指标、土建工程的投资控制，分别于2016年和2019年出版专著《城市轨道交通工程技术经济指标》《城市轨道交通工程施工组织与概预算》，积累了丰富的工程造价资料和投资控制经验。本书在借鉴以往研究经验的基础上，深层次剖析了城市轨道交通工程机电系统与概预算的内在规律，达到了机电系统投资控制的目的。本书具有定向化、模块化、核心化等三大特点。

定向化——城市轨道交通工程机电系统专业众多，本书首次从工程经济的角度出发，通过全面系统梳理标准规范、设计方案，精准提炼了工程造价相关的设计原则及设计参数，有助于概预算编制人员从设计方案的角度控制机电系统造价。

　　模块化——功能决定造价，多一个功能模块必然增加相应的造价，本书首次从功能模块的角度出发，将每个机电系统划分为不同的功能模块，每个功能模块从系统构成、工艺流程、设备材料、工程数量、概预算编制 5 大方面进行全面剖析，以实现机电系统投资控制的模块化。

　　核心化——设备及主材费约占机电系统造价的 90%，本书首次采用"二八定律"确定了影响机电系统工程造价的核心设备及主要材料，详细研究了每种核心设备及主要材料的功能、类型、参数、图片、价格 5 大要素，以便快速掌握影响机电系统造价的核心要素。

　　本书总结了城市轨道交通工程机电系统成本分析及投资控制的经验，为造价人员提供理论指导和经验借鉴，是一本资料详实的学习教材，也可作为城市轨道交通主管部门、建设方、设计方、咨询方、承包方、监理方等各方的参考工具书，更是初学者或大专院校相关专业一本难得的优秀教材。

前　　言

我们在研究城市轨道交通工程技术经济指标、施工组织与概预算之后，必须重点研究机电系统的投资控制，才能完成轨道交通投资控制的总体、土建、机电完整系列。

一、机电系统投资控制的难点

城市轨道交通工程机电系统投资控制一直是个难题，主要有4点原因：

专业多：城市轨道交通工程机电系统涵盖通风空调、给水排水与消防、动力照明、通信、信号、供电、牵引网、综合监控、火灾自动报警、环境与设备监控、安防与门禁、自动售检票、站内客运设备、站台门、工艺设备、车辆等众多专业。不同专业接口复杂、专业性强、差异性大，但目前各机电系统专业资料主要着眼于设计，缺乏从工程经济视角进行机电系统标准规范、设计参数的研究。

厂家多：城市轨道交通工程机电系统产品涉及国内与国外、强电与弱电、硬件与软件、设备与材料等众多厂家，不同厂家的技术特点及产品价格存在较大差异，导致机电系统价格较难具体确定，有必要全面研究分析，确定合理价格，指导概预算编制。

规格型号多：在同一功能情况下，即使同一厂家，其设备规格型号与供电制式、运行环境、安全等级、能耗等因素密切相关，导致规格型号多，亟需理清规格型号与价格之间的内在联系。

新技术多：随着城市轨道交通工程迈入高质量发展阶段，数字化、信息化及智能化成为行业发展趋势，新技术、新材料、新设备不断涌现。同时，也给机电系统投资控制带来了新的挑战。

二、机电系统投资控制的解决之道

针对机电系统投资控制的上述难题，如何破局？我们从以下6个方面入手，解决问题。

设计理念：从投资控制的角度出发，依据设计规范及设计文件，提炼机电系统主要设计原则及设计参数，方便快速了解机电系统的设计理念和脉络。

功能模块：功能决定造价。根据功能组成，将机电系统划分为不同的功能模块，每个功能模块从系统构成、工艺流程、核心功能等方面展开研究，多一个功能模块，多出相应造价。

工程量计算规则：准确的工程量是编制概预算的基础。以武汉市城市轨道交通机电系统投资控制为例，分析《武汉城市轨道交通工程消耗量定额及全费用基价表（2019）》《湖北省通用安装工程消耗量定额及全费用基价表（2018）》等定额，提炼机电系统工程量计算的重要规则，同时以6A编组80km/h线路的机电系统工程量为例，进行全面分析，方便快速核查工程量，减少差错，提高概预算编制质量。

核心设备：占机电系统工程费用比例约55%。核心设备是机电系统实现系统功能的重要基础，也是投资控制的重中之重。通过运用"二八定律"，详细阐述各功能模块核心设备的功能、图片、参数、规格及参考概算价。

安装工程与主要材料：占机电系统工程费用比例约35％，也是投资控制的重点。通过梳理不同类型机电系统的安装工艺和施工组织，提炼主要材料的功能、图片、参数、规格及参考概算价，为制定标准化的概预算模板奠定基础。

概预算编制重点：首先，通过总结既有项目机电系统概预算编制经验，根据不同安装工艺的特点，确定重点安装工序与定额的对应关系；其次，按功能模块分析费用占比大的核心设备和主材数量，确定概预算投资控制的重点；最后，研究机电系统概预算编制中的易错点、特殊情况、新工艺新设备等，达到优质高效控制投资的目的。

三、本书的 3 大突破

书中以武汉、长沙、苏州等城市轨道交通初步设计文件、不同省份发展改革委批复的概算，以及各设备厂商提供的主材设备询价数据等为重要基础资料，在各专业总工程师和设计人员的协助下，通过钻研攻关，历时4年，取得定向化、模块化、核心化3大突破。

首次从工程造价的视角，定向化提炼机电系统设计原则及设计参数，达到投资控制目的。

首次从功能模块的角度，剖析机电系统构成、工艺流程、设备材料、工程数量、概预算编制，模块化投资控制。

首次运用"二八定律"，全面研究机电系统核心设备主材的功能、类型、参数、图片、价格，核心化投资控制。

最后，对本书的编著提供指导、支持、帮助的领导、同行、朋友表示感谢！

限于时间仓促，水平有限，书中难免存在不妥或错漏之处，敬请专家、同仁们批评指正。

编者

2021 年 10 月

目　　录

第 1 章 绪 论

1.1 研究对象

不同制式城市轨道交通的机电系统存在一定的差异，2020 年中国城市轨道交通协会发布的《城市轨道交通分类》T/CAMET 00001—2020 将城市轨道交通系统制式划分为 10 种，分别为地铁系统、轻轨系统、市域快轨系统、磁浮交通系统、跨座式单轨系统、悬挂式单轨系统、自导向轨道系统、有轨电车系统、导轨式胶轮系统、电子导向胶轮系统。截至 2020 年年底，我国内地共有 45 座城市开通运营 244 条城市轨道交通线路，总里程达7969.7km，其中地铁 6280.8km，占比 78.8%。从里程占比来看，地铁系统是最主流的城市轨道交通系统制式，因此，本书重点研究地铁机电系统。

地铁机电系统按系统类型可分为通风空调、给水排水与消防、动力照明、通信、信号、供电、牵引网、综合监控、火灾自动报警、环境与设备监控、安防与门禁、自动售检票、站内客运设备、站台门、人防、工艺设备、车辆等，如图 1.1-1 所示。

（1）通风空调：能够提供足够的新风、控制适宜的温度，为城市轨道交通系统提供舒适的运营环境，能够在灾害发生时实施排烟救助和防烟隔离。通风空调系统包括车站和隧道两部分。

（2）给水排水与消防：保证地铁清洁、生活和消防用水供应，收集雨水、废水、污水集中泵入城市排水系统。给水排水与消防系统包括给水系统、排水系统、水消防系统和自动灭火系统。

（3）动力照明：将降压变电所降压后的 220V/380V 交流电提供给全线的动力、照明设备，主要包括动力配电系统、照明及照明配电系统、综合接地系统。

（4）通信：通信是满足城市轨道交通运输效率、保证行车安全、提高现代化管理水平，并能迅速、准确、可靠地传递各种信息的机电系统。通信系统包括专用通信、公安通信和乘客信息系统。民用通信一般由运营商自建。

（5）信号：信号是指挥列车正常运行、保证运行安全、提高行车效率的重要系统。信号系统由列车自动监控（ATS）、列车自动保护（ATP）、列车自动运行（ATO）、联锁、数据通信（DCS）、培训、维护监测等子系统组成。

（6）供电：供电（不含动力照明、牵引网）为列车、设备系统及车站线路运行提供可靠能源供应，主要包括主变电所、中压供电网络、牵引变电所、降压变电所、电力监控、杂散电流防护及供电车间等。

（7）牵引网：牵引网是向列车输送电能的输电线路，通过列车上的受电弓（或受流器）向列车提供电能，包括接触轨和架空接触网两种形式。

（8）综合监控：实施对供电、环境与设备的监控，为安全行车、调度指挥提供丰富信息，从而保证乘客安全，提高运营效率。

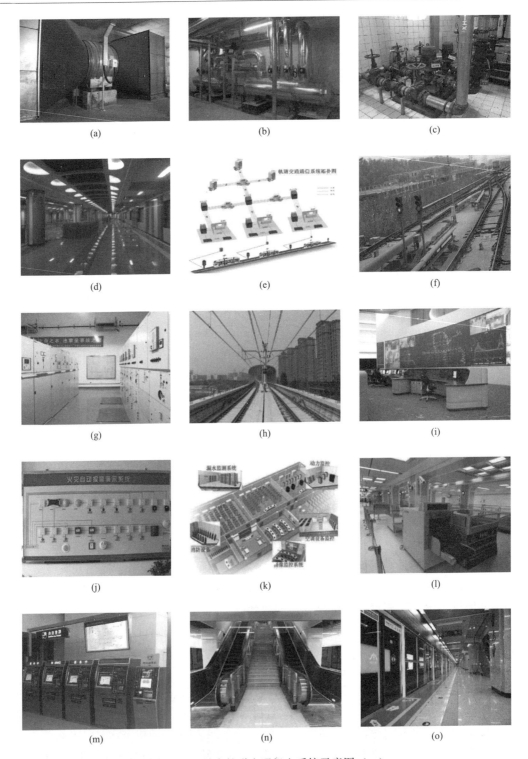

图 1.1-1　城市轨道交通机电系统示意图（一）

（a）通风空调；（b）空调循环水系统；（c）给水排水与消防；（d）动力照明；（e）通信；（f）信号；

（g）供电；（h）牵引网；（i）综合监控；（j）火灾自动报警系统；（k）环境与设备监控；（l）安防与门禁；

（m）自动售检票；（n）站内客运设备；（o）站台门

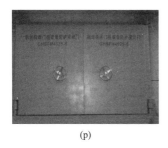 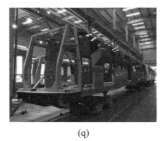 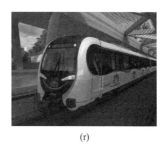

（p） （q） （r）

图 1.1-1 城市轨道交通机电系统示意图（二）

（p）人防；（q）工艺设备；（r）车辆

（9）火灾自动报警、环境与设备监控：火灾自动报警系统能够通过火灾探测器获取火灾发生相关信息，并自动发出报警信号、消防救灾指令和安全疏散指令；环境与设备监控系统对全线通风空调设备、给水排水设备、照明设备、导向设备、自动电扶梯等机电设备进行控制和监测，以创造舒适、节能、安全的乘车环境。

（10）安防与门禁：安防系统包括车站安检系统和车辆基地周防系统，车站安检系统用于对进站乘客及其所携带行李进行安全检查，消除安全隐患；车辆基地周防系统能够有效协助安全防范工作。门禁系统能够设定人员出入权限，实现远程收集打卡记录、校对时间、设置控制器、控制开门等功能。

（11）自动售检票：为乘客提供快捷简易的购票和检票进站服务。自动售检票系统由清分中心（ACC）、线路中央计算机系统（LCC）、车站自动售检票、维修及培训等系统组成。

（12）站内客运设备、站台门：站内客运设备是为方便乘客进出站和上下楼梯、满足无障碍出行要求的设备，包括自动扶梯、电梯、自动人行道、轮椅升降台等设备；站台门系统为乘客提供上、下车安全通道，确保列车运营安全，同时具备节约通风空调系统能耗的功能。

（13）人防：包括人防门和防淹门，用于地下区间、车站战时与人防疏散干道相连，保障人员疏散、物资转移的交通安全。

（14）工艺设备及车辆：工艺设备是布置于车辆基地，用于车辆、机电设备等检修及维护保养的设备，按照配置场所分为车辆段工艺设备和停车场工艺设备，其中车辆段工艺设备根据功能配置分为车辆工艺设备、综合维修中心设备、物资总库设备及培训中心设备4部分。车辆是在地铁线路上可编入列车中运行的单节车，分为动车（有动力）和拖车（无动力）。

1.2 核心理念

本书从设计理念及功能模块、工程量计算规则、核心设备、安装工程与主要材料、概预算编制等角度对城市轨道交通工程机电系统进行了全面阐述，深层次剖析机电系统与概预算的规律。

1. 设计理念及功能模块

从指导概预算编制的角度出发，依据设计规范及设计文件，阐述了机电系统主要设计原则及重点设计参数，方便快速掌握机电系统的设计理念和脉络。

功能决定造价，根据功能组成，将机电系统划分为不同的功能模块，每个功能模块从系统构成、工艺流程、核心功能等方面展开介绍。

2. 工程量计算规则

准确的工程量是编制概预算的基础。根据《武汉城市轨道交通工程消耗量定额及全费用基价表（2019）》（以下简称《武汉城轨定额》）、《湖北省通用安装工程消耗量定额及全费用基价表（2018）》（以下简称《湖北安装定额》）等定额，提炼了机电系统工程量计算的重要规则，同时通过系统分析 6A 编组 80km/h 机电系统工程量，方便快速核对工程量，减少计算错误，提高概预算编制质量。

3. 核心设备、安装工程与主要材料

核心设备及主要材料是机电系统实现系统功能的重要基础，也是投资控制的重点，分功能模块详细阐述了核心设备及主要材料的功能、图片、参数、规格及 2021 年 6 月的参考概算价，其中设备为市场含税价，主要材料为市场除税价，增值税税率 13%。系统梳理了不同类型机电系统的安装工艺和施工组织，为制定标准化的概预算模板奠定了基础。

4. 概预算编制

机电系统概预算按费用组成分可为安装工程费、主要材料费及设备购置费。通过系统总结既有项目概预算定额套用经验，结合《武汉城轨定额》《湖北安装定额》，提炼了定额套用的重难点，并根据安装工艺确定了重点安装工序与定额的对应表；然后运用"二八定律"，分功能模块分析了费用占大的核心设备和主要材料工程数量，确定了概预算投资控制的重点；最后阐述了机电系统概预算编制中的易错点、特殊情况、新工艺新设备等，有助于优质高效地完成概预算编制工作。

本书选取以下典型工程作为研究基础：

典型 6A 线路：6A 编组，时速 80km/h，全自动驾驶，线路全长 25km，全地下线，设站 20 座，站间距 1.25km，设一段一场。

典型 6A 车站：地下二层车站，不带配线，建筑面积 1.6 万 m²（含夹层）。

典型 6A 车辆段：地面车辆段，无上盖，总建筑面积 10 万 m²。

典型 6A 停车场：地面停车场，无上盖，总建筑面积 3 万 m²。

本书核心理念如图 1.2-1 所示。

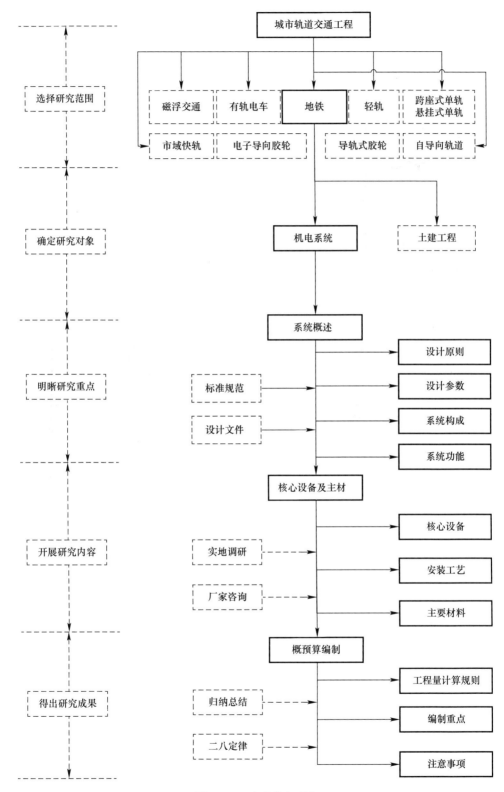

图 1.2-1 本书核心理念

第 2 章　通 风 空 调

2.1　概述

通风空调系统在正常运营期间为乘客提供"过渡性舒适"的候车和乘车环境，为地铁工作人员提供舒适的工作环境，为设备安全运行提供所需的运行环境；当发生事故时，通风空调系统能迅速切换到事故通风模式，如火灾时能迅速排除烟气、为乘客提供新鲜空气并引导乘客向安全区疏散。

城市轨道交通工程通风空调系统主要分为开式系统、闭式系统、全封闭站台门系统 3 种形式，目前国内炎热地区均采用全封闭站台门通风空调系统，本章主要以全封闭站台门通风空调系统为例进行分析。

通风空调系统由隧道通风系统与车站通风空调系统组成，如图 2.1-1 所示。其中隧道通风系统分为区间隧道通风系统和车站隧道通风系统；车站通风空调系统分为公共区通风空调系统（大系统）、设备及管理用房通风空调系统（小系统）、空调循环水系统（水系统）、多联机空调系统。

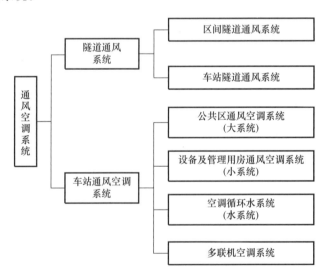

图 2.1-1　通风空调系统组成图

2.1.1　设计理念

1. 设计原则

（1）全线按同一时间发生一次火灾考虑。换乘车站及相邻区间按一次火灾考虑。

（2）通风空调系统设计时应能根据各区域运行时间不同、运行性质不同、使用功能不同分开设置或独立控制。

（3）列车正常运行时，隧道通风系统应能将隧道内的温度较好的控制在设计标准范围内，保证隧道内换气次数不小于 3 次/h。

（4）列车阻塞在区间隧道时，隧道通风系统应能及时向阻塞区间提供一定的送风量，以保障列车空调冷凝器的继续运行，从而保证列车内乘客所需的环境条件。

（5）列车在区间隧道或车站隧道发生火灾时，隧道通风系统（必要时由车站通风空调系统协助）向火灾区域送风并形成一定的断面风速，诱导乘客安全离开并迅速排除烟气。

（6）通风空调系统按远期运营条件（预测的远期客流量和最大通过能力）设计，在不影响使用功能的前提下，设备可考虑近期和远期分期实施。

（7）通风空调系统的设计和设备的配置应充分考虑采用节能调节措施，在运营中节能。

（8）通风空调系统设备应选用运行安全、技术先进、工艺成熟、高效节能、节省空间、便于安装和维护，且自身自动控制程度高的设备，并在满足功能需求的前提下立足于设备国产化。

2. 设计参数

（1）室外空气计算参数

不同城市的室外空气计算参数会根据实际环境影响存在不同。以南方城市（夏热冬冷地区）为例，通风空调系统的室外空气参数表如表 2.1-1 所示。

夏热冬冷地区室外空气计算参数表　　　　　　　表 2.1-1

位置	计算干球温度（℃）		
	夏季通风	夏季空调	冬季通风
地下车站公共区	29.3	32.2	4.4
地下车站设备管理用房	32	35.2	−2.6

（2）室内空气计算参数

1）地下车站公共区室内空气设计参数如表 2.1-2 所示。

地下车站公共区室内空气计算参数表　　　　　　　表 2.1-2

区域	干球温度	相对湿度
站厅	≤30.0℃	40%～70%
站台	≤28.0℃	40%～70%

2）区间隧道：正常运行时区间隧道内夏季最高温度不得高于 40℃；阻塞时列车空调冷凝器周围温度不超过 45℃。

（3）新风量标准

地下车站公共区空调季节小新风量取下列二者较大值：1）每个计算人员按 20m³/（人·h）；2）新风量不小于系统总送风量的 10%。

车站公共区空调季节全新风运行：每个计算人员按 30m³/（人·h），且换气次数不小于 5 次/h，非空调季节通风运行条件下保证每个人员不少于 30m³/（人·h）。

车站设备管理用房区：空调系统人员新风量按 30m³/（人·h）计。

（4）空气质量标准（见表 2.1-3）

空气质量标准表   表 2.1-3

项目	标准
二氧化碳浓度（公共区）	$<1.5‰$
二氧化碳浓度（设备区）	$<1.0‰$
含尘浓度	$<0.25mg/m^3$

（5）风速设计标准（见表 2.1-4）

风速设计标准表   表 2.1-4

项目	风速设计标准
区间隧道风速	$2\sim11m/s$
金属风道最大排烟风速	$\leqslant20m/s$
非金属风道最大排烟风速	$\leqslant15m/s$
排烟口	$\leqslant10m/s$
钢制主风管风速（不设风口）	$\leqslant10m/s$
支风管风速	$5\sim7m/s$（无送/回风口） $3\sim5m/s$（有送/回风口）
一般情况混凝土风道风速	$\leqslant6m/s$
车站隧道混凝土风道单端排风风速	$\leqslant10m/s$
风亭百叶迎面风速	$3\sim5m/s$
消声器迎面风速	$\leqslant6m/s$ 且片间风速$\leqslant12m/s$

（6）活塞风道

活塞风道布置应顺畅，其土建式风道弯头应不多于 3 个，风道长度不宜超过 40m，活塞风道的有效面积不小于 $16m^2$。

（7）通风空调计算人员数量

1）非换乘站车站公共区

乘客在车站平均停留时间：上车客流车站平均停留时间为行车间隔加 2min，其中站厅停留 2min，站台停留一个行车间隔；下车客流平均车站停留时间为 3min，站厅、站台各停留 1.5min。客流按车站远期超高峰客流计算。

2）换乘站

站台乘客：上车客流站台停留一个行车间隔、换乘上车客流站台停留一个行车间隔，下车客流站台停留 1.5min。站厅乘客：上车客流站厅停留 2min、下车客流站厅停留 1.5min。换乘厅乘客：换乘乘客停留 1.5min。过街客流：站厅停留 2min。

3）车站管理、设备用房

按实际人数计算，但计算总人数不得少于 2 人，参见表 2.1-5。

车站管理、设备用房使用人数表   表 2.1-5

序号	房间名称	使用人数	序号	房间名称	使用人数
1	站务室	3	6	车站控制室	5
2	乘务员休息室	5	7	保洁间	4
3	更衣室	3	8	AFC 维修室	3
4	警务室	4	9	其他	2
5	会议室	16	10		

（8）冷水机组

制冷机房内冷水机组的选用不宜少于 2 台，可不设置备用机组，当只选用一台冷水机组时，可选用风冷式冷水机组；冷负荷量小且分散时，可选用风冷式冷水机组。

2.1.2　功能模块

1. 隧道通风系统

（1）区间隧道通风系统

区间隧道通风系统服务范围为除车站轨道区域以外的隧道部分，区间隧道通风系统的配置应能满足列车在各工况下的温度、风速、烟气流向及风向等要求。参照目前国内轨道交通线路的配置情况，区间隧道通风系统一般采用双活塞风井方案。区间隧道通风系统工艺流程如图 2.1-2 所示，系统布置如图 2.1-3 所示。

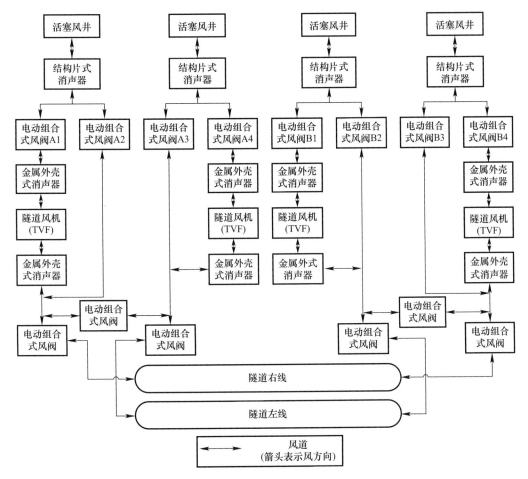

图 2.1-2　区间隧道通风系统工艺流程图

区间隧道两端各设置一个活塞风井、配置一台区间隧道风机及相应的风阀、消声器等隧道两端的两台隧道风机可实现互为备用及事故情况下的送风排烟。

区间隧道通风系统有 4 种运行模式：早晚运行、正常运行、阻塞运行、火灾事故运行。

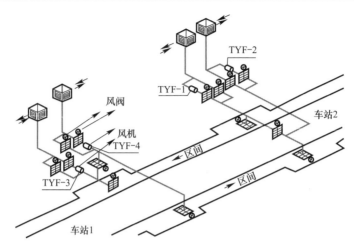

图 2.1-3　区间隧道通风系统布置图

（2）车站隧道通风系统

车站隧道通风系统服务范围为站台门外侧的列车停站隧道。车站排热风道设在站内轨行区上部和站台下部。轨行区上部以及站台下部的排热风道风口分别对应列车空调冷凝散热器和列车制动电阻，以有效排除列车制动后带入车站隧道的热量及停站时车厢顶部空调冷凝器和底部制动电阻的散热量，并兼顾站台和轨行区排烟；车站隧道通风系统工艺流程如图 2.1-4 所示，系统布置如图 2.1-5 所示。

车站两端的排风道内一般各设置一台排热风机（TEF 风机），轨顶风道与站台下部风道均与排风道相连接。

2. 车站大系统

车站大系统为车站公共区设置的通风空调系统，正常运营时为乘客提供过渡性舒适环境；在车站公共区发生火灾时，能够迅速排除烟气，并形成相对于疏散方向的迎面风速，引导乘客安全疏散。

车站大系统按站厅、站台均匀送风，回排风系统兼作排烟设计。站厅、站台的送/排风管均匀布置在吊顶内，采用上送上回的通风方式，排风管兼作排烟风管。

（1）制式

目前国内城市轨道交通工程车站的通风空调系统制式主要分为全空气系统和空气-水系统，一般采用全空气系统制式。

1）全空气系统

全空气系统是完全由空气来承担冷负荷的系统，即媒介为空气，对空气的冷却、去湿等处理均集中通过空调机房内的空气处理机组来完成，在房间内不再对空气进行冷却等处理。车站站厅层两端分别设置一个环控机房，每个环控机房内设有一台组合式空调机组、一台回排风机、一台排烟风机、一台新风机及相应的风阀等，共同承担整个车站公共区的空调送风、回排风及排烟，以满足空调季节最小新风运行、空调季节全新风运行和非空调季节全通风运行三种运行工况，其工艺流程如图 2.1-6 所示。

空气中的焓值指空气中含有的总热量，全空气系统 3 种工况转换采用焓值控制。当空调季节室外新风焓值大于车站回风点焓值时，采用空调新风运行，全新风风阀关闭，排风

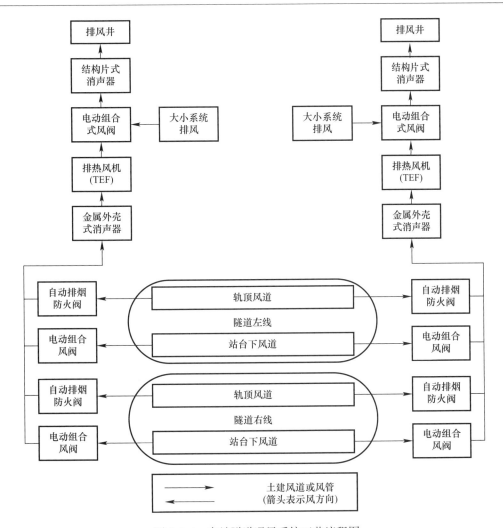

图 2.1-4 车站隧道通风系统工艺流程图

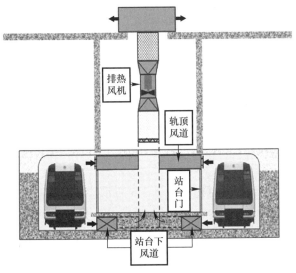

图 2.1-5 车站隧道通风系统布置图

机的排风风阀关闭，回风风阀打开，回风与小新风在组合式空调器的混合段混合，经处理后送入站厅站台。当室外新风焓值小于车站回风混合点焓值，且其温度大于空调送风点温度时，采用空调全新风运行，此时小新风机关闭，全新风风阀打开，回排风机的回风风阀关闭，排风风阀打开，回风经回排风机直接排到排风道，室外新风经组合式空调器处理后送至站厅站台。当室外新风温度小于空调送风点温度时，室外新风不经冷却处理，利用组合式空调器直接送入车站公共区。

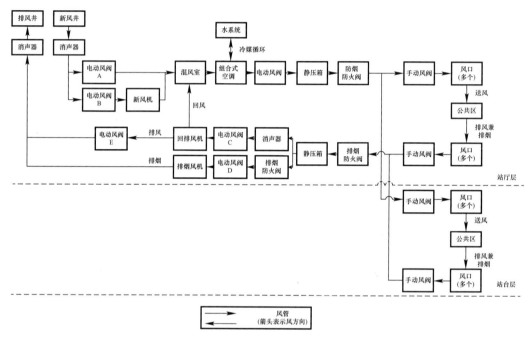

图 2.1-6　全空气系统工艺流程图（半幅）

2）空气-水系统

空气-水系统是由空气和水共同承担空调房间冷、热负荷的系统，即媒介为空气和水。通过新风处理机组向房间内送入经处理的空气，并在房间内设有以水为冷媒的末端设备（风机盘管）对室内空气进行冷却或加热。室内及新风的冷热负荷由风机盘管与新风系统共同承担，其工艺流程如图 2.1-7 所示。

空调工况下，关闭送风机及其对应风阀，由新风处理机送入新风，以满足最小新风需求，同时通过风机盘管实现室内空气以及水的循环；通风工况下，关闭风机盘管及新风处理机组，由送风机将室外空气送入车站公共区。

空气-水系统的排烟风机与全新风机共用管道，通过电动阀门实现模式切换，设于设备机房。

全空气系统与空气-水系统的对比如表 2.1-6 所示。

（2）火灾工况

车站公共区发生火灾时，车站空调循环水系统及与火灾区域无关的通风空调系统停止运行，火灾区域通风空调系统转入火灾模式运行。

当车站站厅层公共区发生火灾时，关闭回/排风机以及组合式空调机组（或风机盘管），启动车站着火端排烟风机，关闭站台层排烟风管，对站厅层进行排烟，烟雾经风井至地面，使站厅层形成负压，新风经出入口从室外进入站厅，便于人员从车站出入口疏散至地面。

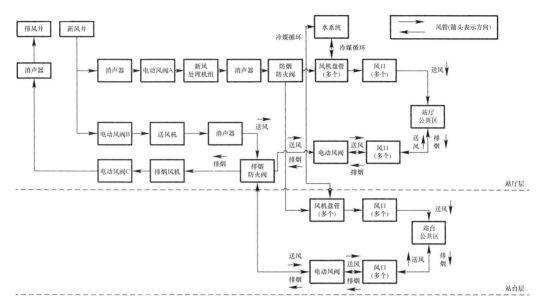

图 2.1-7　空气-水系统工艺流程图

全空气系统、空气-水系统形式对比表　　　　　　　　　　　　　表 2.1-6

系统形式	全空气系统	空气-水系统
主要优点	①能够实现三种不同工况，对不同外界环境的适应性强； ②设备布置集中，便于检修； ③空气品质较高	①较全空气系统节能； ②空调机房面积小，节省土建规模； ③独立设置的排烟系统功能单一，控制简单
主要缺点	①空调机房面积大，增加土建费用； ②系统兼顾排烟工况，风管分支设置以及电动转换阀门较多，布置困难、控制繁琐	①无法实现过渡季节的全新风工况； ②设备分散，检修工作量大； ③空气品质较差

当车站站台层公共区发生火灾时，关闭回/排风机以及组合式空调机组（或风机盘管），启动车站着火端排烟风机，关闭站厅层排烟风管，对站台层进行排烟。岛式车站打开两侧站台门首尾的活动门，启动两端隧道风机及排热风机，辅助排烟；侧式车站打开火灾侧站台门首尾的活动门，启动火灾站台公共区两端的隧道风机、排热风机，辅助排烟。由站台层排除烟雾经风井至地面，使站台层形成负压，楼梯口形成向下气流，便于人员安全疏散至站厅层。

3. 车站小系统

车站小系统为车站设备及管理用房设置的通风空调系统，正常运营时能为车站工作人员提供舒适的工作环境，为设备提供良好的运行环境；当设备管理用房区发生火灾时，系统能及时排除烟气或隔断火源、烟气。

由于各种用房的设计标准、运行时间、消防模式不同，小系统根据以下 6 种形式分别设置独立的送风、排风系统，如表 2.1-7 所示。

车站小系统房间分类表　　　　　　　　　表 2.1-7

类别	设计标准	运行时间	消防模式	房间名称
第 1 类	空调管理用房	18h	人工扑灭	站长室、会议室、警务室、乘务员休息室、信号值班室、保洁间等
第 2 类	空调设备用房	24h	人工扑灭	车站控制室、AFC 票务室、综合维修室
第 3 类	空调设备用房	24h	气体灭火	监控设备室、专用通信设备室、OA 设备室、信号设备室、环控电控室、AFC 机房
第 4 类	冷风降温	24h	气体灭火	35kV 开关柜室、整流变压器室、1500V 直流开关柜、跟随所、0.4kV 开关柜室
第 5 类	通风房间	24h	机械排烟	环控机房、冷水机房、超过 20m 的内走道
			人工扑灭	照明配电室、电力电缆井、消防泵房、检修室、储物间等
第 6 类	独立排风房间	24h	人工扑灭	茶水室、卫生间、盥洗室、垃圾间及垃圾收集间、保洁工具间

车站小系统的工艺流程如图 2.1-8 所示。小系统主要通过空调柜、回排风机来承担相应设备用房的空调送风、回排风及排烟功能，并通过相应的风阀调节来实现不同的通风空调运行工况。

（1）制式

1）全空气系统

当采用全空气系统时，小系统的空调系统有以下三种制式：

① 空调季节最小新风工况：利用设备区相应风阀进行调节，满足系统最小新风量；新风与回风混合后通过空调柜装置制冷后流入各类房间。

② 空调季节全新风工况：利用设备区相应风阀进行调节，系统回风全部排出室外，进风均为新风。

③ 非空调季节全通风工况：该工况下，外界空气不经处理直接送至空调区域，排风全部排出车站外。

2）空气-水系统

当采用空气-水系统时，空调季节利用风机盘管加新风进行空气温度、湿度调节；非空调季节只送新风和排风。对只设通风系统的设备、管理用房，全年按设定的通风模式运行。

（2）火灾工况

当车站一端设备管理用房发生火灾时，该区小系统立即转至设定的火灾模式运行，同时其他小系统和车站大系统停止运行。通过防火阀、自动防火阀隔断火源和烟气，根据火灾发生的具体位置以及所处房间的消防模式组织排烟。环控机房、冷水机房等房间的回排风机兼作排烟风机，可进行机械排烟，同时进行人工扑灭。其余房间采用人工扑灭以及气体灭火方式。

4. 车站空调循环水系统

车站空调循环水系统制备冷水提供给车站内空调设备，同时通过冷却水将热量送出车站。空调循环水系统应能在正常运营时间内满足系统运行及负荷调节要求，且能满足在夜间小系统空调运行时冷水机组能稳定运行。

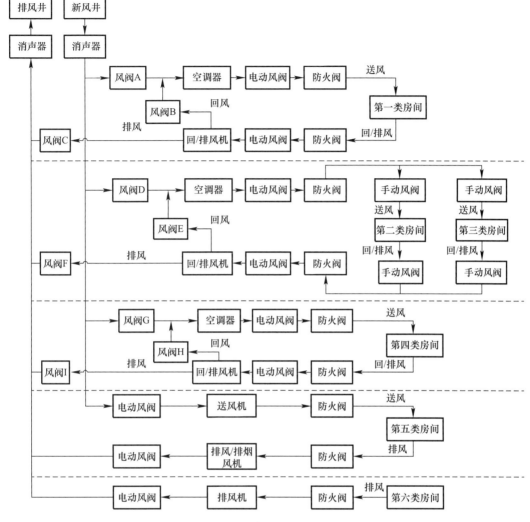

图 2.1-8　车站小系统工艺流程图

根据冷源与车站的配置关系，分为独立供冷与集中供冷两种形式。独立供冷是各站点独立设置制冷站，只提供本站所需的冷水；而集中供冷则是集中设置冷水机组、联动设备及其他辅助设备，由集中冷站向各个车站提供所需的冷水或冷却水。城市轨道交通工程一般选择独立供冷方式。

（1）独立供冷

以冷水机组为界限，可以将独立供冷的空调循环水系统分为冷却水系统和冷水系统两个部分，如图 2.1-9 所示。

冷却水系统包括冷却水塔、冷水机组、冷却水泵、综合水处理器等设备，冷却水系统水管与室外设备连接。冷却水是通过管道和冷却水泵把冷水机组中产生的热量送出室外的运输媒介。

冷水系统包括冷水机组、分水器、末端空调器、集水器、综合水处理器、冷水泵等设备，冷水系统水管与末端设备连接。冷水是通过管道和冷水泵把冷水机组产生的冷量送入各类末端空调器，再由末端空调器把冷量交换给空间的运输媒介。

车站空调循环水系统工艺流程如图 2.1-10 所示。

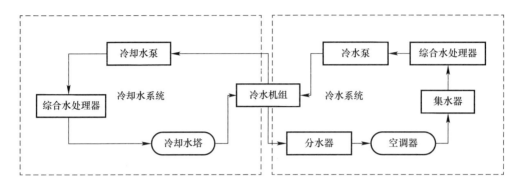

图 2.1-9　空调循环水系统功能分区

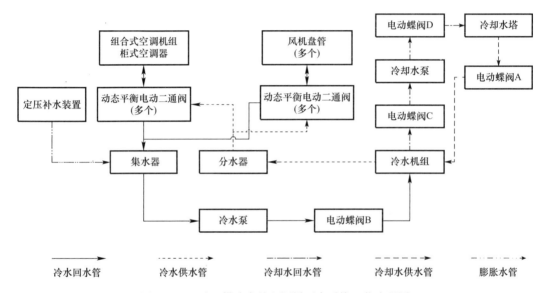

图 2.1-10　独立供冷车站空调循环水系统工艺流程图

由图 2.1-10 可以看出，水作为冷媒，从冷却水塔出发、经过冷却水供水管到达冷水机组，经蒸发器冷却到目标温度变为冷水，再通过冷水供水管经过分水器分别到达各类末端空调器中实现温度交换；使用完毕后再通过冷水回水管，由集水器收集、通过冷水泵，由冷水机组的冷凝器进行降温后变为冷却水，通过冷却水回水管经过冷却水泵回到冷却水塔，形成一个闭合的回路。

按照车站设备布置要求，空调循环水系统设备布置如图 2.1-11 所示。

（2）集中供冷

集中供冷集中设置冷水机组，通过相应的联动设备及其他辅助设备，经过室外管廊、区间隧道、地沟架空等铺设水管，使用二次水泵将冷水输送到末端。

集中供冷系统具有以下优势：1）集中布置冷却水塔，减少了冷却水塔对周围环境的影响；2）与独立供冷相比，减少了与城市规划部门的协调工作量；3）制冷站数量少，减少了地上及地下的用地需求；4）集中维护管理提高了运营效率。

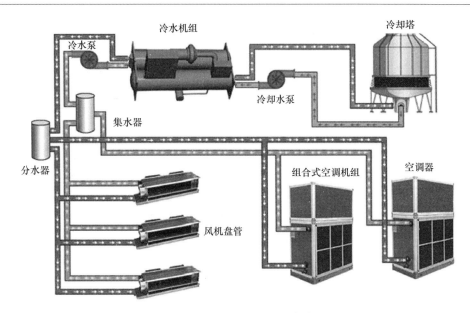

图 2.1-11　空调循环水系统设备布置图

集中供冷存在以下缺点：1）长距离输送导致控制上存在较大延时；2）长距离输送很难保证冷水管的稳固性和安全性；3）长距离输送的冷负荷损失导致末端设备效率下降，能耗上升，从而导致运营成本上升。

5. 多联机空调系统

地铁车站通风空调系统的设置是根据天气最热、远期高峰运营条件来考虑的，并且留有 10%～20% 的余量，因此一般情况下所选设备的容量大于车站负荷。最有效的节能措施是在设备管理用房中独立加装多联机空调系统，在非空调季节及运营结束后，关闭车站大系统、小系统、水系统，对需要供冷（热）的设备管理用房采用多联机空调系统直接供冷（热），为车站设备运行提供良好工作条件，为值班人员提供舒适工作环境。

多联机空调系统由室外主机、制冷剂管线、室内机以及一些控制装置组成。根据不同功能形式以及室内机组合，可以满足各种运行需求。根据实际情况，地下车站多联机空调室外机一般安装在出入口上盖、地面、风亭、下沉空间，高架车站多联机空调室外机一般安装在建筑物屋面上；多联机空调室内机根据需求安装在设备及管理用房，与房间内部装饰相匹配。

2.2　概预算

2.2.1　工程量计算规则

1. 计算规则

（1）设备按个或组、套计量，且实际有更多内容时，应在规格和备注中明确其内容包含范围。

（2）材料中水管以"m"计，风管以"m²"，保温材料以"m³"，型钢支吊架以"t"

计，同时规格中明确厚度或其他特征要求。

（3）各种管道按设计图示管道中心线长度，以"m"为单位计算，不扣除阀门、管件及附件所占长度。

（4）阀门按设计图示数量以"个"为单位计算。

（5）设备与主材数量统计：空调设备、风机、水泵、冷水机组、冷却水塔、消声器、阀门等根据设计图示数量进行统计，其中组合式空调机组的功能段需求单独说明。

（6）风管计算规则：1）风管展开面积，不扣除检查孔、测定孔、送风口、吸风口等所占面积；2）风管长度以设计图示中心线长度为准（主管与支管以中心线交点划分），包括弯头、三通、变径管、天圆地方等管件的长度，但不包括部件所占的长度；3）风管展开面积不包括风管、管口重叠部分面积；4）风管渐缩管：圆风管按平均直径计算，矩形风管按平均周长计算；5）穿墙套管按展开面积计算，计入通风管道工程量；6）风管的法兰垫料或封口材料，按图纸要求应在项目特征中描述；7）弯头导流叶片数量，按设计图纸或规范要求计算。

2. 工程数量

通风空调系统的设备与主材数量一般随车站规模而变化，但部分设备与主材数量相对固定，以1座典型6A车站（含隧道通风）为研究对象，小系统空调器数量根据实际需求设置，回排风机数量与小系统空调器数量一致，隧道通风系统、大系统、水系统工程数量如表2.2-1～表2.2-3所示。

隧道通风系统主要设备与主材数量表　　　　　　　　表 2.2-1

序号	项目名称	单位	数量	备注
1	隧道风机	台	4	车站每端各设置2台
2	排热风机	台	2	车站每端各设置1台
3	在线振动监测装置	套	6	隧道风机和排热风机每台均配置
4	电动组合式风阀	套	17	隧道通风系统配置
5	金属外壳式消声器	台	10	隧道风机和排热风机配置。隧道风机设置2台，排热风机设置1台
6	结构片式消声器	台	6	土建风道内设置，土建风道各设置1台

车站大系统主要设备与主材数量表　　　　　　　　表 2.2-2

序号	项目名称	单位	数量	备注
1	组合式空调机组	台	2	站厅层两端各设置1台
2	回排风机	台	2	站厅层两端各设置1台
3	排烟风机	台	2	站厅层两端各设置1台
4	新风机	台	2	站厅层两端各设置1台

车站水循环系统主要设备与主材数量表　　　　　　　　表 2.2-3

序号	项目名称	单位	数量	备注
1	冷水机组	台	2	冷水机房设置两台
2	冷却水塔	台	2	与冷水机组对应
3	冷却水泵	台	3	按照实际情况调整

续表

序号	项目名称	单位	数量	备注
4	冷水泵	台	3	按照实际情况调整
5	集水器	个	1	设置在冷水机房
6	分水器	个	1	设置在冷水机房
7	定压补水装置	套	1	设置在地面
8	旁通式水处理器	个	2	与冷却水塔对应

2.2.2　核心设备

1. 通风系统

通风系统的核心设备为风机。

（1）风机类型

根据气流进入叶轮后的流动方向，风机可分为轴流式风机、离心式风机、混流式风机等类型。轴流式风机的气流方向平行于风机轴，是城市轨道交通工程中风机的主要形式；离心式风机的气流方向切于叶片旋转方向；混流式风机的叶轮混合了轴流与离心两种运动形式。

根据风机用途可分为隧道风机、排热风机、回排风机、排烟风机、新风机等。

1）隧道风机（TVF）

隧道风机为双向可逆转耐高温双速轴流风机，适用于区间隧道通风系统，一般用于早晚时段换气通风（采用低速挡以降低噪声）和列车阻塞或火灾工况时通风或排烟（采用高速挡），并根据运行模式要求做正转或逆转运行，以达到向区间隧道送风或排风、排烟之目的，隧道风机如图 2.2-1 所示。

图 2.2-1　隧道风机

2）排热风机（TEF）

排热风机为单向耐高温轴流风机，一般设置在车站两端的排热风道内，用于车站相应区域的轨道顶部及站台下的排风，排除列车停站时空调冷凝器产生的热量和列车刹车时车轮与轨道产生的热量。当站台发生火灾时，打开位于站台层排热风室墙壁的常闭型排烟防火阀，配合大系统站台层火灾工况进行排烟，排热风机如图 2.2-2 所示。

3）射流风机（JEF）

射流风机为双向可逆转轴流风机，一般设置于区间隧道的出地面线、区间渡线、联络线等处。在列车阻塞及火灾工况下，射流风机能够配合 TVF 风机对区间进行通风、排烟。射流风机一般安装在区间隧道顶部，如图 2.2-3 所示。

图 2.2-2　排热风机

图 2.2-3　射流风机

4）回/排风机（HPF）

回/排风机为单向常温轴流风机，用于通风空调系统的回风与排风，设备与管理用房回排风机一般设置在环控机房内，如图 2.2-4 所示。

5）排烟风机（PYF）

排烟风机为单向耐高温轴流风机，用于火灾时的排烟，设备与管理用房排烟风机一般设置在环控机房内。排风机有时兼作排烟风机，一般采用耐高温双速轴流电机，平时低速运行排风，火灾时高速运行排烟，如图 2.2-5 所示。

6）新风机（XF）

新风机用于提供车站公共区小新风空调系统的新风量，如图 2.2-6 所示。

7）送风机（SF）

送风机为常温轴流风机，一般设置在环控机房内，为清扫工具间等无需考虑空调的房间通风，如图 2.2-7 所示。

（2）风机机号与风量对应关系

风机机号一般按叶轮直径划分，风机叶轮直径（mm）＝风机机号×100，以机号 10

为例，其对应叶轮直径为 1000mm。部分风机机号与风量的对应关系如表 2.2-4 所示。

图 2.2-4 回/排风机

图 2.2-5 排烟风机

图 2.2-6 新风机

图 2.2-7 送风机

风机机号与风量对应关系表   表 2.2-4

类别	风机号数	风量（m³/h）
离心式风机	4	4500 以下
	6	4501～7000
	8	7001～19300
	12	19301～62000
	16	62001～123000
	20	123000 以上
轴流式风机	5	8900 以下
	7	8901～25000
	10	25001～63000
	16	63001～140000
	20	140000 以上

注：混流式风机机号与风量对应关系可参考轴流式风机。

（3）风机设备命名规则及参数对应关系

风机一般是以品牌＋功能＋机号的形式命名，机号一般与风机直径有关，风机命名没有固定规则，不同品牌风机命名规则差别较大。科禄格隧道风机 KTF-R 2000 系列命名规则见图 2.2-8，上风高科风机 DTF 系列命名规则见图 2.2-9。

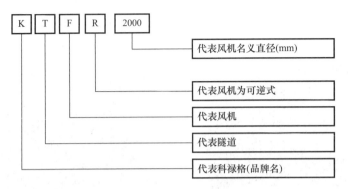

图 2.2-8 KTF-R 系列命名规则

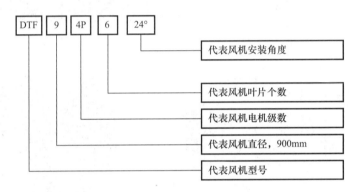

图 2.2-9 DTF 系列命名规则

（4）风机主要规格及价格

常见风机的主要规格及价格如表 2.2-5、表 2.2-6 所示。

<table>
<tr><td align="center" colspan="5">区间隧道常用风机主要规格及价格</td><td align="center">表 2.2-5</td></tr>
<tr><td rowspan="2">项目名称</td><td colspan="2" align="center">规格</td><td rowspan="2" align="center">单位</td><td rowspan="2" align="center">市场含税价（元）</td></tr>
<tr><td align="center">风量（m³/s）</td><td align="center">全压（Pa）</td></tr>
<tr><td>隧道风机（TVF）</td><td align="center">60</td><td align="center">1000</td><td align="center">台</td><td align="center">120000</td></tr>
<tr><td>排热风机（TEF）</td><td align="center">30</td><td align="center">600</td><td align="center">台</td><td align="center">80000</td></tr>
<tr><td>射流风机（JET）</td><td align="center">12</td><td align="center">300</td><td align="center">台</td><td align="center">25000</td></tr>
</table>

<table>
<tr><td align="center" colspan="5">大、小系统常用风机主要规格及价格</td><td align="center">表 2.2-6</td></tr>
<tr><td rowspan="2">项目名称</td><td colspan="2" align="center">规格</td><td rowspan="2" align="center">单位</td><td rowspan="2" align="center">市场含税价（元）</td></tr>
<tr><td align="center">风量（m³/h）</td><td align="center">全压（Pa）</td></tr>
<tr><td>回/排风机</td><td align="center">7005</td><td align="center">450</td><td align="center">台</td><td align="center">5302</td></tr>
<tr><td>排烟风机</td><td align="center">29744</td><td align="center">280</td><td align="center">台</td><td align="center">16872</td></tr>
<tr><td>新风机</td><td align="center">8541</td><td align="center">300</td><td align="center">台</td><td align="center">5916</td></tr>
<tr><td>加压送风机</td><td align="center">25000</td><td align="center">560</td><td align="center">台</td><td align="center">12500</td></tr>
</table>

2. 空调系统

空调系统核心设备为各类空气处理器，城市轨道交通工程中常用的空气处理机组主要有三大类：组合式空调机组、柜式空调器、风机盘管。

（1）组合式空调机组

组合式空调机组是中央空调系统末端常用
的空调处理机组，由各种空气处理功能段组装
而成，适用于阻力大于 100Pa 的空调系统，如
图 2.2-10 所示。组合式空调机组空气处理功
能段有空气混合、均流、过滤、冷却、一次和
二次加热、去湿、加湿、送风机、回风机、喷
水、消声、热回收等单元体。组合式空调机组
由各种功能模块组合而成，可根据需求选择不

图 2.2-10　组合式空调机组

同功能段进行组合。以美的 MKZS 系列组合式空调机组为例，其命名规则如图 2.2-11
所示。

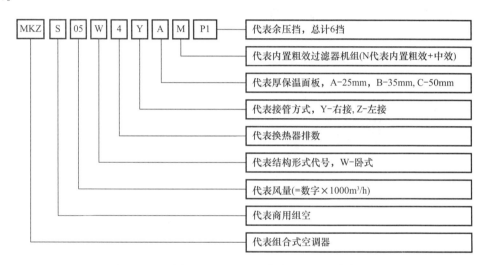

| MKZ | S | 05 | W | 4 | Y | A | M | P1 | 代表余压挡，总计6挡 |

| 代表内置粗效过滤器机组(N代表内置粗效+中效) |
| 代表厚保温面板，A-25mm，B-35mm，C-50mm |
| 代表接管方式，Y-右接，Z-左接 |
| 代表换热器排数 |
| 代表结构形式代号，W-卧式 |
| 代表风量(=数字×1000m³/h) |
| 代表商用组空 |
| 代表组合式空调器 |

图 2.2-11　美的 MKZS 系列组合式空调机组命名规则

（2）柜式空调器

柜式空调器是中央空调系统末端常用的空气处理设备，其结构紧凑，体积较小，能够
减少安装空间，有多种送回风方式，设有独立放冷桥和密封措施。根据安装方式的不同，
分为卧式（图 2.2-12）、吊式、立式（图 2.2-13）三种。以美的 MKS 系列柜式空调器为
例，其命名规则如图 2.2-14 所示。

图 2.2-12　卧式柜式空调器

图 2.2-13　立式柜式空调器

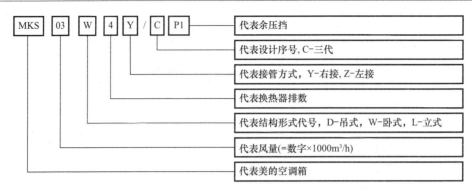

图 2.2-14　美的 MKS 系列柜式空调器命名规则

（3）风机盘管

风机盘管是一种将风机和表面式换热盘管组装在一起的装置，风机盘管加新风系统是中央空调系统最小的组成部分。风机盘管形式有卧式、立式、卡式等，通常与冷水机组（夏）或热水机组（冬）组成一个供冷或供热系统，如图 2.2-15 所示。

图 2.2-15　风机盘管

在机组的作用下，房间内空气流与风机内的供冷（热）水的盘管相接触，空气被降温或升温后重新进入室内，保持各个房间的温度。风机盘管还有过滤、加湿等功能。以美的 FP 系列风机盘管为例，其命名规则如图 2.2-16 所示。

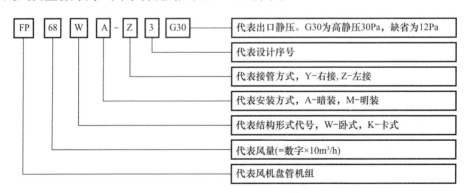

图 2.2-16　美的 FP 系列风机盘管命名规则

空调器设备主要规格及价格如表 2.2-7 所示。

空调器设备主要型号及价格　　　　　表 2.2-7

项目名称	规格			单位	市场含税价（元）
	风量（m³/h）	冷量（kW）	余压（Pa）		
组合式空调机组	64171.0	341.0	600.0	台	256684
柜式空调器	8425.0	40.4	550.0	台	14480
柜式空调器	44440.0	176.5	550.0	台	72104
柜式空调器	19645.0	129.69	500.0	台	32432
风机盘管	860.0	5.4	—	台	940

3. 水系统

水系统的核心设备主要包括冷水机组、冷却水泵、冷水泵、冷却水塔、分集水器、水处理器等。

（1）冷水机组

1）水冷式冷水机组：制冷系统以水为冷却介质，用水带走其冷凝热，根据压缩机原理的不同分为螺杆式冷水机组和离心式冷水机组。螺杆式压缩机是通过容积的改变来实现压缩机运转，离心式压缩机则是通过高速转动的叶轮带实现压缩机运转。城市轨道交通工程中，车站一般使用螺杆式冷水机组，部分地铁物业开发项目采用离心式冷水机组。螺杆式冷水机组如图 2.2-17 所示。

2）风冷式冷水机组：制冷系统以空气为冷却介质，用空气带走其冷凝热。比水冷式冷水机组运行方便，无需设置冷却水塔及循环水泵，但制冷性能系数较低。

（2）冷却塔

冷却塔广泛应用于空调循环水系统中，主要功能是使水与流过的空气进行热量交换，实现水温下降。需冷却的水从顶部通过管道向下喷洒，同时塔壁上的风机把空气鼓入，塔顶部的抽风机把空气抽出，从而形成气流流动，加速水的降温，冷却塔如图 2.2-18 所示。

图 2.2-17　螺杆式冷水机组
图 2.2-18　冷却塔

（3）冷水泵、冷却水泵

冷水泵用来循环冷水，冷却水泵用来循环冷却水。冷却水泵提供的冷却水供冷媒介质冷凝使用，而冷水泵提供的冷却介质是作为冷媒使用的。二者的工质不同，但设备相同，冷水泵如图 2.2-19 所示。

（4）气压补水装置

气压补水装置的主要功能包括贮存、调节和压送水量。工作流程是将水压入密闭压力罐中，到达最高水位后，在压缩空气作用下，通过密闭压力罐将水送至建筑物内不同用水点。气压补水装置的形式有变压式、定压式、隔膜式和气水接触式等，城市轨道交通工程一般采用定压式补水设备，如图 2.2-20 所示。

图 2.2-19　冷水泵

图 2.2-20　定压补水装置

（5）分水器、集水器

分水器是将水分配到各路供水管的配水装置；集水器是连接各路回水管将水聚集的集水装置，分、集水器作为连接各环路的配、集水装置，发挥枢纽作用，同时在分、集水器上需要安装压力表、温度计、设置排气阀（放气阀），用以避免补水过程及冷热压差等因素造成的集气问题，如图 2.2-21 所示。

（6）水处理设备

水处理设备是对水进行过滤、杀菌、消毒、灭藻、除垢、净化等，使原水达到使用标准的装置，如图 2.2-22 所示。

图 2.2-21　分、集水器

图 2.2-22　水处理器

水系统核心设备主要规格及价格如表 2.2-8 所示。

水系统设备主要规格及价格　　　　　　　　　　　　　　表 2.2-8

项目名称	规格	单位	市场含税价（元）
冷却塔	流量 200m³/h	台	85000
冷水机组	制冷量 570kW（水冷）	台	413500
冷水泵	流量 110m³/h	台	30000
冷却水泵	流量 110m³/h	台	30000

续表

项目名称	规格	单位	市场含税价（元）
定压补水装置	扬程 15m，功率 1.1kW	台	40000
集水器	直径 500mm，$L=3.0$m	个	21000
分水器	直径 500mm，$L=3.0$m	个	21000
水处理器	旁通式、进水/排污口公称直径 $DN32$，处理水量：7m³/h	个	4352

4. 多联机空调系统

多联机空调系统主要由室外主机、制冷剂管线、末端装置（室内机）以及一些控制装置组成。

（1）多联机空调室外机

多联机空调室外机（图 2.2-23）采用风冷换热形式，由风冷冷凝器和压缩机构成，通过变频控制器改变压缩机转速，使系统内冷媒的循环流量发生相应变化，从而控制制冷量。对容量较小的机组，通常只设一台变速压缩机；对于容量较大的机组，采用一台变速压缩机与多台定速压缩机联合工作的方式。以美的 MDV 系列多联机空调为例，其室外机命名规则如图 2.2-24 所示。

图 2.2-23　多联机空调机组室外机

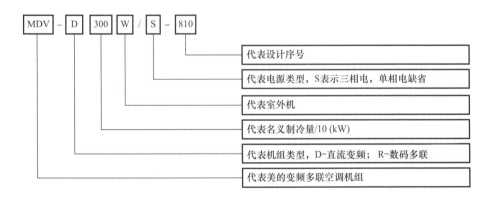

图 2.2-24　美的 MDV 系列多联机空调命名规则

图 2.2-25　多联机空调室内机

（2）多联机空调室内机

多联机空调室内机采用直接蒸发换热形式，由蒸发器和循环风机组成。为满足不同需求，室内机有立式暗装、立式明装、卧式暗装、卧式明装、壁挂式、吸顶式等多种样式。室内机如图 2.2-25 所示。以美的 MDV 系列多联机空调为例，其室内机命名规则如图 2.2-26 所示。

多联机空调设备主要规格及价格如表 2.2-9 所示。

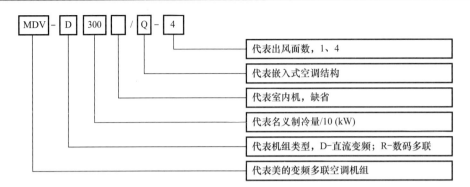

图 2.2-26　美的 MDV 系列多联空调机组命名规则

多联机空调设备主要规格及价格　　表 2.2-9

项目名称	规格		单位	市场含税价（元）
	制冷量（kW）	功率（kW）		
多联机空调室外机	45.0	16.6	台	46500
多联机空调室内机	9.0	0.2	台	5350

2.2.3　安装工程与主要材料

通风空调安装工程施工进度应严格按照总体施工程序统筹安排，通风空调工程分为 7 个安装阶段，如图 2.2-27 所示。

图 2.2-27　通风空调系统安装工序流程图

典型 6A 车站通风空调系统中，设备费占比 46%，主材费占比 39%，安装费（不含主材）占比 15%。

（1）施工准备阶段

根据招标文件要求，拟定进场时间，主要进行施工图纸会审、技术交底、现场复核施工材料准备、临时设施布置等工作。

（2）预留预埋阶段

对前期管道预留、穿墙套管、支架预埋件等进行检查校核，并依据管线综合排布完成后续预留预埋工作。

（3）主干管道施工阶段

在土建验收完成，具备安装施工条件以后，进行主干管道安装，包括风管、空调水管道的安装、保温等工作，期间与土建施工作业面交叉施工，穿插配合。

（4）设备安装阶段

粗装修完成后，进行各种设备安装和支管连接，包括空调机组、风机盘管、风机、冷水泵、冷却水泵等。

（5）精装修配合阶段

精装修开始后，进行风口安装、明装管道面漆、保温工程收尾等后期配合安装内容。

（6）系统调试阶段

进行设备单机试运转，然后分系统进行调试，包括：通风系统风量调试、防排烟系统调试、冷水系统水量平衡调试、消防联动调试等。

（7）竣工验收阶段

进行竣工清理工作，根据验收安排，配合进行消防验收和四方验收。

1. 通风系统

通风系统的主要材料包括：风管、风阀、消声器、风口等。

（1）风管

1）风管类型

① 酚醛彩钢复合风管

酚醛彩钢复合风管外层为含防腐防菌涂层的彩钢板，内层为含防腐防菌涂层的压花铝箔，绝热层为硬质酚醛泡沫。酚醛彩钢复合风管具有防火、无烟无毒、保温性能优异、重量轻、强度高、安装便捷、外观美观等优点，如图 2.2-28 所示。

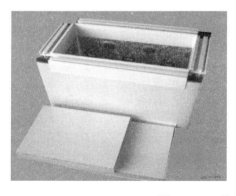

图 2.2-28　酚醛彩钢复合风管

② 薄钢板风管

薄钢板风管是用薄钢板制作的通风管道，是最常见的风管类型。δ 表示钢板厚度，当 $\delta \leqslant 1.2\text{mm}$ 时采用热镀锌钢板，当 $\delta \geqslant 1.5\text{mm}$ 时采用冷轧钢板。薄钢板风管如图 2.2-29 所示。

图 2.2-29　薄钢板风管

③ 防火板

对于有防火要求的薄钢板风管，通常采用防火板包裹风管，使其达到防火要求，如图 2.2-30 所示。

④ 耐火风管

耐火风管是集金属层、隔热层、耐火层为一体的风管，在满足规范耐火极限要求的同时，实现了一体化安装，工序减少，安装便捷，如图 2.2-31 所示。

图 2.2-30　防火板　　　　　　　　　图 2.2-31　耐火风管

2）风管主要规格及价格

城市轨道交通工程常见风管主要规格及价格如表 2.2-10 所示。

风管主要规格及价格　　　　　　　　　　　　　　表 2.2-10

项目名称	规格	单位	市场除税价（元）
双面酚醛彩钢复合风管	成品，不燃 A 级，导热系数≤0.022W/（m·K），抗压强度 300kPa，内壁厚 1.5mm，耐火时间不小于 1h	m²	220.00
镀锌钢板风管	成品，镀锌钢板，板厚 1.0mm	m²	100.00

项目名称	规格	单位	市场除税价（元）
防火板	不燃 A 级，无机非金属材料，板厚 9mm	m²	35.00
耐火风管	成品，符合《建筑防烟排烟系统技术标准》GB 51251—2017 要求	m²	359.98

（2）风阀

1）风阀类型

城市轨道交通工程常用风阀功能及安装位置如表 2.2-11 所示，各类风阀如图 2.2-32～图 2.2-37 所示。

轨道交通工程常用风阀功能及安装位置　　　　　　表 2.2-11

代号	名称	功能	安装位置
AFHF	全自动防烟防火阀	常开，70℃感温，自动关闭，手动关闭和复位，DC 24V 电源控制关闭、复位，无源触点阀门开/关信号输出，可联锁相关设备关闭	穿越防火分区或防火单元之间的防火墙或耐火墙体等防火分隔处；气体灭火房间的进出风管，UPE 风道
FHF	防火阀	常开，70℃感温自动关闭，手动关闭和复位，无源触点阀门开/关信号输出	穿越防火分区或防火单元内的通风空调机房或其他防火重点控制房间的隔墙或楼板处，穿越变形缝且有隔墙处
APYF	全自动排烟防火阀	常开，DC 24V 供电，280℃感温自动关闭，手动关闭和复位，DC 24V 电源控制关闭、复位，无源触点阀门开/关信号输出，可联锁相关设备关闭	穿越防火分区或防火单元之间的防火墙或耐火墙体等防火分隔处的排烟风管，以及其他需主动控制开/关或复位的排烟风管上
PYF	排烟防火阀	常开，280℃熔断自动关闭，手动复位，无源触点开/关信号输出	除上栏外的其他排烟风机吸入口管道或排烟支管上，位置同防火阀的设置要求
DZ	电动组合风阀	电动开、关与调节风量，耐温 250℃/60min，AC 220V 供电，可手动操作开或关，通断阀，开/关信号输出；调节阀，模拟量信号输出	区间机械与活塞风道、排热风道或大系统风室处风阀
DY	耐高温电动阀门	电动开、关，耐温 250℃/60min，AC 220V 供电，无源触点开/关信号输出	排风与排烟共用风道
D	电动阀门	电动开、关，AC 220V 供电，无源触点开/关信号输出	送、排风管上无需调节风阀处
DT	电动调节阀	电动开、关与调节风量，AC 220V 供电，模拟量信号输出	空调机房，新、回风混合，送、排与新风道等
TTY	手动多叶调节阀	手动开、关与调节风量	各类风管、风道

2）风阀命名规则

风阀的命名规则如图 2.2-38 所示。

以型号 FD22—1000×800—DK 为例，该型号表示该风阀为对开式低泄漏型风阀，其耐温为 −55～+285℃，标准厚度 180mm，风阀有效宽度为 1000mm，有效高度为 800mm，驱动方式为电动开关量。

图 2.2-32 手动风阀

图 2.2-33 电动风阀

图 2.2-34 电动风量调节阀

图 2.2-35 电动组合式风阀

图 2.2-36 防火阀

图 2.2-37 自动防烟防火阀

3）风阀主要规格及价格

常见风阀主要规格及价格如表 2.2-12 所示。

（3）消声器

1）消声器类型

消声器根据声学原理可分为：阻性、抗性、复合式、微穿孔、电子（有源）、干涉等。

其中，阻性消声器利用吸声材料消声，在城市轨道交通工程中应用最为广泛，主要有金属外壳式消声器（风机前后）、结构片式消声器（土建风道内）和管道式消声器（风管内）。

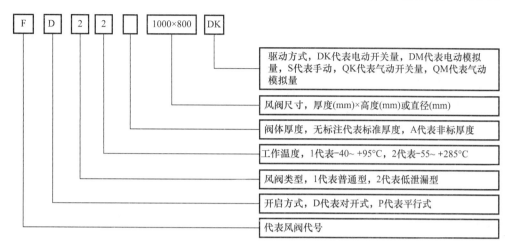

图 2.2-38　风阀命名规则

风阀主要规格及价格　　　　　　　　　　　　　　　　　　表 2.2-12

项目名称	规格		单位	市场除税价（元）
	宽（mm）	高（mm）		
电动组合式风阀	4000	3000	个	20176.99
全自动排烟防火阀	1000	800	个	1716.81
电动风阀	1600	800	个	2824.78
电动风量调节阀	2000	800	个	3221.24
防烟/排烟防火阀	1250	1000	个	1792.04
手动风阀	2000	800	个	2159.29

① 金属外壳式消声器

金属外壳式消声器属于阻性消声器，由阻性消声片和金属外壳组合而成，采用离心玻璃棉作为消声材料，如图 2.2-39 所示。金属外壳式消声器一般通过法兰直接与风机前后的变径管相连接，安装在隧道风机、排热风机和回排风机等的进出口和系统管道上，用于消除风机产生的噪声。

② 结构片式消声器

结构片式消声器属于阻性消声器，由消声片组合而成，与金属外壳消声器结构基本一致，但没有金属外壳，如图 2.2-40 所示。结构片式消声器安装在土建风道内，主要用于消除列车、列车活塞风产生的噪声，以及用于对隧道风机、排热风机的二次消声等。

③ 管道式消声器

管道式消声器属于阻性消声器，一般设置在设备管理用房送、排风管道内，如图 2.2-41

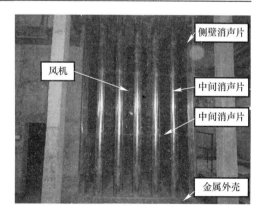

图 2.2-39　金属外壳式消声器

所示。

2）消声器主要规格及价格

常见消声器主要规格及价格如表 2.2-13 所示。

图 2.2-40 结构片式消声器

图 2.2-41 管道式消声器

消声器主要规格及价格   表 2.2-13

项目名称	规格			单位	市场除税价（元）
	长（mm）	宽（mm）	高（mm）		
金属外壳式消声器	3000	4000	3000	个	44601.77
结构片式消声器	4000	3000	2000	个	25486.73
管道消声器	800	400	800	个	1008.85

（4）风口

1）风口类型

① 百叶风口

单层百叶风口可左右或者上下转动，以控制气流方向，在城市轨道交通工程中通常配备人字阀以控制风量，经常用于回风口，如图 2.2-42 所示。

双层百叶风口由双层叶片组成，后面一层叶片为固定状态，前面一层叶片可调，根据需要可配置对开式多叶风量调节阀，灵活调节风量，如图 2.2-43 所示。

图 2.2-42 单层百叶风口

图 2.2-43 双层百叶风口

② 散流器

散流器可让风口出风方向多向流动，一般设置在站厅、站台等面积较大区域的送风口，以便使新风分布均匀，如图 2.2-44 所示。

图 2.2-44　散流器

2）风口命名规则

风口类型较多，其名称与分类代号的对应关系如表 2.2-14 所示。

风口与分类代号对应关系　　　　　　　　　　　　表 2.2-14

序号	风口名称	分类代号	序号	风口名称	分类代号
1	单层百叶风口	DB	10	条缝风口	TF
2	双层百叶风口	SB	11	旋流风口	YX
3	圆形散流器	YS	12	孔板风口	KB
4	方形散流器	FS	13	网板风口	WB
5	矩形散流器	JS	14	椅子风口	YZ
6	圆盘形散流器	PS	15	灯具风口	DZ
7	圆形喷口	YP	16	算孔风口	BK
8	矩形喷口	JP	17	格栅风口	KS
9	球形喷口	QP			

风口规格尺寸代号通常用基本规格尺寸数值的 1/10 表示。风口的命名方式如下所示：

FJS-3225 表示矩形散流器，规格为 320×250（mm）；

FQP-16 表示球形喷口，规格为直径 160（mm）；

FYS-25 表示圆形散流器，规格为直径 250（mm）。

3）风口主要规格及价格

常见风口主要规格及价格如表 2.2-15 所示。

风口主要规格及价格 表 2.2-15

项目名称	规格		单位	市场除税价（元）
	宽（mm）	高（mm）		
单层百叶风口（铝合金，配人字阀）	600	500	个	274.34
双层百叶风口（铝合金，配人字阀）	600	500	个	300.88
散流器（铝合金，配人字阀）	500	500	个	194.69

2. 空调系统

空调系统主材由各类钢管、空调制冷剂管线组成。

内外涂塑钢管：在钢管内外壁融熔一层厚度为 0.5～1.0mm 的聚乙烯（PE）树脂等有机物构成的钢塑复合型管材，如图 2.2-45 所示。与普通钢管相比，内外涂塑钢管不仅强度高、连接方便、抗水流冲击性能好，而且抗腐蚀性能好、耐污染、消防性能尚佳。

衬塑钢管：传统镀锌管的升级型产品，内壁衬有与管内等径的食品级聚乙烯（PE）管材，如图 2.2-46 所示。衬塑钢管防腐性能较好、施工工艺高。

热镀锌钢管：表面有一层结构紧密的锌－铁合金层，耐腐蚀性能好，目前在城市轨道交通工程中最为常用，如图 2.2-47 所示。

图 2.2-45 内外涂塑钢管　　图 2.2-46 衬塑钢管　　图 2.2-47 热镀锌钢管

空调系统主材主要规格及价格如表 2.2-16 所示。

空调系统主材主要规格及价格 表 2.2-16

项目名称	规格	单位	市场除税价（元）
内外涂塑钢管	DN100	m	84.36
衬塑钢管	DN100	m	94.83
热镀锌钢管	DN100	m	48.77

3. 水系统

水系统材料主要包括各类钢管、阀门、接头等。

（1）蝶阀

蝶阀是一种结构简单的调节阀，主要用于低压管道介质（空气、水、蒸汽等）的开关控制，如图 2.2-48、图 2.2-49 所示。蝶阀的关闭件为圆盘，通过阀轴旋转实现开启与关闭，在水系统中的管道上发挥切断和节流作用。

（2）可曲挠橡胶接头

可曲挠橡胶接头又称橡胶接头、橡胶柔性接头、减振器、管道减振器、避振喉，是一种高弹性、高气密性、耐介质性、耐气候性的管道接头，如图 2.2-50 所示。

图 2.2-48　电动蝶阀　　　　　　　　　图 2.2-49　手动蝶阀

（3）Y 形过滤器

Y 形过滤器又名除污器、过滤阀，通常安装在各式阀门或其他设备的进口端，用于清除介质中的杂质，如图 2.2-51 所示。当介质进入可拆卸的滤筒后，其杂质被滤筒中的滤网阻挡，当需要清洗时，只要将滤筒取出清洁后重新装入即可。Y 形过滤器具有结构先进、维护简单、排污方便等优点。

图 2.2-50　可曲挠橡胶接头　　　　　　图 2.2-51　Y 形过滤器

水系统的主材主要规格及价格如表 2.2-17 所示。

水系统主材主要规格及价格　　　　　　　　　表 2.2-17

项目名称	规格	单位	市场除税价（元）
电动蝶阀	DN200	个	1993.50
可曲挠橡胶接头	DN150	个	556.79
Y 形过滤器	DN125	个	1023.23

4. 多联机空调系统

多联机空调系统主材由各类管材、制冷剂管线组成。

2.2.4 概预算编制

1. 定额说明

（1）调节阀、百叶风口、散流器、消声器、消声弯头、风管等主材数量应考虑定额损耗量。

（2）风管安装子目中，已包括弯头、三通、变径管、天圆地方等管件及法兰、加固框和吊托支架的制作安装，已包含内容不再另行套用定额。

（3）风管主材价格为成品价格，定额中包含制作和安装，应扣除定额中制作费用。

通风空调系统安装工程定额对应如表 2.2-18 所示。

通风空调系统定额对应表　　　　　　　　表 2.2-18

序号	工程名称	对应定额
1	风机的拆装检查	C1-7-30～121 各类风机拆装检查
2	电动风阀的执行机构	C5-3-69 电动风阀执行机构
3	多联空调系统中的管道安装	C10-3-12～17 空调凝结水镀锌钢管（螺纹连接） C10-3-62～67 空调凝结水塑料管（热熔连接） C10-3-68～73 空调凝结水塑料管（粘结）

注：C 表示《湖北安装定额》（2018）。

2. 编制重点

典型 6A 车站的通风空调系统指标约为 1360 万元/站，其中，车站大系统指标约为 350 万元/站，车站小系统指标约为 190 万元/站，水系统指标约为 390 万元/站（含节能控制系统），多联机空调系统指标约为 30 万元/站，隧道通风系统指标约为 280 万元/站，综合及抗震支吊架指标约为 120 万元/站。

（1）隧道通风系统

隧道通风系统概预算编制时，应重点确定隧道风机、电动组合式风阀和消声器的数量和单价，典型 6A 车站的隧道通风系统指标约为 280 万元/站，重点设备主材占系统设备主材费的 63.85%，其参考数量及单价如表 2.2-19 所示。

隧道通风系统重点设备主材参考数量及单价表　　　　表 2.2-19

序号	项目名称	规格	单位	数量	单价（元）	总价（元）	费用占比
1	隧道风机	$L=60\text{m}^3/\text{s}$, $Q=900\text{Pa}$, $N=90\text{kW}$	台	4	120000	480000	24.00%
2	电动组合式风阀	5000mm×4000mm, 3000mm×4000mm 等	套	17	24149	410533	20.52%
3	金属外壳式消声器	3000mm×4000mm× 2000mm, 3000mm×4000mm× 3000mm 等	个	10	38655	386550	19.33%

注：规格有多种时，单价为综合单价。

（2）车站大系统

车站大系统概预算编制时，应重点确定组合式空调机组和双面彩钢酚醛复合风管的数量和单价，典型 6A 车站的大系统指标约为 350 万元/站，重点设备主材占系统设备主材费的 74.42％，其参考数量及单价如表 2.2-20 所示。

大系统重点设备主材参考数量及单价表　　表 2.2-20

序号	项目名称	规格	单位	数量	单价（元）	总价（元）	费用占比
1	双面彩钢酚醛复合风管	不燃 A 级，导热系数≤0.022W/(m·K)，抗压强度 300kPa，δ＝25mm；耐火极限不小于 1h	m²	6490	220	1427800	54.74％
2	组合式空调机组	风量：64171m³/h	台	2	256684	513368	19.68％

（3）车站小系统

车站小系统概预算编制时，应重点确定镀锌钢板风管、防火板和柜式空调器的数量和单价，典型 6A 车站的小系统指标约为 190 万元/站，重点设备主材占子系统设备主材费的 58.62％，其参考数量及单价如表 2.2-21 所示。

小系统重点设备材参考数量及单价表　　表 2.2-21

序号	项目名称	规格	单位	数量	单价（元）	总价（元）	费用占比
1	镀锌钢板风管	δ＝0.5mm δ＝0.75mm δ＝1mm δ＝1.2mm	m²	5894	93.58	551557	46.83％
2	柜式空调器	L＝8425m³/h L＝44440m³/h L＝19645m³/h L＝11780m³/h	台	4	34716	138864	11.79％

注：规格有多种时，单价为综合单价。

（4）车站水系统

车站水系统概预算编制时，应重点确定节能控制系统和冷水机组的数量和单价，典型 6A 车站的水系统指标约为 390 万元/站，重点设备主材占系统设备主材费的 69.00％，其参考数量及单价如表 2.2-22 所示。

水系统重点设备主材参考数量及单价表　　表 2.2-22

序号	项目名称	规格	单位	数量	单价（元）	总价（元）	费用占比
1	节能控制系统		套	1	1600000	1600000	45.49％
2	冷水机组	CL＝570kW	台	2	413500	827000	23.51％

（5）多联机空调系统

多联机空调系统概预算编制时，应重点确定室外机和室内机的数量和单价，典型 6A 车站的多联机空调系统指标约为 30 万元/站，重点设备主材占系统设备主材费的 81.46％，其参考数量及单价如表 2.2-23 所示。

多联机空调系统主要设备主材数量及单价参考表　　　　表 2.2-23

序号	项目名称	规格	单位	数量	单价（元）	总价（元）	费用占比
1	多联机空调系统室外机	制冷量：25.2～73kW	台	4	37590	150360	53.14%
2	多联机空调系统室内机	制冷量：2.8～12.5kW	台	15	5342	80130	28.32%

注：规格有多种时，单价为综合单价。

3. 注意事项

（1）地源热泵

地源热泵是以岩土体、地层土壤、地下水或地表水为低温热源，由水地源热泵机组、地热能交换系统、建筑物内系统组成的中央空调系统，通过输入少量高品位能源（如电能等）实现陆地浅层能源由低品位热能向高品位热能转移。根据地热能交换系统形式的不同，地源热泵系统分为地埋管地源热泵系统、地下水地源热泵系统和地表水地源热泵系统。地源热泵设备价格与制冷功率紧密相关，不同品牌会略有不同，设备及安装费一般按700 元/kW（制冷量）估算。地源热泵如图 2.2-52 所示。

图 2.2-52　地源热泵

（2）高架车站通风空调系统

一般情况下，高架车站站厅、站台层公共区采用自然通风，若站厅层采用封闭或半封闭设计时，站厅公共区设置多联机空调系统。站内有工艺要求的设备管理用房、工作人员管理用房以及站台候车室一般设置多联机空调系统。各车站变配电室、消防泵房、卫生间等有通风需求的房间一般设机械通风系统。高架车站公共区及设备区一般采用自然排烟。高架车站站厅层公共区不设空调系统时，指标约为 260 元/m²；站厅层公共区设空调系统时，指标约为 470 元/m²。

（3）车辆基地通风空调系统

车辆基地的办公、设备用房以及生产生活用房的通风空调系统，在正常状态下能为工作人员提供舒适的工作环境，在火灾状态下能迅速排除烟气，保障工作人员安全疏散。

车辆基地生产用房优先采用自然通风，当室内温湿度达不到工艺要求时，需设空气调节系统，为工艺设备正常运行提供适宜环境。生产过程中产生有害气体、粉尘、油烟、余热及余湿的场所，需设置全面或局部通风及除尘净化通风，保证室内外空气环境达到环保及卫生要求。车辆基地优先采用自然排烟，当达不到自然排烟要求时可采用机械排烟，机械排烟系统与机械通风系统可以合用，以节省投资。车辆基地有上盖物业开发时，咽喉区由于需要增加射流风机等设备，导致通风空调系统投资增加。车辆基地不设上盖物业开发时，通风空调系统的指标约 220 元/m²；车辆基地若为上盖物业开发模式时，其指标约为 320 元/m²。

（4）节能控制系统（智能环控系统）

节能控制系统和智能环控系统主要测控对象为：冷水机组、冷水泵、电动阀门、冷却水泵、冷却塔、末端压差传感器、供回水干管温度传感器、室外温度传感器、流量传感器。智能环控系统通过实时连续监测冷水机组、水泵和冷却塔的功耗值，在设备安全运行范围内自动调整各单体设备的功率消耗，使其综合运行效率最高，制冷站整体电能消耗最低。在满足末端空调系统要求的前提下，使整个系统达到最经济的运行状态，运行费用最低，提高系统自动化水平和管理效率，降低管理人员劳动强度。

目前节能控制系统在全国各城市地铁均有应用，当节能控制系统包括大系统节能控制系统和水系统节能控制系统时，典型 6A 车站节能控制系统指标约为 160 万元/站。

智能环控系统主要在深圳等城市应用，性能上略优于节能控制系统，典型 6A 车站智能环控系统指标约为 200 万元/站。

值得注意的是，部分城市将节能控制系统费用拆分为两部分，分别纳入 BAS 和动力照明系统中，不在通风空调计列。

（5）群控系统

当设置有节能控制系统时，群控系统包含在节能控制系统中，不再单独计价。当无节能控制系统时，一般情况按照冷水机组台数×10 万/台估算设备及安装费，能效要求高时，按照冷水机组台数×20 万/台估算。

（6）静电杀菌装置

静电杀菌装置一般安装在组合式空调机组作为功能段，通常组合式空调机组不含静电杀菌装置，如果设置，需单独计费。当出现静电杀菌装置处理风量大于组合式空调机组额定风量的工况时，取较大风量作为计算基数，按风量×1 元/（m³·h）估算静电杀菌装置的设备及安装费。

（7）风机在线监测装置

每台大型风机均配备有在线振动及温度检测仪表箱，单个车站所有大型风机共用一套风机在线振动监测软件、在线网络组件，以及一套离线振动采集分析仪，同时配置温度、振动传感器电缆。风机在线监测装置一般单独计列，不包含在大型风机设备费用中，按 4 万元/套估算，包含设备费、安装费及软件费。

值得注意的是，部分设计院将风机在线监测装置费用纳入动力照明系统中，不在通风空调计列。

（8）综合及抗震支吊架

综合支吊架一般由 U 形槽钢、弹簧螺母或一体化按钮式锁扣、槽钢连接件、各类管卡及栓等相关零配件组成，并通过锚栓锚固与混凝土或相关结构产生可靠连接。抗震支吊架由锚固体、加固吊杆、抗震连接构件及抗震斜撑组成，与建筑结构体牢固连接，以地震力为主要荷载的抗震支撑设施。综合及抗震支吊架一般按地下站 120 万元/站估算。

第3章 给水排水与消防

3.1 概述

给水排水与消防系统由给水系统、排水系统、水消防系统和自动灭火系统组成。车站及区间给水水源采用城市自来水，一般从车站周边的城市自来水管网中引入。自来水通过给水管供给卫生间、机房、冲洗、消防等使用，随后汇集至污、废水泵房，经潜污泵提升至室外排水井，最后排入市政污水、雨水系统。给水排水与消防系统组成图如图3.1-1所示。

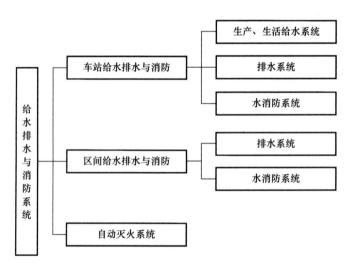

图 3.1-1　给水排水与消防系统组成图

3.1.1 设计理念

1. 设计原则

（1）地铁给水排水及消防系统设计应符合适用、经济、安全、卫生等基本要求，尽量利用市政设施，不设置备用水源。

（2）给水设计贯彻综合利用、节约用水的设计原则；消防设计贯彻"预防为主，防消结合"的方针。

（3）地铁给水应满足各使用单位对水量、水压和水质的要求，坚持综合利用、节约用水的原则，并应有防止污染的设施。

（4）各车站尽量利用市政水压，市政水压不能满足要求时，设加压稳压设施。车站室外设室外消火栓。

（5）全线消防按同一时间内发生一次火灾考虑。

（6）地铁排水应根据污水性质、污染程度，并结合室外排水体系和城市排水规划对污水进行分类集中，就近排放。

（7）粪便污水经过化粪池处理后与一般生活污水一起就近排入城市污水系统。消防及冲洗废水抽升排入城市污水系统。车辆基地排出的污水经处理达标后排入城市污水系统。

（8）给水排水及消防设备应采用技术先进、安全可靠、经济合理的产品，规格尽可能统一，便于安装和维修。自动灭火系统考虑全线使用统一类型灭火剂。

（9）自动灭火系统同时具有自动控制、手动控制和机械应急操作三种控制方式，并有故障报警功能。

2. 设计参数

（1）车站工作人员的生活用水为每人每班 50L，小时变化系数为 2.5。

（2）车站公共卫生间的用水量可以按卫生器具小时用水定额计算确定，使用时间每日按 18h 计，小时变化系数为 2.5。

（3）冲洗用水量按 2L/（m²·次）计，每次按冲洗 1h 计算。

（4）消火栓用水量：地下车站的室内消火栓用水量按 20L/s 计；地下通道、地下区间按 10L/s 计。

（5）人员生活排水量按其用水量的 95% 计。

（6）地下结构渗水量按 1L/（m²·d）计算。

（7）气体灭火系统最小设计灭火浓度为 37.5%，最大设计灭火浓度为 52.0%。但有人值班的防护区最大设计浓度为 42.8%。贮存压力按 15MPa 设计。

（8）气体灭火系统喷射时间小于 60s，浸渍时间大于 10min。

3.1.2　功能模块

1. 生产、生活给水系统

生产、生活给水系统主要提供生产用水、生活用水、空调冷水、冷却循环系统用水及冲洗用水。

车站及区间给水水源采用城市自来水，一般从车站周边城市自来水管网中的不同管段引入两根进水管，生产、生活给水系统与消防给水系统的引入管共设，水源经引水管接入水表井后，在车站呈枝状布置。一部分与室外冷却塔相连；另一部分经给水管道供室内生产生活用水，包括公共卫生间用水，冷水机房，环控机房用水，污水泵房，废水泵房用水，冲洗栓用水。公共卫生间设置卫生器具，机房和泵房设置洗涤池，配套水龙头和橡胶软管。生产、生活给水系统工艺流程如图 3.1-2 所示。

2. 排水系统

（1）车站排水系统

车站排水系统主要用于排除车站废水、雨水及污水。其中废水包括车站冲洗水、环控机房排水、消防废水、结构渗漏水等；雨水主要是露天出入口和敞口式风亭雨水；污水主要来自卫生间生活污水。

1）废水系统

在车站出入口等敞开部位设置局部排水泵房和集水井，用以汇集废水和雨水。每处集水井设潜水排污泵 2 台，平时一用一备，必要时可同时启动，雨水由潜水排污泵提升到地面排水压力井消能后，排至城市雨水管网。出入口、风井废水系统工艺流程如图 3.1-3 所示。

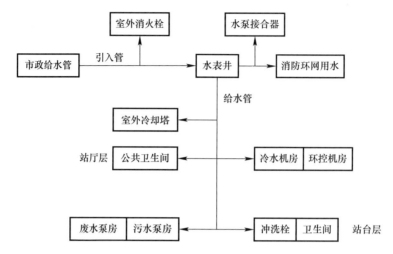

图 3.1-2 生产、生活给水系统工艺流程图

在车站内沿线路最低处设一座主废水泵房，内设潜污泵两台，平时一用一备，消防时同时启动。车站消防废水、车站冲洗水、结构渗漏水等废水经汇集，通过排水立管引入站内线路道床排水沟后，汇入车站废水泵房内的废水集水池。废水由潜污泵提升至地面排水压力井消能后，排入市政雨水系统。主废水泵站工艺流程如图 3.1-4 所示。

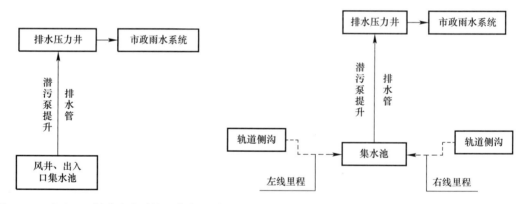

图 3.1-3 出入口、风井废水系统工艺流程图　　图 3.1-4 主废水泵站工艺流程图

局部废水排水系统是将自动扶梯下基坑、站台板下及车站其余地方低洼处的积水，通过排水泵提升后，排入车站主废水泵房或室外雨水排水系统。

高架车站产生的废水重力流排入市政雨水管道。屋顶雨水通过立管汇入市政雨水管。高架区间雨水由沿桥墩敷设的雨水立管排至室外雨水井，分段汇集后排入市政雨水系统。

2）污水系统

卫生间设置在站厅层和站台层，污水泵房设置在站台层。各卫生间污水经管道汇入污水泵房，通过真空排污系统或密闭提升装置提升至地面压力排水检查井，再经化粪池处理后，排入市政污水系统。污水排水系统工艺流程如图 3.1-5 所示。

高架车站污水经汇集后重力流排放，车站污水经由化粪池处理后排入市政污水管。

（2）区间排水系统

区间排水系统主要排除消防废水、结构渗漏水、事故排水、凝结水和地面冲洗水。在地下站两端和区间线路坡度最低点，设置主排水泵站，每座泵站所负担的隧道长度一般不超过 1.5km；当超过时，在两座主排水泵站的适当位置设置辅助排水泵站。区间废水经截流沟、轨道侧沟和管道收集后，通过潜污泵提升至地面，再接入市政雨水系统。区间废水排水系统工艺流程如图 3.1-6 所示。

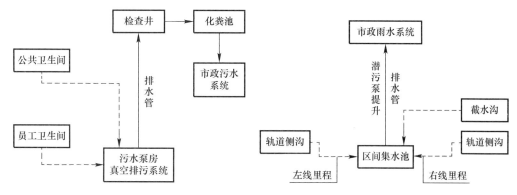

图 3.1-5　污水系统工艺流程图　　　　图 3.1-6　区间废水排水系统工艺流程图

3. 水消防系统

车站及区间水消防系统呈环状布置，站与站之间通过区间消防管道连通。水消防系统具有灭火、控火和冷却防护等功能。

生产、生活给水系统与消防给水系统的引入管共设，引入管与室外消火栓相连，接入水表井后与室外水泵接合器连接；另一部分经消防给水管道接入增压泵房、消防泵组、稳压泵组以及室内消火栓，车站两端与区间消防管道连接，管道高处设自动排气阀，低处设置泄水阀。水消防系统工艺流程如图 3.1-7 所示。

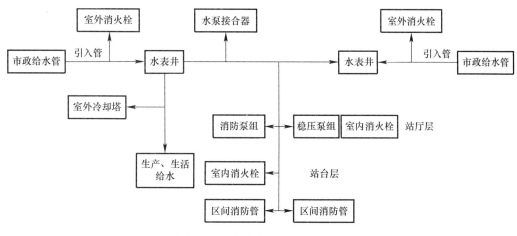

图 3.1-7　水消防系统工艺流程图

高架区间无需设置消火栓，可利用沿线上的市政消火栓灭火。

4. 自动灭火系统

自动灭火系统一般由控制系统和管网系统两个部分组成，工艺流程如图 3.1-8 所示。

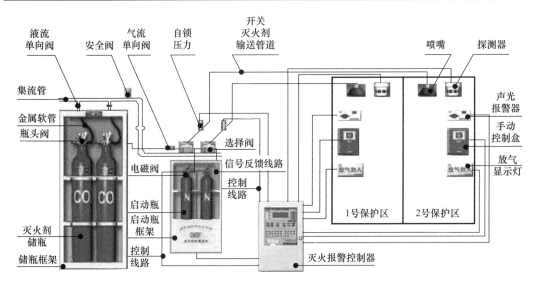

图 3.1-8　自动灭火系统工艺流程图

自动灭火系统适用于扑救电子、电气设备等场所的火灾，能在火灾初期及时、有效地控制火情，保护重要电器及控制设备，保证城市轨道交通工程系统的正常运行，减少火灾造成的经济损失具有重要意义。一般在以下部位设置自动灭火系统：车站的通信设备室、信号设备室、环控电控室、开关柜室及牵引网室。

目前国内城市轨道交通常用灭火剂包括 IG-541、七氟丙烷和高压细水雾，本节主要介绍 IG-541 气体灭火系统。

火灾发生时，烟感、温感、感光等探测器探测到因火灾产生的烟雾、高温和光辐射等信号，报警灭火控制器接收到火灾信号后，控制器自动发出声光报警并经分析判断后，启动灭火流程。经过一段时间间隔，系统开始启动，驱动气体瓶组上的电磁驱动器释放驱动气体，推开通向对应防护区的选择阀锁止机构，随后打开灭火剂瓶组，各瓶组的灭火剂经集流管、集散管，推开选择阀进入管网，经由防护区内的喷头进行释放灭火。灭火剂进入管网后，信号反馈装置反馈动作信号，启动防护区外的放气指示灯和警铃。灭火剂喷放后，防护区压力升高，达到阈值时，防护区的泄压装置随即开启，进行泄压。

3.2　概预算

3.2.1　工程量计算规则

1. 计算规则

（1）地铁车站的给水起点为室外水表井（含），排水终点为室外第一个压力井/检查井（含）、化粪池后第一个检查井（含），且均应在红线范围内；从表或井至市政管网的接驳工程为市政接驳，市政接驳数量按"处"计算。

（2）阀门等按设计图示数量以"个"为单位计算。

（3）各种管道按设计图示管道中心线长度以"m"为单位计算，不扣除阀门、管件（包括水表、补偿器、减压器、疏水器）及各种组件、附属构筑物所占长度。

2. 工程数量

一座典型 6A 车站的生产及生活给水系统、排水系统、水消防系统、自动灭火系统工程数量如表 3.2-1～表 3.2-4 所示。

生产、生活给水系统主要设备数量表　　　　　　　　　　　　表 3.2-1

序号	项目名称	单位	数量	备注
1	倒流防止器阀组	组	3	设置在水表井中
2	电热水器	套	2	一般一座车站设置 2 套

排水系统主要设备数量表　　　　　　　　　　　　表 3.2-2

序号	项目名称	单位	数量	备注
1	真空排污系统	套	2	一般一座车站设置 2 套
2	潜水排污泵	台	34	一座车站设置 30 台左右

水消防系统主要设备与主材数量表　　　　　　　　　　　　表 3.2-3

序号	项目名称	单位	数量	备注
1	消防泵组	套	1	一般一座车站设置 1 套
2	稳压泵组	套	1	一般一座车站设置 1 套

自动灭火系统主要设备与主材数量表　　　　　　　　　　　　表 3.2-4

序号	项目名称	单位	数量	备注
1	气灭主机	套	1	一般一座车站设置 1 套
2	气体灭火控制盘	面	18	一般设置在设备间，一座车站设置 18 面左右

3.2.2　核心设备

1. 生产、生活给水系统

生产、生活给水系统核心设备为电开水器、电热水器。

（1）电热水器

电热水器是以电作为能源进行加热的热水器，供工作人员淋浴、洗漱，如图 3.2-1 所示。

（2）电开水器

电开水器也称电开水炉，能满足较多人员饮用开水的需求，如图 3.2-2 所示。

图 3.2-1　电热水器

图 3.2-2　电开水器

生产、生活给水系统核心设备的主要规格及价格如表 3.2-5 所示。

生产、生活给水设备主要规格及价格表　　　　表 3.2-5

项目名称	规格	单位	市场含税价（元）
电热水器	2kW	套	9800
电开水器	6kW	台	4400

2. 排水系统

排水系统核心设备主要为真空排污系统和潜污泵。

（1）真空排污系统

真空排污系统一般在卫生间旁边设置真空污水泵房，泵房内设有排污泵、真空泵、污（废）水提升器、真空罐、控制柜等设备，如图 3.2-3 所示。真空排污系统工作原理为：卫生间内的废污水依靠重力流入废污水提升器和真空地漏，然后真空泵使真空管路形成负压，废污水在气流带动下进入真空罐，最后由排污泵排到市政排水管网。

（2）潜污泵

潜污泵是潜水式污水泵，用以提升和输送车站及区间产生的污废水，如图 3.2-4 所示。

图 3.2-3　真空排污系统　　　　　　　图 3.2-4　潜污泵

以凯泉 80WQ（QW）40-15-4 型潜污泵为例，其命名规则如图 3.2-5 所示。设备参数与产品规格的对应如表 3.2-6 所示。

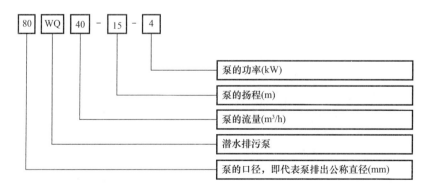

图 3.2-5　潜污泵命名规则

潜污泵设备参数与产品规格表　　　　表 3.2-6

规格型号	口径（mm）	流量（m³/h）	扬程（m）	功率（kW）	转速（r/min）	重量（kg）
50QW15-18-1.5	50	15	15	1.5	2840	30
50QW15-22-2.2	50	15	22	2.2	2840	35
50QW15-25-3	50	15	25	3	1430	58
50QW24-20-4	50	24	20	4	1430	90
80QW50-22-7.5	80	50	22	7.5	1440	150
100QW70-22-11	100	70	22	11	1460	250
100QW100-28-15	100	100	28	15	1460	350
150QW70-40-18.5	150	70	40	18.5	1470	430

排水系统核心设备的主要规格及价格如表 3.2-7 所示。

室内排水设备主要规格及价格　　　　表 3.2-7

项目名称	规格			单位	市场含税价（元）
	流量（L/s）	扬程（m）	功率（kW）		
真空排污系统	30	10	11	台	400000
潜水排污泵（含控制柜）	20	15	3.7	台	8180

3. 水消防系统

水消防系统核心设备主要为消防泵组和稳压泵组。

（1）消防泵组

消防泵是用作输送水或泡沫溶液等液体灭火剂的专用泵，消防泵组一般包含两台消防泵、一台控制柜，如图 3.2-6 所示。若有消防巡检要求，配套消防巡检装置，用于防止消防水泵锈蚀、受潮、水泵动作不正常等故障。

以东方泵业 XBD6/20G-L-2 为例，其含义为立式单级切线消防泵组，额定流量为 20L/s，额定压力为 0.6MPa，电机级数为 2 级，其命名规则如图 3.2-7 所示。设备参数与产品规格如表 3.2-8 所示。

图 3.2-6　消防泵组

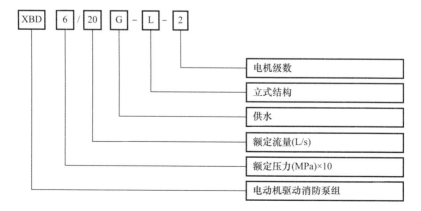

图 3.2-7　消防泵命名规则

消防泵设备参数与产品规格表　　　　　　　表 3.2-8

水泵型号	流量（L/s）	压力（MPa）	转速（r/min）	配套功率（kW）	机组重量（kg）
XBD7/15G-L—2	15	0.7	2950	30	283
XBD9/15G-L-2	15	0.9	2950	37	328
XBD13/15G-L-2	15	1.3	2950	55	461
XBD15/15G-L-2	15	1.5	2980	75	461
XBD5/20G-L-2	20	0.5	2950	22	230

（2）稳压泵组

稳压泵用于稳定消火栓给水系统的压力，使系统水压始终能够达到要求，一旦消火栓出水，消防用水所需的水量和水压能满足需求。稳压泵组一般包含两台稳压泵、一个稳压罐和一台控制柜，如图 3.2-8 所示。消防控制柜和稳压控制柜可共用一套，也可分别设立。

以 XBD6/5W-DFCL-2 为例，其含义为立式多级消防稳压泵组，额定流量为 5L/s，额定压力为 0.6MPa，电机级数为 2 级，其命名规则如图 3.2-9 所示。设备参数与产品规格如表 3.2-9 所示。

图 3.2-8　稳压泵组

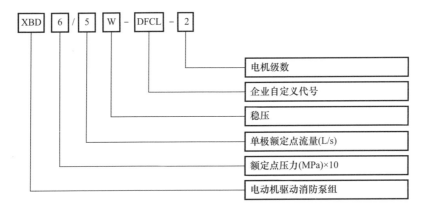

图 3.2-9　消防稳压泵命名规则

稳压泵设备参数与产品规格表　　　　　　　表 3.2-9

消防稳压泵型号	流量（L/s）	压力（MPa）	转速（r/min）	电机功率（kW）	效率（%）	气蚀余量（m）	总高（mm）	总质量（kg）	进出口直径（mm）
XBD5.7/1W-DFCL-2	1	0.57	2900	1.5	59	1.8	691	25	32
XBD9.8/1W-DFCL-2	1	0.98	2900	2.2	59	1.8	826	30	32
XBD5.5/2W-DFCL-2	2	0.55	2900	2.2	64	2.3	770	40	40
XBD7.4/2W-DFCL-2	2	0.74	2900	3	64	2.3	900	45	40
XBD9.2/2W-DFCL-2	2	0.92	2900	4	64	2.3	995	55	40

水消防系统核心设备的主要规格及价格如表 3.2-10 所示。

水消防系统设备主要规格及价格　　　　　　表 3.2-10

项目名称	规格			单位	市场含税价（元）
	流量（L/s）	扬程（MPa）	功率（kW）		
消防泵组（含控制柜）：2 台消防泵，1 台控制柜	20	0.4	22	套	68710
稳压泵组（含控制柜）：2 台稳压泵，1 台稳压罐，1 台控制柜	1	0.2	2.2	套	75178

4. 自动灭火系统

IG-541 气体灭火系统核心设备主要为气体灭火主机和气体灭火控制盘。

（1）气体灭火主机

气体灭火主机是典型的气体灭火控制装置，具有火灾探测和气体灭火控制功能，是气体灭火控制系统的主要设备，如图 3.2-10 所示。

（2）气体灭火控制盘

气体灭火控制盘是根据工程实际要求设计的气体灭火控制设备，用于控制气体灭火系统的执行机构，从而构成完整的气体灭火控制系统。气体灭火控制盘如图 3.2-11 所示。

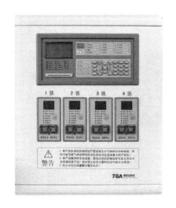

图 3.2-10　气体灭火主机

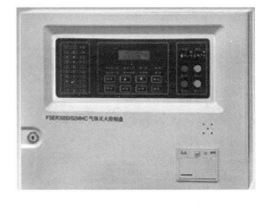

图 3.2-11　气体灭火控制盘

自动灭火系统核心设备的主要规格及价格如表 3.2-11 所示。

自动灭火系统核心设备主要规格及价格　　　　　　表 3.2-11

项目名称	规格	单位	市场含税价（元）
气体灭火主机	—	套	64000
气体灭火控制盘	—	套	22000

3.2.3　安装工程与主要材料

给水排水与消防系统施工总体原则为：先预留预埋、后管道安装；先主管、后支管；先架空、后地沟；先设备就位、后配管；先施工室内部分，再施工室外部分。具体安装工序流程如图 3.2-12 所示。

典型 6A 车站给水排水与水消防系统中，设备费占比 43%，主材费占比 37%，安装费

（不含主材）占比 20%；自动灭火系统中，设备费占比 26%，主材费占比 54%，安装费（不含主材）占比 20%；区间给水排水与水消防系统中，设备费占比 10%，主材费占比 62%，安装费（不含主材）占比 28%。

1. 生产、生活水系统

生产、生活给水系统主要材料包括：室外消火栓、消防水泵接合器、球墨铸铁管、薄壁不锈钢管、阀门、卫生洁具等。

（1）室外消火栓

室外消火栓是设在建筑物外部消防给水管网上的供水设施，主要用于消防车从市政给水管网或室外消防给水管网取水进行灭火，也可直接连接水带或水枪来灭火，是扑灭火灾的重要消防设施，如图 3.2-13 所示。

（2）水泵接合器

水泵接合器设置在室外便于消防车使用的地

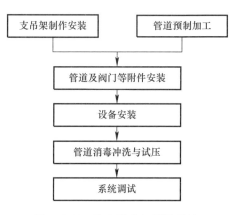

图 3.2-12　给水排水与消防系统安装工序流程图

点，如图 3.2-14 所示。当火灾发生时，消防车水泵可快速、方便地将该接合器接口与建筑物内消防设施连接，并通过加压使室内消防设备得到足够的压力水源，用以扑灭建筑物内火灾。

图 3.2-13　室外消火栓

图 3.2-14　水泵接合器

（3）球墨铸铁管

室外给水及消防所采用的给水管道主要为球墨铸铁管，其具有铁的本质、钢的性能，防腐性能优异、延展性能好、安装简易，主要用于自来水输送，如图 3.2-15 所示。

（4）薄壁不锈钢管

薄壁不锈钢管具有安全卫生、经久耐用、洁净环保等诸多优点，大量应用于建筑给水和直饮水管道，如图 3.2-16 所示。

（5）阀门

阀门主要包括闸阀和截止阀等。闸阀主要用于截断或接通管路中的介质，一般为铸铁材质或碳钢材质，如图 3.2-17 所示。截止阀适合作为切断或调节以及节流用，一般为铸铁材质，如图 3.2-18 所示。

图 3.2-15　球墨铸铁管　　　　　　　　　图 3.2-16　薄壁不锈钢管

图 3.2-17　闸阀　　　　　　　　　　　图 3.2-18　截止阀

（6）卫生洁具

卫生洁具包括盥洗槽，洗涤池，淋浴器，大、小便器，洗脸盆等，供地铁内工作人员和乘客使用，如图 3.2-19 所示。

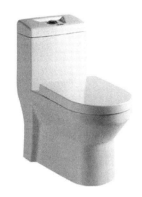

图 3.2-19　卫生洁具

生产、生活给水系统常见主材的主要规格及价格如表 3.2-12 所示。

生产、生活给水主材主要规格及价格　　　　　　表 3.2-12

项目名称	规格	单位	市场除税价（元）
室外消火栓	DN65	个	991.15
水泵接合器	DN100	组	646.48
球墨铸铁管	DN150	m	145.47
薄壁不锈钢管	DN50	m	44.97
闸阀	DN50	个	709.19
截止阀	DN15	个	179.04
倒流防止器阀组	DN40	个	4072.57
盥洗槽	1400mm×700mm	套	849.30
洗涤池	DN25 水龙头	个	780.90
淋浴器	DN15 混合阀	组	523.80
蹲式大便器	DN25 冲洗阀	组	1246.40
坐式大便器	DN25 冲洗阀	组	1941.10
小便器	DN15 冲洗阀	组	778.02
洗脸盆	DN15 水龙头	组	804.65

2. 排水系统

排水系统主要材料有内外涂塑钢管、球墨铸铁管、HD-PE 双壁缠绕排水管、阀门、可曲挠橡胶接头等，内外涂塑钢管、可曲挠橡胶接头详见通风空调水系统。

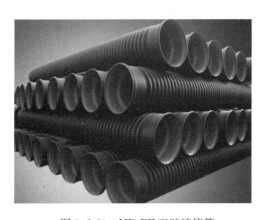

图 3.2-20　HD-PE 双壁缠绕管

（1）HD-PE 双壁缠绕排水管

HD-PE 双壁缠绕管由钢塑复合的异型带材经螺旋缠绕焊接制成。其内壁光滑平整，该种管材具有耐腐蚀、质量轻、安装简便、通流量大、寿命长等优点，可替代高能耗材质（水泥、铸铁、陶瓷等）制作的管材，属环保型绿色产品，如图 3.2-20 所示。

（2）阀门

阀门主要有闸阀、止回阀及橡胶瓣膜止回阀，闸阀详见生产、生活给水系统。

止回阀是指启闭件为圆形阀瓣并靠自身重量及介质压力产生动作来阻断介质倒流的一种阀门，一般为碳钢材质，如图 3.2-21 所示。

橡胶瓣止回阀主要由阀体、阀盖及橡胶瓣三种主要零件组成，橡胶瓣由钢板、钢棒及强化尼龙布作衬底，外层披覆橡胶制成，橡胶瓣止回阀采用全流面积设计，具有水头损失小、不易堆积杂物、维修简便等特性，如图 3.2-22 所示。

排水系统常见主材的主要规格及价格如表 3.2-13 所示。

3. 水消防系统

水消防系统主要材料包括消火栓箱、灭火器、消防专用涂塑钢管、倒流防止阀、蝶阀、闸阀、泄水阀等。

图 3.2-21　止回阀

图 3.2-22　橡胶瓣膜止回阀

排水系统主材主要规格及价格　　　　　　　　　　　　　　　表 3.2-13

项目名称	规格	单位	市场除税价（元）
内外涂塑钢管	$DN100$	m	84.36
HD-PE 双壁缠绕管	$DN300$	m	128.63
闸阀	$DN100$	个	1232.28
止回阀	$DN100$	个	453.17
橡胶瓣膜止回阀	$DN80$	个	387.94
可曲挠橡胶接头	$DN150$	个	253.98

（1）消火栓箱、灭火器

消火栓箱用于存放消火栓，其中配有水带，水枪等；干粉灭火器内充装干燥且易于流动的微细粉末，这种粉末由灭火的无机盐和少许添加剂经干燥、粉碎、混合而成，利用压缩的二氧化碳吹出干粉来灭火，如图 3.2-23 所示。

（2）消防专用涂塑钢管

涂塑钢管是以钢管为基体，通过喷、滚、浸、吸工艺在钢管（底管）内表面熔接一层塑料防腐层或在内外表面熔接塑料防腐层的钢塑复合钢管。消防专用涂塑钢管则是用于消防给水系统中水的输送，如图 3.2-24 所示。

图 3.2-23　消火栓箱

图 3.2-24　消防专用涂塑钢管

图 3.2-25　自动排气阀

（3）阀门

阀门包括倒流防止阀、蝶阀、闸阀、止回阀、自动排气阀和泄水阀等。蝶阀是一种结构简单的调节阀，在管道上主要起切断和节流作用。自动排气阀一般装在室内消火栓管网的最高处，用以排除供水管道中产生的气体。泄水阀一般装在室内消火栓管网的最低处，主要功能是保护管路的安全，当水压过大时会自动排水，减轻管路的压力。自动排气阀如图 3.2-25 所示。

水消防系统主材主要规格及价格如表 3.2-14 所示。

水消防系统主材主要规格及价格　　　　　　表 3.2-14

项目名称	规格	单位	市场除税价（元）
组合式消火栓箱（单栓）	SN65	套	1238.94
组合式消火栓箱（双栓）	SN65	套	2212.39
消防器材箱	DN65	箱	732.76
灭火器箱	5kg×2	套	407.08
蝶阀	DN100	个	111.15
截止阀	DN15	个	179.04
闸阀	DN50	个	709.19
止回阀	DN50	个	210.78
安全阀	DN100	个	2252.34
遥控浮球阀	DN25	个	349.20
水流指示器	DN150	个	1751.80
耐振压力表	DN100	个	398.23
流量计	DN100	个	150.44
自动排气阀	DN25	个	276.55
泄水阀	DN50	个	608.60
内外涂塑钢管	DN65	m	52.55

4. 自动灭火系统

自动灭火系统管网主要材料包括启动瓶、灭火剂贮瓶、储瓶集流管、选择阀、高压无缝钢管、喷嘴等，如图 3.2-26 所示。

（1）灭火剂贮瓶

灭火剂贮瓶为储存灭火剂的钢瓶，一般采用 IG541 或七氟丙烷作为灭火剂。

（2）启动瓶

启动瓶用于储存驱动气体，系统启动后，驱动气体瓶组上的电磁驱动器释放驱动气体，推开通向对应防护区的选择阀锁止机构。

（3）集流管

集流管用于汇集各灭火剂储瓶释放出的灭火剂。

图 3.2-26　自动灭火系统

（4）选择阀

选择阀是组合分配系统中用来控制灭火剂释放到起火防护区的阀门。

（5）高压无缝钢管

高压无缝钢管用于输送灭火剂达到火灾区域。

（6）喷嘴

喷嘴用于将灭火剂均匀喷射在防护区，实施灭火。

自动灭火系统的主要材料规格及价格如表 3.2-15 所示。

<table>
<tr><td colspan="4" align="center">自动灭火系统主材主要规格及价格</td><td>表 3.2-15</td></tr>
<tr><td align="center">项目名称</td><td align="center">规格</td><td align="center">单位</td><td align="center" colspan="2">市场除税价（元）</td></tr>
<tr><td>灭火剂贮瓶</td><td align="center">80L</td><td align="center">套</td><td align="center" colspan="2">7587.12</td></tr>
<tr><td>启动瓶</td><td align="center">7L</td><td align="center">套</td><td align="center" colspan="2">1892.90</td></tr>
<tr><td>选择阀</td><td align="center">DN80</td><td align="center">只</td><td align="center" colspan="2">4705.32</td></tr>
<tr><td>选择阀集流管</td><td align="center">DN100</td><td align="center">组</td><td align="center" colspan="2">484.44</td></tr>
<tr><td>高压无缝钢管</td><td align="center">DN40</td><td align="center">m</td><td align="center" colspan="2">100.80</td></tr>
<tr><td>喷嘴</td><td align="center">DN32</td><td align="center">只</td><td align="center" colspan="2">358.80</td></tr>
</table>

3.2.4　概预算编制

1. 定额说明

（1）管材安装应根据不同连接方式选择对应定额：球墨铸铁管一般采用承插连接定额；薄壁不锈钢管一般采用卡压连接定额；涂塑钢管，管径＞DN65 时采用沟槽连接定额，管径≤DN65 时采用螺纹连接定额；室外 HD-PE 双壁缠绕排水管一般采用承插连接定额；室内 HD-PE 排水管一般采用热熔连接定额。阀门安装需根据公称直径及类型选用定额，一般公称直径 DN50 及以下套用螺纹连接定额，DN50 以上套用法兰连接定额。法兰阀门、法兰式附件安装项目均不包括法兰安装，应另行套用相应法兰安装项目。

（2）球墨铸铁管、钢管、钢塑复合管、离心玻璃棉管壳等主材数量应考虑定额损耗量。

（3）管道安装定额中，均已包含了正常情况下的水压试验及水冲洗工作内容，一般情况下无需再单独套用相关定额，仅给水（饮用水）管道需套用管道消毒冲洗定额。

（4）水泵安装定额中，潜水排污泵安装套用潜水排污泵定额，消防泵安装套用单级离心耐腐蚀泵（0.5t 以内）定额，稳压泵安装套用多级离心泵（0.3t 以内）定额。

（5）给水排水与消防系统安装工程与定额对应关系如表 3.2-16 所示。

<table>
<tr><td colspan="4" align="center">给水排水与消防系统定额对应表</td><td>表 3.2-16</td></tr>
<tr><td align="center">序号</td><td align="center">项目名称</td><td align="center" colspan="2">对应定额</td><td align="center">备注</td></tr>
<tr><td align="center">1</td><td align="center">Y 形过滤器</td><td colspan="2">C10-5-1～9（螺纹阀门安装）、C10-5-35～51（法兰阀门安装）</td><td>Y 形过滤器安装执行阀门安装项目，人工乘以系数 1.2</td></tr>
<tr><td align="center">2</td><td align="center">消防巡检装置</td><td colspan="2">C4-14-330（程序控制柜安装）</td><td>若单独设消防巡检柜，套用《湖北安装定额》（2018）中控制柜定额；若设置于消防控制柜中，则不再另外套用定额</td></tr>
</table>

序号	项目名称	对应定额	备注
3	真空破坏器	C10-5-1～9（螺纹阀门安装）	套用相应规格的阀门定额子目
4	水表井、检查井	D5-5-37～42（水表井砌筑）、D5-5-82～93（检查井砌筑）	水表井、检查井为现场砌筑，标准井借用市政定额中水表井和检查井砌筑定额，非标准井根据其实际的工程数量，按其分项工程量分别套用定额计算

注：D表示《湖北省市政工程消耗量定额及全费用基价表》（2018）。

2. 编制重点

典型 6A 车站的给水排水与水消防系统指标约为 300 万元/站（不含市政接驳），其中，生产、生活给水系统指标 45 万元/站，排水系统指标 175 万元/站，水消防系统指标 80 万元/站；车站自动灭火系统指标约为 220 万元/站；区间给水排水与水消防系统指标约为 100 万元/正线公里。

（1）车站生产、生活给水系统

生产、生活给水系统概预算编制时，应重点确定卫生器具、电热水器及薄壁不锈钢管的数量和单价，典型 6A 车站的生产、生活给水系统指标约为 45 万元/站，重点设备主材占系统设备主材费的 55.80%，其参考数量及单价如表 3.2-17 所示。

生产、生活给水系统重点设备主材参考数量及单价表 表 3.2-17

序号	项目名称	规格	单位	数量	单价（元）	总价（元）	费用占比
1	卫生器具	洗脸盆、大便器等	套	61	999.27	60956	25.32%
2	倒流防止器阀组	DN80～100（设 2 个闸阀、1 个 Y 形过滤器、1 个倒流防止器、1 个活接头）	组	3	12746.90	38241	15.89%
3	电热水器	容量 100L，功率 2kW	套	2	9800	19600	8.14%
4	薄壁不锈钢管	DN15～DN80	m	432	35.92	15516	6.45%

注：多个规格，单价为平均单价。

（2）排水系统

排水系统概预算编制时，应重点确定真空排污系统、潜水排污泵、内外涂塑钢管及闸阀的数量和单价，典型 6A 车站的排水系统指标约为 175 万元/站，重点设备主材占系统设备主材费的 87.06%，其参考数量及单价如表 3.2-18 所示。

排水系统重点设备主材参考数量及单价表 表 3.2-18

序号	项目名称	规格	单位	数量	单价（元）	总价（元）	费用占比
1	真空排污系统	$Q=30m^3/h$，$H=10m$，$N=11kW$，电压为 380V	套	2	400000	800000	58.31%
2	潜水排污泵	$Q=5～50m^3/h$ 含控制柜，自耦安装	台	34	7552	256768	18.71%
3	闸阀	DN50～DN150	个	96	966.79	92812	6.76%
4	内外涂塑钢管	DN65～DN150	m	549	81.94	44973	3.28%

注：真空卫生排污系统主要由排污泵、真空泵、污（废）水提升器、真空罐、控制柜等组成。

（3）水消防系统

水消防系统概预算编制时，应重点确定消防泵组、稳压泵组、消火栓箱、消防专用内外涂塑钢管及闸阀的数量和单价，典型 6A 车站的水消防系统指标约为 80 万元/站，重点设备主材占系统设备主材费的 84.24%，其参考数量及单价如表3.2-19所示。

水消防系统重点设备主材参考数量及单价表　　　　　　　　　　表 3.2-19

序号	项目名称	规格	单位	数量	单价（元）	总价（元）	费用占比
1	消火栓箱 1	SN65 消火栓 1 个，25mDN65 水带 1 条，Φ19mm 水枪 1 支，消防软管卷盘 1 个，消防按钮 1 个，尺寸：700mm×1800mm×180mm，5kg 磷酸铵盐灭火器（MF/ABC5）2 具，自救面具 2 套	套	60	1238.94	74336	14.20%
2	消火栓箱 2	SN65 消火栓 2 个，25mDN65 水带 1 条，Φ19mm 水枪 1 支，消防软管卷盘 1 个，消防按钮 1 个，尺寸：750mm×2000mm×180mm，5kg 磷酸铵盐灭火器（MF/ABC5）2 具，自救面具 2 套	套	4	2212.39	8850	1.69%
3	消防泵组	消防泵（立式恒压切线型），$Q=$ 20L/s，$H=0.40$MPa，$N=22$kW，2 台，含消防巡检	套	1	68710	68710	13.12%
4	稳压泵组	稳压泵：$Q=1.0$L/s，$H=0.20$MPa，$N=2.2$kW，2 台；稳压罐：调节容积 300L，一个	套	1	75178	75178	14.36%
5	内外涂塑钢管（消防）	$DN65\sim DN150$	m	1304	112.53	146742	28.02%
6	闸阀	$DN50\sim DN300$	个	24	2804.60	67310	12.85%

（4）自动灭火系统

自动灭火系统概预算编制时，应重点确定气体灭火主机、气体灭火控制盘、钢瓶、高压无缝钢管、选择阀等的数量和单价，典型 6A 车站的自动灭火系统指标约为 220 万元/站，重点设备主材占系统设备主材费的 77.51%，其参考数量及单价如表3.2-20所示。

自动灭火系统重点设备主材参考数量及单价表　　　　　　　　　表 3.2-20

序号	项目名称	规格	单位	数量	单价（元）	总价（元）	费用占比
1	气体灭火主机	—	套	1	64000	64000	4.15%
2	气体灭火控制盘	—	面	18	22000	396000	25.66%
3	钢瓶	80L，20℃时灭火剂贮存压力 15MPa，灭火剂最大充装量为 16.89kg/瓶	组	76	7587.12	576621	37.36%
4	高压无缝钢管	$DN32\sim DN100$	m	691	154.78	107022	6.93%
5	选择阀	$DN40\sim DN100$	个	14	3761.23	52657	3.41%

（5）区间给水排水与消防

区间给水排水与消防概预算编制时，应重点确定潜水排污泵、内外涂塑钢管的数量和单价，区间给水排水与消防指标约为 100 万元/km，重点设备主材占系统设备主材费的 65.56%，其参考数量及单价如表3.2-21所示。

1km 区间给水排水与消防重点设备主材参考数量及单价表　　表 3.2-21

序号	项目名称	规格	单位	数量	单价（元）	总价（元）	费用占比
1	潜水排污泵	$Q=30m^3/h$，$H=45m$，$N=11kW$	台	1.27	75909.09	96504	13.49%
2	内外涂塑钢管	$DN50\sim DN300$	m	2142	173.98	372623	52.07%

3. 注意事项

（1）高压细水雾系统

部分城市自动灭火采用高压细水雾系统，典型 6A 车站的高压细水雾系统指标约为 320 万元/站（含控制部分 80 万元）。

（2）高架车站给水排水与消防系统

高架站污水系统一般由卫生间直接排入化粪池，车站没有压力排水系统，不设置真空排污装置。高架车站给水排水与消防系统的潜污泵、管道、消火栓箱等数量比地下车站少，其给水排水与水消防系统指标约 250 元/m²。

（3）车辆基地给水排水与消防系统

车辆基地生产及办公房屋设置给水排水与消防系统，为车辆基地工作人员提供用水，排除生产生活中产生的污废水，确保车辆基地防火防灾能力。车辆基地给水排水与消防系统指标约为 250 元/m²。

（4）直饮水设备

部分城市车站站台层公共区设置直饮水系统，为乘客提供饮用水。直饮水设备指标一般约为 16 万元/套。

（5）污水密闭提升装置

污水密闭提升装置是由排污泵和集水箱、控制装置及相关管件阀门组成的一套系统，用于提升和输送低于下水道或者远离市政管网的废污水，指标一般约为 18 万元/套。

（6）自动灭火系统控制部分

部分城市自动灭火系统控制部分费用列入火灾自动报警章节。

第4章　动力照明

4.1　概述

动力照明系统为城市轨道交通运营需要的各种机电设备和照明系统提供低压电源，由动力配电系统、照明及照明配电系统和综合接地网组成，如图 4.1-1 所示。

4.1.1　设计理念

1. 设计原则

（1）动力照明系统的设计应安全可靠、接线简单、操作方便，并有一定的灵活性。主要设备材料选型应符合国家标准并满足当地气候、温湿度等环境条件的要求。动力照明系统的设计在保证安全可靠供电的同时，应兼顾环保节能。

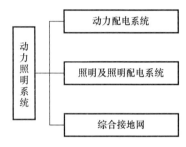

图 4.1-1　动力照明系统组成图

（2）为满足功能及计量要求，动力负荷与照明负荷分开配电，配电方式主要采用放射式配电。

（3）消防及其他防灾用电设备应采用专用的供电回路，消防配电设备应采用红色文字标识。

（4）动力照明配电设备宜集中布置，各级配电开关设备宜预留备用回路，中小容量动力设备宜采用树干式配电。

（5）容量较大、负荷平稳且经常使用的用电设备，宜单独就地设置无功功率补偿装置。

（6）动力设备及照明的控制可采用就地控制和远程控制；地下车站公共区的照明负荷应交叉配电、分组控制。

（7）区间照明的配电范围为车站相邻两端的半个区间，端头车站负责至设计起点处和设计终点处；区间配电设备的配电以区间隧道中心里程为界，分别由两端车站变电所配电。

（8）区间每隔 100m 左右设一个区间检修电源箱，每回路按同时只有一处维修电源箱工作考虑，各区间检修电源箱的出线回路设漏电保护装置，区间检修箱设置在行车方向右侧的墙上。

2. 设计参数

（1）动力照明系统电压

动力、照明：交流 220V/380V；应急照明系统：交流 220V/380V；安全特低电压照明：交流 24V；采用 220V/380V 三相四线制系统，TN-S 接地保护形式。

（2）用电设备受电端电压偏差允许值应符合表 4.1-1 要求。

用电设备受电端电压偏差允许值   表 4.1-1

供电设备名称	用电设备受电端电压偏差允许值（％）
电动机	±5％
电/扶梯	±7％
照明	在一般工作场所为±5％额定电压，难以满足要求时，可为+5％、−10％额定电压
其他用电设备	无特殊规定时为±5％

（3）车站站厅、站台公共区每隔 30m 设清扫插座，容量为 16A。

（4）蓄电池的持续供电时间不小于 90min。

（5）车站及区间的照度标准应符合表 4.1-2 要求。

车站及区间照度标准值   表 4.1-2

序号	场所	平均照度参考值（lx）	备用照明照度（lx）	照明功率密度（W/m²）
1	车站站厅（地下）	200	≥5	≤10
2	车站站台（地下）	150	≥5	≤9
3	出入口、换乘通道、楼梯	150	≥5	≤9
4	车站控制室	300	300	≤9
5	站长室	300	150	≤9
6	售票室、售票亭	300	30	≤9
7	一般管理用房	150	—	≤9
8	会议室、办公室	300	—	≤9
9	通信、信号机房	150	75	≤7
10	变电所设备房	200	200	≤7
11	变电所控制室	300	300	≤9
12	配电室、排烟机房	150	150	≤7
13	制冷机房	150	15	≤7
14	通风空调机房	100	10	≤6
15	通风空调机房（防排烟风机处）	100	100	≤6
16	一般泵房	100	10	≤6
17	消防用泵房	150	150	≤6
18	气瓶间	100	100	≤6
19	走廊	100	≥5	≤9
20	卫生间	100	—	≤6
21	休息室	100	—	≤6
22	车站风道	10	5	—
23	正常隧道	5	3	—
24	岔线	20	10	—
25	区间联络通道	10	5	—

4.1.2 功能模块

动力照明从变电所 0.4kV 低压开关柜及交直流盘馈出开始至车站、区间的动力、照明等所有用电设备，系统工艺流程如图 4.1-2 所示。

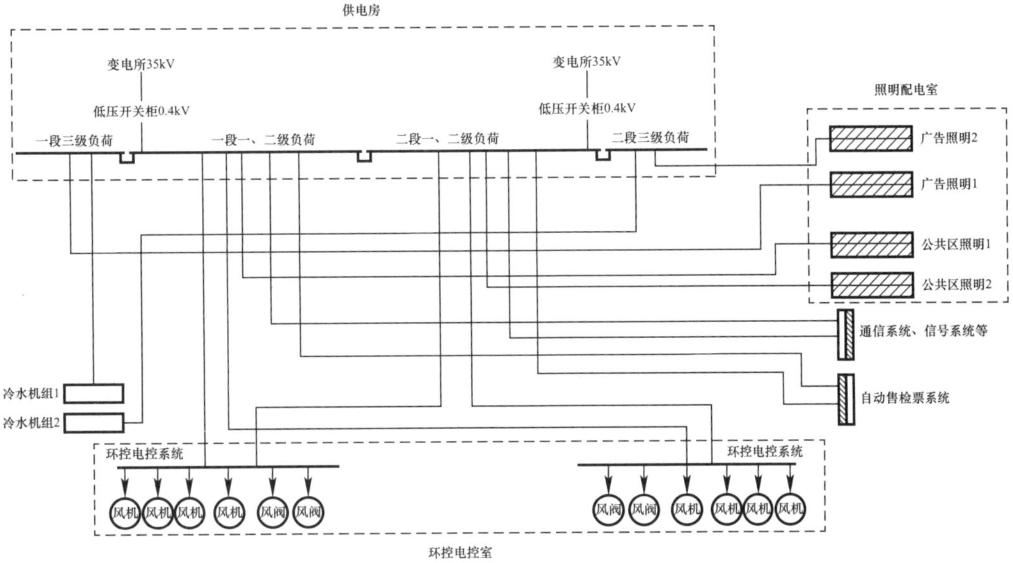

图 4.1-2　动力照明系统工艺流程图

1. 动力配电系统

（1）配电方式

动力配电主要分为放射式和树干式。放射式配电是每一个用电负荷均从电源引出单独的供电回路，每个供电回路对应一个用电负荷，呈放射状布线。树干式配电则是由电源引出一条供电回路，多个用电负荷并联在这条供电回路上。因此，树干式配电开关设备及线材用量小，但当干线故障时，用电受影响范围大，放射式配电与之相反。为了兼顾技术与经济合理性，动力配电通常采用放射式与树干式相结合的混合式配电方式，以放射式为主。

（2）用电负荷分类及其供电方式

城市轨道交通工程机电设备及照明用电负荷按其不同的用途和重要性分为三级。

一级负荷包括：火灾自动报警系统设备、消防水泵及消防水管电保温设备、防排烟风机及各类防火排烟阀设备、防火（卷帘）门、消防疏散用自动扶梯、消防电梯、应急照明、主排水泵、雨水泵、防淹门及火灾或其他灾害仍需使用的用电设备；通信系统设备、信号系统设备、综合监控系统设备、电力监控系统设备、环境与设备监控系统设备、门禁系统设备、安防设施；自动售检票设备、站台门、变电所操作电源、地下站厅站台等公共区照明、地下区间照明设备等。一级负荷由两路来自降压变电所或跟随所不同低压母线的电源配电，一主一备在末端配电箱处自动切换，容量较小的相邻的一级负荷可由同一双电源切换箱引来配电。环控一级负荷（消防负荷）采用两路电源末端切换后供电。公共区照明采用分区控制、交叉供电的配电方式，由变电所两段母线各担负一半负荷。应急照明为一级负荷中特别重要的负荷，采用双电源切换加蓄电池组的配电方式，当两路交流电源均失电时，应急照明电源装置持续供电的时间不小于 90min。

二级负荷包括：乘客信息系统、变电所检修电源、地上站厅站台等公共区照明、附属房间照明、普通风机、排污泵、电梯、非消防疏散用自动电梯和自动人行道等。二级负荷由变电所低压负荷母线提供一路电源供电，当变电所只有一路电源时，由低压母线分段开关切换保证供电。环控二级负荷（非消防负荷）由变电所单独接引一路电源供电。

三级负荷包括：区间检修设备、附属房间电源插座、车站空调制冷及水系统设备、广告照明、清洁设备、电热设备、培训及模拟系统设备等。从降压变电所三级负荷母线段提供一路电源供电，当供电系统一路电源失电时，允许将该负荷切除。

（3）配电用房布置

车站配电用房一般布置如下：环控电控室 2 处，分别布置在站台层两端，紧邻车站环控机房，主要布置环控电控柜等设备，用于对风机及相关风阀等配电控制；照明配电室 4 处，分别布置在站台层和站厅层两端，负责站厅、站台两端以及相应区间的照明配电及控制；冷水机组电控室 1 处，在冷水机房附近设置，负责冷水机房的用电设备配电及控制，可与环控电控室合设。

（4）消防监控

为防止电气火灾发生，在低压配电回路设置电气火灾监控系统。变电所低压柜出线侧设置剩余电流探测设备，检测探测保护配电线路的剩余电流，并将剩余电流实时传送到电气火灾监控设备，当达到剩余电流报警设定值时报出超限报警并显示报警地址，以提醒运营人员及时处理漏电故障部位。

此外，为了保障消防电源设备安全，设置消防设备电源监控系统。消防设备电源监控系统能通过实时监测消防设备电源的电流、电压等各项参数，自主判断供电电源是否存在短路、过欠压、缺相等故障，并通过警报系统提醒工作人员及时进行维修。

电气火灾监控系统及消防设备电源监控系统的监控主机均设置于车站控制室内。

2. 照明及照明配电系统

（1）车站

车站照明一般分为正常照明（包括公共区正常照明、附属房间照明）、应急照明（包括备用照明和疏散照明）、安全特低电压照明（包括变电所电缆夹层照明、站台板下照明及扶梯下检修通道照明）、广告照明、标志照明等。

车站照明配电采用放射式和树干式相结合、以放射式为主的配电方式。车站的每个配电室内设公共区照明总配电柜，电源分别引自变电所的两段低压母线，照明灯具采用交叉配线，各负责 50% 的照明负荷。

为确保紧急情况下使正常工作或活动能继续进行，备用照明电源系统设置应急照明电源装置——EPS 电源柜。一般在车站两端配电室内各设一组 EPS，负责车站备用照明的配电。EPS 电源柜由变电所 0.4kV 开关柜两段低压负荷母排上各引来一路电源供电，在柜内自动切换。正常时采用交流旁路 220V/380V 供电，在两路交流电源都失压的情况下，由蓄电池放电逆变交流 220V/380V 电源向备用照明供电，蓄电池的持续供电时间不小于 90min。

（2）区间

区间照明分为正常照明及疏散照明，区间照明配电范围为车站相邻两端的半个区间，端头车站负责至设计起点处和设计终点处。

区间正常照明由站台层照明配电室内的正常照明配电箱供电，区间疏散照明电源由站台层照明配电室内的消防应急照明和疏散指示系统供电。

地下区间隧道内采用消防应急照明和疏散指示系统，可根据火灾报警系统的报警位置信息以手动或自动两种方式转入应急状态。

3. 综合接地网

为保证人身和设备安全，防止电击和电器干扰，要对地铁车站做综合接地网设计，使高低压兼容，形成统一的强弱电合一系统。

综合接地网一般由车站围护结构内的钢筋组成自然接地体，由车站结构底板下的人工接地网（水平接地体＋垂直接地体）组成人工接地体，并通过车站主体结构钢筋与人工接地网的连接构成车站的总等电位联结，人工接地网实施后，将其与车站围护结构内的钢筋进行连接，最终形成综合接地网。

4.2　概预算

4.2.1　工程量计算规则

1. 计算规则

（1）设备按个或组、套计量，并在规格和备注中明确其内容包含范围。

（2）环控电控柜、应急照明电源装置（EPS）、LED 灯、电缆等根据设计图示数量进行统计。

（3）灯具安装按设计图示数量以"套"为单位计算。

（4）开关插座安装按设计图示数量以"套"为单位计算。

（5）电缆敷设预留长度按设计图纸规定的预留长度计算；设计图纸无规定时按表 4.2-1 规定的预留长度计算。

电缆敷设预留长度　　　　　　　　　　　　　表 4.2-1

序号	项目	预留长度	说明
1	电缆敷设弛度、波形弯度、交叉	2.50%	按电缆全长计算
2	电缆进入建筑物	2.0m	规范规定最小值
3	电缆进入沟内或吊架时引上（下）线	1.5m	规范规定最小值
4	电力电缆终端头	1.5m	规范规定最小值
5	电缆中间接头盒	两端各留 2.0m	检修余量最小值
6	电缆进入控制屏、保护屏及模拟盘等	高度＋宽度	按盘面尺寸
7	低压配电盘、箱	2.0m	盘下进出线
8	电缆绕过梁柱等增加长度	按实际计算	按被绕物的断面情况计算增加长度

2. 工程数量

一座典型 6A 车站的动力照明系统主要设备数量如表 4.2-2 所示。

动力照明系统主要设备数量表   表 4.2-2

序号	项目名称	单位	数量	备注
一	动力配电系统			
1	环控电控柜	台	30	设置于车站两端的 2 处环控电控室
2	电气火灾监控系统	套	1	车站设置 1 套，监控主机设置于车控室
3	消防设备电源监控系统	套	1	车站设置 1 套，监控主机设置于车控室
二	照明及照明配电系统			
1	应急照明电源装置	台	2	车站两端配电室内各设一组
2	车站应急疏散系统	套	1	车站设置 1 套

4.2.2 核心设备

1. 动力配电系统

动力配电系统核心设备主要有环控电控柜、电气火灾监控系统、消防设备电源监控系统等。

（1）环控电控柜

环控电控柜包含进线柜、馈线柜、软启动柜以及变频柜，是用于通风空调设备的集中供电和智能控制的设备，如图 4.2-1 所示。有些环控电控柜还增加了照明、电梯、扶梯等设备的供电和控制回路。

图 4.2-1 环控电控柜

（2）电气火灾监控系统

电气火灾监控系统作为火灾自动报警系统的一个子系统，承担火灾发生前的电力系统自身可能引发火灾的监控报警任务。电气火灾监控系统由控制主机、监控分机、剩余电流探测器、测温探测器、剩余电流及测温混合探测器等组成，主要探测设备设置在车站 0.4kV 低压开关柜及环控电控柜，监控主机放置于车控室内。电气火灾监控设备如图 4.2-2 所示。

（3）消防设备电源监控系统

消防设备电源监控系统由消防设备电源监控器（区域分机）、传感器、中继器、传输线缆及其他配套附件组成，如图 4.2-3 所示。

消防设备电源监控器设置于车站控制室，采用壁挂式安装。主要对消防泵、应急照明、FAS、气体灭火、疏散扶梯、集中 UPS、环控消防负荷、主废水泵等参与防灾救援的消防设施进线电源进行监控。当系统电源发生过压、欠压、缺相、过流、中断供电等故障时，消防设备电源监控器进行声光报警，记录并显示被监测电源的电压、电流值及故障点位置。

图 4.2-2　电气火灾监控设备　　　　图 4.2-3　消防设备电源监控系统

动力配电系统核心设备主要规格及价格如表 4.2-3 所示。

动力配电系统设备主要规格及价格　　　　　　　　　　　表 4.2-3

项目名称	规格	单位	市场含税价（元）
环控电控柜——进线柜	AC400V/50Hz	面	80000
环控电控柜——馈线柜	AC400V/50Hz	面	80000
环控电控柜——软启动柜	AC400V/50Hz，90kW	面	50000
环控电控柜——变频柜	AC400V/50Hz，75kW	面	120000
电气火灾监控系统	FY900-B	套	150000
消防设备电源监控系统	AFPM100	套	150000

2. 照明及照明配电系统

照明及照明配电系统的核心设备主要有应急照明电源装置、车站应急疏散系统等。

（1）应急照明电源装置

地下车站一般分别在各防火分区设置一套应急照明电源装置（EPS），负责车站及区间内的应急照明及疏散指示照明的供电，如图 4.2-4 所示。EPS 电源柜由变电所两段低压负荷母排上各引来一路电源供电，在柜内自动切换。正常时采用交流旁路 220V/380V 供电，两路交流电源都失压的情况下由蓄电池向应急照明供电。

（2）车站应急疏散系统

车站应急疏散系统包括应急照明控制器、应急照明配电箱、应急标志灯具、安全出口指示灯等。车站应急疏散系统可以迅速有效地实施安全疏散，通过对应急指示灯安全性能全方位的实时监测和自动维护，在火灾等紧急状况发生时能够有效地指导人群及时疏散撤离。应急照明控制器如图 4.2-5 所示。

图 4.2-4　应急照明电源装置 EPS　　　图 4.2-5　应急照明控制器

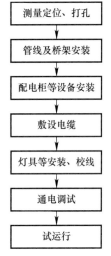

图 4.2-6　动力照明系统安装工序流程图

照明及照明配电系统的核心设备主要规格及价格见第 4.2 节的"编制重点"（表 4.2-8）。

4.2.3　安装工程与主要材料

动力照明系统安装工序可分为 7 个步骤，如图 4.2-6 所示。

典型 6A 车站的动力照明系统中，设备费占比 35%，主材费占比 35%，安装费（不含主材）占比 30%。动力照明系统主材主要包括 LED 灯和电缆。

（1）LED 灯

照明灯具一般采用 LED 灯或 LED 光源。安装在区间、风道的灯具需做三防（防水、防尘、防腐），并能抗区间活塞风压，防护等级为 IP65。LED 灯主要形式有面板形和条形，条形 LED 灯如图 4.2-7 所示。LED 灯的价格与灯具形式、功率有关，具体价格情况如表 4.2-4 所示。

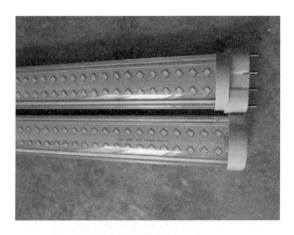

图 4.2-7　LED 灯

项目名称	规格	单位	市场除税价（元）
LED 灯	300 型条形，220V，36W	套	752.21
	200 型条形，220V，24W	套	663.72
	150 型条形，220V，18W	套	575.22

（2）电缆

动力照明采用的电缆主要有矿物绝缘电缆、铜芯耐火电力电缆、耐火控制电缆、铜芯阻燃电力电缆、阻燃控制电缆等。五芯电缆截面如图 4.2-8 所示。

各类电缆型号及其含义如图 4.2-9～图 4.2-11 所示，其中，铜芯阻燃电力电缆为不耐火电力电缆，其型号含义可参考铜芯耐火电力电缆；阻燃控制电缆为不耐火控制电缆，其型号含义参考耐火控制电缆。

图 4.2-8　电缆

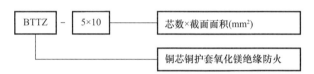

图 4.2-9　矿物绝缘电缆型号及含义

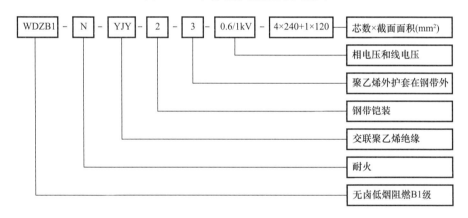

图 4.2-10　铜芯耐火电力电缆型号及含义

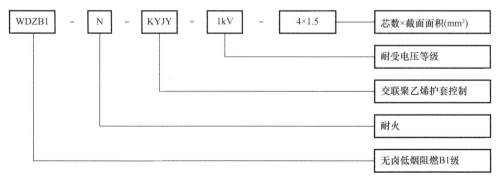

图 4.2-11　耐火控制电缆型号及含义

69

电缆价格主要受型号和截面尺寸影响，不同型号电缆价格如表 4.2-5 所示。

电缆主要规格及价格   表 4.2-5

项目名称	规格	单位	市场除税价（元）
矿物绝缘电缆	BTTZ 1×120	m	132.03
	BTTZ 1×240	m	235.00
铜芯耐火电力电缆	WDZB1N-YJY23-0.6/1kV-4×240+1×120	m	1084.85
	WDZB1N-YJY23-0.6/1kV-3×35+2×16	m	183.30
耐火控制电缆	WDZB1N-KYJY-1kV 4×1.5	m	15.94
	WDZB1N-KYJY-1KV 10×1.5	m	36.83
铜芯阻燃电力电缆	WDZB1-YJY23-0.6/1kV-3×35+2×16	m	145.94
	WDZB1-YJY23-0.6/1kV-3×240+2×120	m	756.89
阻燃控制电缆	WDZB1-KYJY-1kV 4×1.5	m	11.61
	WDZB1-KYJY-1KV 10×1.5	m	26.82

4.2.4 概预算编制

1. 定额说明

（1）设备安装定额一般包括设备安装、调试两部分，不包括基础制作安装，基础制作安装执行相应子目。

（2）设备运输定额适用于屏柜大型设备从地面仓库（或堆料点）至地面、地下或高架安装地点的运输。

（3）各型灯具的引导线，均已综合在定额内，执行时不需要换算；所有灯具均按照高度 5m 以下编制，安装高度超过 5m 时，应按照超高系数进行计算。

（4）电缆、铝合金桥架、电线、钢管等主材数量应考虑定额损耗量，LED 灯不考虑损耗。

（5）顶棚和侧壁电缆支架安装高度超过 4.5m，定额的人工、机械消耗量乘以系数 1.2 计算；不锈钢电缆桥架按钢制电缆桥架定额的人工、机械消耗量乘以 1.1 计算。

（6）槽式桥架落地安装未包括在定额内，发生时另行计算。

（7）电力电缆头均按铜芯电缆编制。

（8）电力电缆敷设定额项目，除单轨跨座式高架区间外，均按三芯电缆编制，单芯电力电缆敷设时其人工、机械消耗量乘以系数 0.67，五芯电力电缆敷设时乘以系数 1.3，五芯以上每增加一芯，系数增加 0.3，截面积为 $800\sim1000\text{mm}^2$ 的单芯电力电缆敷设按 400mm^2 电力电缆乘以系数 1.25。

（9）在井下敷设电缆，施工人工工日乘以系数 3.0。

（10）动力照明系统安装工程与定额对应关系如表 4.2-6 所示。

动力照明系统定额对应表   表 4.2-6

序号	工程名称	对应定额
1	环控电控柜安装	WG9-379（车站机柜 落地式）
2	应急照明电源装置安装	WG6-450（双路电源切换屏 380V）

序号	工程名称	对应定额
3	电力电缆敷设	WG8-525～ WG8-528（电力电缆沿线槽敷设）
4	LED 灯安装-单管	WG8-415（车站灯具 荧光灯 嵌入式 单管）
5	LED 灯安装-双管	WG8-416（车站灯具 荧光灯 嵌入式 双管）

注：WG 表示《武汉城轨定额》(2019)。

2. 编制重点

典型 6A 车站的动力照明指标约为 1440 万元/站，区间动力照明指标约为 220 万元/正线公里。

（1）车站动力配电系统

车站动力配电系统概预算编制时，应重点确定环控电控柜、电缆等设备主材的数量和单价，典型 6A 车站动力配电系统指标约为 780 万元/站，重点设备及主材占系统设备主材费的 93.08%，其参考数量及单价如表 4.2-7 所示。

动力配电系统重点设备主材参考数量及单价表 表 4.2-7

序号	项目名称及规格	单位	数量	单价（元）	总价（元）	费用占比
1	环控电控柜	台	30	90000	2700000	42.94%
2	电气火灾监控系统	套	1	150000	150000	2.39%
3	消防设备电源监控系统	套	1	150000	150000	2.39%
4	电缆	km	17.19	166000	2853540	45.38%

（2）车站照明及照明配电系统

车站照明及照明配电系统概预算编制时，应重点确定应急照明电源装置、LED 灯、钢管等设备主材的数量和单价，典型 6A 车站照明及照明配电系统指标约为 600 万元/站，重点设备及主材占系统设备主材费的 55.10%，其参考数量及单价如表 4.2-8 所示。

照明及照明配电系统重点设备主材参考数量及单价表 表 4.2-8

序号	项目名称及规格	单位	数量	单价（元）	总价（元）	费用占比
1	应急照明电源装置	台	2	225000	450000	15.17%
2	车站应急疏散系统	套	1	500000	500000	16.86%
3	LED 灯	套	574	500	287000	9.68%
4	钢管	m	24000	17	396960	13.39%

（3）综合接地网

典型 6A 车站的综合接地网指标约为 60 万元/站。

（4）区间动力配电及照明系统

区间动力配电及照明系统概预算编制时，应重点确定 LED 灯和电缆等主材的数量和单价，区间动力配电及照明系统指标约为 220 万元/正线公里，重点设备及主材占系统设备主材费的 65.05%，其参考数量及单价如表 4.2-9 所示。

1km 区间动力配电及照明系统重点设备主材参考数量及单价表　表 4.2-9

序号	项目名称及规格	单位	数量	单价（元）	总价（元）	费用占比
1	电缆	km	4	131000	524000	36.81%
2	LED 灯	套	320	700	224000	15.74%
3	钢管	m	10820	16	178020	12.51%

注：车站及区间使用的电缆、LED 灯、钢管的类型和数量均不同，故单价有所差别。

3. 注意事项

（1）0.4kV 低压开关柜

0.4kV 低压开关柜费用一般在变电所中计列，部分城市将该费用计入动力照明系统。

（2）公共区智能照明系统

公共区智能照明系统可根据时间和光照度自动控制灯具，也可以手动操作设置照度感应。采用公共区智能照明系统不仅能满足灯光效果，还能够充分节约用电，降低运行成本，其指标约为 20 万元/套。

（3）高架车站动力照明系统

高架车站动力照明系统一般采用放射式配电方式，其费用指标约为 650 元/m^2。

（4）车辆基地动力照明系统

车辆基地动力照明系统一般仅在综合楼内设置分配电柜，其他单体负荷由变电所低压柜直接配电，其费用指标主要受车辆基地上盖影响，带上盖的车辆基地动力照明系统指标约为 500 元/m^2，不带上盖的指标约为 380 元/m^2。

第5章 通 信

5.1 概述

通信系统是适应城市轨道交通运输效率、保证行车安全、提高现代化管理水平，并能迅速、准确、可靠地传递语音、数据、图像和文字等各种信息的综合系统，是指挥列车运行，进行运营管理、公务联络、提高乘客服务水平和传递各种信息的重要手段。通信系统主要由专用通信系统、公安通信系统和乘客信息系统组成。民用通信一般由运营商自建，城市轨道交通通信系统仅需预留接口。通信系统组成见图5.1-1。

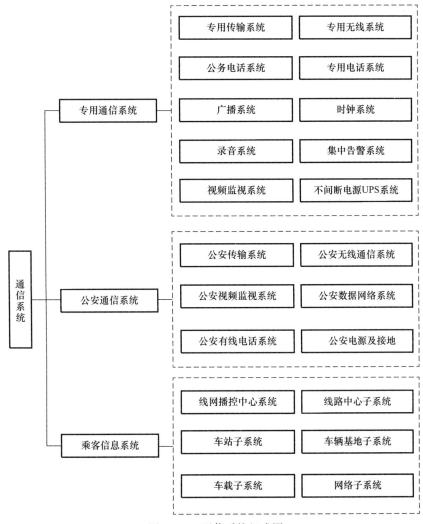

图 5.1-1 通信系统组成图

5.1.1 设计理念

1. 设计原则

(1) 通信系统应选用体积小、重量轻、耗能少、防尘、防锈、防振、防潮、防晒、抗电气干扰强的设备，应采用易于扩展和平滑升级的模块化结构，并采取必要的冗余，避免单点故障引起全网故障；采用阻燃、低烟、无卤、防蚀的电缆和光缆，并应考虑防鼠害和杂散电流腐蚀。

(2) 传输系统各节点可提供点对点直通式、一点对多点共用式及总线式等信道形式，提供语音、E1、以太网、光接口，以满足信息传输需求，确保各种业务的接入及与既有（或规划）线路的联通性。传输系统应能平滑升级，确保传输系统的扩展性。

(3) 专用无线通信系统的设置需满足以下要求：1) 依据运营组织要求，在运营控制中心及车辆基地设置行车调度台、防灾调度台、车辆调度台、乘客调度台、维修调度台；2) 相关工作人员分成行车调度、防灾环控调度、综合维修调度、车辆地点调度等工作小组，划归不同的子系统，各子系统主要以调度选呼、组呼的形式进行通信。

(4) 公务电话系统应具备综合业务数字网络功能，宜预留数据信息业务功能，并设置计费管理系统。公务电话交换设备宜设置在负荷集中、便于管理的地点，设备容量应根据机构设置、新增定员、通信业务等因素确定，并应充分结合考虑线网建设，为发展预留余量。

(5) 专用电话系统可与公务电话系统合设，但应保证调度专用功能。

(6) 广播系统应保证控制中心调度员和车站值班人员向乘客通告地铁列车运行及安全、向导、防灾等服务信息。正线运营广播系统在控制中心及车站应设置行车和防灾广播控制台，且防灾广播应优先于行车广播。

(7) 一级、二级母钟应配置数字式及指针式多路输出接口、一级母钟应设置数据接口。子钟可采用数字式和指针式及采用双面或单面显示，在设置乘客信息系统显示终端的站台、站厅处，宜由乘客信息系统显示终端的时钟代替子钟。

(8) 集中录音系统应确保控制中心和各车站、车辆段及停车场之间调度指令和安全指令的正确保存，可对每个话路进行录音、监听、回放及识别来电号码。

(9) 集中告警系统设备宜设置于控制中心或维护中心，可实现故障监测、安全管理等功能，且应利用通信各子系统的自诊断功能，采集设备故障信息，并应有记录和告警。

(10) 不间断电源 UPS 系统应保证对通信设备不间断、无瞬变地供电，可按独立的电源设备设置，也可纳入综合电源系统。

(11) 公安传输系统应能满足各子系统的信息内容及其传输容量要求，并提供其所需业务接口；采用不同物理路径的光缆构成自愈环，确保系统可靠性。

(12) 公安无线通信系统应覆盖城市轨道交通范围内地下车站及隧道空间，实现与既有城市公安无线通信系统的兼容性及互联互通。

(13) 公安视频监控系统应满足公安部门对车站范围监视的需要，公安视频前端摄像机可由专用视频监控系统负责建设，对公安图像监控有特殊要求的区域，由专用视频监控系统加强摄像机的布设密度。

(14) 公安计算机网络应能满足地铁公安分局、地铁派出所及车站公安值班室间的数据传输需求，并可接入城市公安数据网络。

（15）公安专用电话系统应满足公安系统对电话网保密性的需要。

（16）乘客信息系统应具有安全性、可靠性、可扩充性和使用灵活性，具有完备的信息处理能力，通过数据交换及数据处理后向乘客提供信息服务，并应做到技术先进、经济合理、简洁实用。

2. 设计参数

（1）专用传输系统的传输带宽需求如表 5.1-1 所示。

传输带宽需求表　　　　　　　　　　　　　表 5.1-1

业务名称	信息类别	传送要求	接口类型	带宽需求	附注
专用电话	语音＋信令	实时	GE	200M	共享
公务电话	语音＋信令	实时	GE	400M	共享
无线通信	语音＋信令	实时	FE	100M	共享
广播	语音＋信令	实时	FE	100M	
视频监视	数据＋视频	非实时	20GE	9320M	集中云存储
时钟	数据	实时	FE	2×10M	
信息网络	数据	非实时	GE	600M	
乘客信息	数据＋视频	非实时	10GE	746M	
通信电源网管	数据	非实时	FE	10M	
综合监控	数据	非实时	GE	400M	
信号电源网管	数据	非实时	FE	10M	
自动售检票	数据	非实时	GE	2×200M	
门禁	数据	非实时	FE	10M	
自助图书馆	数据	非实时	FE	100M	
城市"一卡通"	数据	非实时	FE	100M	
风机振动监测	数据	非实时	FE	10M	
杂散电流检测	数据	非实时	FE	10M	
融合云平台	数据	实时	10GE	6000M	
合计				18536M	

（2）专用无线系统的通信质量指标要求：无线通信系统空间波覆盖的时间地点概率不应小于 90％，泄漏同轴电缆辐射电波的时间地点概率不应小于 95％。

（3）公务电话应采用统一用户编号，在交换网中宜采用下列方式："0"或"9"为呼叫公用网的首位号码；"1"为特种业务、新业务首位号码；"2～8"为地铁用户的首位号码。

（4）广播系统功放设备总容量应按所有广播负荷区额定功率总和及线路衰耗确定。功率放大器应按 N＋1 的方式热备用，系统应有功放自动检测倒换功能。

（5）一级母钟自走时精度应在 10^{-7} 以上，二级母钟自走时精度应在 10^{-6} 以上。

（6）通信电源设备应满足通信设备一级负荷供电的要求，不间断电源容量应按近期负荷配置。

（7）公安无线通信系统网内通话的话音质量应达到 3 级标准（信噪比≥20dB），通话概率达到 95％以上。

（8）公安视频监控存储时间按 90 天考虑。

5.1.2 功能模块

通信系统包括专用通信系统、公安通信系统和乘客信息系统三部分，标准技术方案布置见图5.1-2。

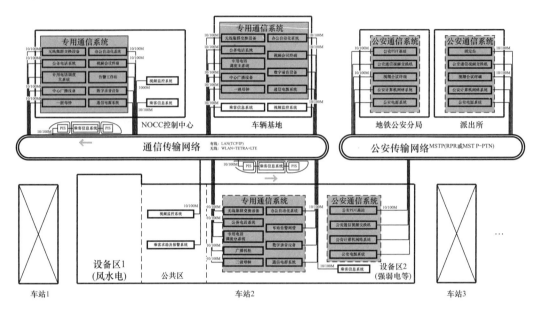

图 5.1-2　通信系统标准技术方案布置图

1. 专用通信系统

专用通信系统为城市轨道交通运营、维护、管理服务，是行车指挥、运营管理的必备工具，必须迅速、准确、可靠地传送各种语音、数据及图像等运营管理信息，由专用传输系统、专用无线系统、公务电话系统、专用电话系统、广播系统、时钟系统、录音系统、集中告警系统、视频监视系统、不间断电源（UPS）系统等组成。

（1）专用传输系统

传输系统作为城市轨道交通通信网络的基础设施，是通信系统的主要子系统，是满足运营、管理及全自动运行对通信的传输需求，为专用通信各子系统、综合监控、列车自动监控信息（ATS）、自动售检票系统（AFC）等提供可靠的、冗余的、可扩展的、可重构的、灵活的传输通道，构成传送语音、文字、数据、图像等各种信息的综合业务传输网。

传输系统采用的主流技术包括 OTN、PTN、MSTP＋三类，如表5.1-2所示。

传输系统组网方案比较表　　　　　　　　　　　　　　表 5.1-2

序号	比较内容	OTN	PTN	MSTP＋
1	传输技术内核	电路交换＋光交换	分组技术	电路交换＋分组交换
2	TDM 业务支持	支持	通过仿真实现	支持
3	时延、抖动	小	较大	TDM 通道小、分组通道较大
4	业务保护切换	＜50ms	50ms	TDM 通道＜50ms；分组通道 50ms

序号	比较内容	OTN	PTN	MSTP+
5	带宽	不受限，目前最大支持单波 400G	不受限，目前最大支持 1600G	不受限，目前最大线卡支持 40G
6	支持的接口	丰富	丰富	丰富
7	技术发展前景	国内外支持厂家较多，符合 ITU-T 标准	国内外支持厂家多，国际标准正在完善中	国内外支持厂家较多
8	运营维护管理	可获得国内厂家的技术服务，备件可控	可获得国内厂家的技术服务，备件可控	可获得国内厂家的技术服务，备件可控
9	国产化程度	高	高	高
10	传输成本	低	低	低

1) OTN

OTN（Open Transport Network，开放式传输网络）是以波分复用技术为基础、在光层组织网络的传送网，是下一代骨干传送网。OTN 可综合不同网络协议，具有多种标准接口，接入灵活方便，实现传输和接入一体化，设备集成度高、可实现集中维护管理、组网灵活、易于扩充。

2) PTN

PTN（Packet Transport Network，分组传送网）支持多种基于分组交换业务的双向点对点连接通道，具有适合各种粗细颗粒业务、端到端的组网能力，提供了更加适合于 IP业务特性的"柔性"传输管道。网络具备保护切换、错误检测和通道监控能力，可以实现传输级别的业务保护和恢复，可无缝承载核心 IP 业务。PTN 的缺点是 TDM 业务通过电路仿真实现的，时延和抖动较大。

3) MSTP+

MSTP+（Multi Service Transport Platform，多业务传送平台）又称"增强型 MSTP""下一代 MSTP""混合型 MSTP""双管道 MSTP"等。MSTP+技术可在同一台传输设备上，针对不同的轨道交通业务，采用不同的传输通道，大大提高了传输效率（尤其是数据业务）、降低了传输成本；突破了传统 MSTP 带宽瓶颈限制，目前 MSTP+产品已能提供 40G 容量的线卡，完全能满足城市轨道交通数据业务的带宽增长需求。

（2）专用无线系统

专用无线系统为城市轨道交通内部固定工作人员与流动工作人员之间以及流动工作人员之间提供语音和数据通信服务，具备通话功能、多用户群划分功能、数据功能、辅助业务功能及无线广播功能。

按照网络的逻辑结构，专用无线系统包括控制中心子系统、车站子系统（含车辆段/停车场）和车载子系统，由控制中心设备、车辆段/停车场设备、车站设备、区间设备、车载设备等组成。专用无线系统制式目前主要有 TETRA 系统和 LTE 系统两种。

1) TETRA 系统

TETRA 制式是第二代数字集群系统，由欧洲电信标准协会 ESTI 推出，基于传统大区制调度通信系统，采用 TDMA 方式。该技术体制具有兼容性、开放性好，频谱利用率高和保密功能强等优点，是目前国际上较为成熟稳定、参与生产厂商较多的数字集群标准，目前国内城市轨道交通项目大部分采用了 TETRA 数字集群制式。

2）LTE 系统

基于 LTE 技术的宽带集群通信（B-TrunC）系统方案，是采用了 4G 标准的新型集群通信系统，是现在通信技术发展的主流趋势，可以较好地解决语音与数据通信的基本需求，具备可用带宽大、系统扁平等特点，可以实现线网范围内核心网络设备的资源共享。主要用于单独承载 CBTC、集群调度、PIS 及 IMS 视频业务，或综合承载其中几种业务。

（3）公务电话系统

公务电话系统是为城市轨道交通系统内运营、管理、维修等部门工作人员提供日常工作联系的手段，它是集语音、中低速数据为一体的 N-ISDN 交换网络，可提供城市轨道交通内部用户之间的电话联络、城市轨道交通内部用户与公用电话网用户之间的电话联络。

1）系统构成

公务电话系统由电话交换设备、自动电话及其附属设备组成。公务电话系统一般单独组建网络，公务电话和专用电话交换机独立运行，互不干扰，专用电话交换机一旦发生故障，公务电话可以作为部分专用电话的备用，可靠性高。公务电话系统架构如图 5.1-3 所示。

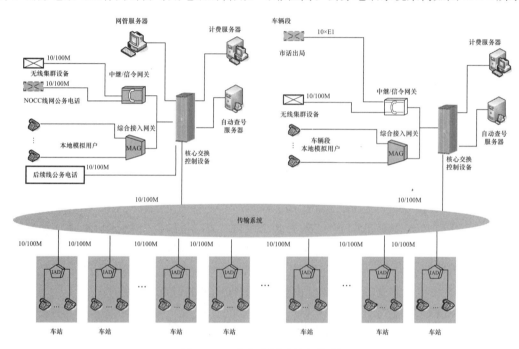

图 5.1-3　公务电话系统架构图

2）电话交换技术

电话交换技术主要有程控交换技术和软交换技术两类，目前常用的是软交换技术，技术对比见表 5.1-3。

程控交换技术和软交换技术对比表　　　　　　　　　　　表 5.1-3

对比项目	程控交换	软交换
技术特点	传统电路交换技术	基于分组网络的交换技术，呼叫控制功能与媒体处理功能相分离，并能通过纯软件实现
可靠性	产品成熟，可靠性高	产品较为成熟，可靠性高

续表

对比项目	程控交换	软交换
适用范围	适合集中型的模式	适合集中或分散模式
组网特点	组网模式相对固定	组网灵活，可按需配置功能模块
与支撑网络的接口	利用传输系统的 E1 接口或以太网接口	利用传输系统的以太网接口
性价比	较高	中等

① 程控交换技术

程控交换技术即传统电路交换技术，其基本特点是采用面向连接方式。在双方通信之前需要为通信双方分配一条具有固定带宽的通信电路，通信双方在通信过程中将一直占用所分配的资源，直到通信结束，并且在电路的建立和释放过程中都需要利用相关信令和协议。这种方式的优点是在通信过程中可以保证为用户提供足够带宽，并且实时性强，时延小，交换设备成本低。

② 软交换技术

软交换技术是在 IP 电话技术发展的基础上，将网关呼叫控制和媒体交换的功能相分离形成的，采用分组网络作为承载网络，是下一代网络（NGN）的核心技术。通过软件的方式实现电路交换机的控制、接续和业务处理等功能，各实体之间通过标准协议进行连接和通信。软交换技术具有组网灵活、性价比高、扩展性好、业务提供能力强等优点，还能为系统扩容和其他线路接入预留充足条件。

3）组网方案

公务电话组网方案一般采用软交换技术组网，采取四层结构方式，即业务管理层、网络控制层、交换/传输层、边缘接入层，如图 5.1-4 所示。

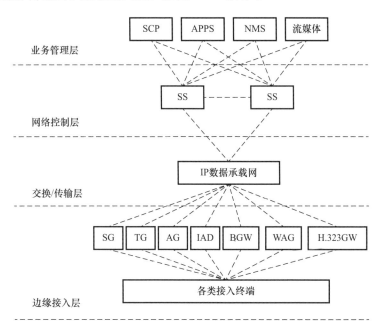

图 5.1-4　基于软交换技术的四层结构

SG—信令网关，TG—中继网关，AG—接入网关，IAD—综合接入设备，

BGW—宽带网关，WAG—无线接入网关，H.323GW—H.323 网关

① 业务管理层

业务管理层用于在呼叫建立的基础上提供附加增值业务以及运营支撑功能，目前业务管理层考虑基本语音交换功能，配置媒体服务器、网管服务器、计费服务器等与语音交换相关的设备组网。

② 网络控制层

网络控制层实现呼叫控制，并负责相应业务处理信息的传送，其核心设备是软交换机（Softswitch），完成实时呼叫控制和连接功能，支配网络资源，进行业务流的处理，并能够提供开放的、标准的接口和协议。

③ 交换/传输层

交换/传输层采用分组技术，一般主要由骨干网、汇聚网各种设备（如路由器、三层交换机等）组成，用于向用户提供一个高可靠性、具有 QoS 保证和大容量的、统一的综合传送平台。一般采用专用传输系统提供的以太网通道作为承载平台。

④ 边缘接入层

边缘接入层通过各种接入手段将各类用户或终端连接至网络，并将其信息格式转换成为能够在网络上传递的信息格式。与 PSTN（公用电话交换网）的出入中继、信令中继以及种类繁多的各类接入终端设备均在边缘接入层接入。

（4）专用电话系统

专用电话系统是调度员和车站、车辆段值班员指挥列车运行和下达调度命令的重要通信工具，是为列车运营、电力供应、日常维修、防灾救护、票务管理等提供指挥手段的有线电话系统，具有调度电话、站间行车电话、站内电话、区间电话、车辆段/停车场电话广播、录音等功能。专用电话系统由中心交换设备、站间行车电话、车站（车辆基地）交换设备、终端设备、录音装置及网管设备等组成。

根据通信技术的发展，目前专用电话系统方案有以下四种方式，常用的为第四种方案。

1）专用电话系统与公务电话系统合设：通常要求公务电话系统采用程控交换机方式，并利用公务电话交换机的调度电话模块和热线功能实现专用电话的所有功能，这是国内城市轨道交通较早采取的一种方式。

2）控制中心设单独的调度电话交换机：利用传输系统提供的通道和接口，将车站（或车辆段、停车场）调度电话分机接入控制中心的调度电话交换机；站内电话、站间行车电话等功能则利用公务电话交换机的热线功能实现。

3）调度电话与车站（或车辆段、停车场）内直通电话、站间行车电话、区间电话等采用一体化数字调度设备，使专用电话系统与公务电话完全分离，与专用通信系统融为一体（即调度电话与站间、站内电话由同一通信设备实现），是真正完整、独立的专用电话系统。

4）构成方式与第三种方案相同，但不同的是采用软交换调度设备组建专用电话系统，替代原有的数字程控交换中心设备及车站设备。

（5）广播系统

广播系统是保证控制中心调度员和车站值班人员向乘客通告地铁列车运行及安全、向导、防灾等服务信息，向工作人员发布作业命令和通知的系统，发生灾害时可兼作救灾广播。广播系统分为正线广播、车辆段/停车场广播系统，其中正线广播又分为中心级广播、车站级广播、区间广播以及车辆广播。广播系统由中心广播设备、车站广播设备、车辆段/停车场广播设备、网管设备及传输通道组成。

正线广播系统采用车站和控制中心两级控制方式，正常情况下控制中心的播音优先权高于车站，可实现人工和自动方式进行广播。应急时根据"就近原则"，站台、车站广播具有更高优先权。

广播系统可以采用两种技术方案：传统的模拟语音广播技术和数字语音广播技术，一般采用数字语音广播技术。

1）模拟语音广播技术

广播设备处理的语音信号及设备间传输的语音信号均为模拟信号。

2）数字语音广播技术

广播设备系统间信号的处理及传输，均为数字语音信号，扬声器播出为模拟语音。在数字语音广播技术中，对语音的整个处理过程均为数字方式，避免了模拟方式处理信息过程中产生的音质变化。

（6）时钟系统

时钟系统是为控制中心调度员、车站值班员或与行车相关的各部门工作人员及乘客提供统一的标准时间信息，还为其他系统设备提供统一的时间信号，时钟系统的设置对保证城市轨道交通运行计时统一、准确、提高运营效率起到了非常重要的作用。

时钟系统由中心母钟（一级母钟）、车站和车辆基地母钟（二级母钟）、时钟显示单元（子钟）及网络管理设备组成。

一般在运营控制中心设置一级母钟，通过接收 GPS＋北斗天线的标准时钟信号来校准信息，通过传输通道定时向二级母钟发送时间编码信号；在车站、车辆基地分别设置一台二级母钟，产生时间编码信号提供给本站的子钟；子钟设置在与行车直接有关处所。

（7）录音系统

集中录音系统是城市轨道交通安全可靠运行的专业保障系统，既是工作过程记录、事故责任分析的必要依据，也是工作质量监督、管理方式优化的重要手段。

1）系统构成

录音系统由控制中心、车站、车辆段及停车场的录音设备组成，在控制中心设置数字集中录音仪、网管服务器、网络交换机和录音查询管理终端；在车站、车辆段及停车场设置数字集中录音仪及录音查询管理终端。

集中录音系统均采用以太网组网方式，通过传输系统提供的以太网通道实现互联，各个节点的端口均为 10M/100M 自适应型。

2）系统功能

集中录音系统采用带音频接口的录音系统进行录音，主机具有录音、监听、通话统计、分级密码管理、来电显示等功能。可通过以太网实现网络查询、回放录音数据，并具备定时自动异地上传录音数据功能。

（8）集中告警系统

集中告警系统是利用办公自动化技术和计算机本身的数据处理能力，对通信系统中的各子系统进行集中管理，将各子系统的告警信息集中在告警终端上进行显示，使通信维护人员能及时、准确了解整个通信系统设备的运行状况和故障信息。能够对子系统的告警进行汇总、显示、确认、报告及故障定位。

集中告警系统在控制中心设置集中告警系统终端、以太网交换机、磁盘阵列、打印机等设备，通过本地局域网（或其他数据接口）与传输、公务电话、专用电话、无线通信、广播、时钟、乘客信息、办公自动化、电源、视频监视等系统的网管服务器或监控终端相连。

（9）视频监视系统

视频监视系统是城市轨道交通运营、管理现代化的配套设备，是供运营、管理人员实时监视车站客流、列车出入站及乘客上下车情况，以加强运行组织管理、提高效率、确保安全正点地运送乘客的重要手段。视频监视系统目前通常采用全高清制式，即从图像的采集、传送、存储、显示全部达到高清，实现分辨率达到 1920×1080 的图像画质，以满足运营单位对视频监视的要求。

视频监视系统由控制中心监视子系统和车站监视子系统组成。运营管理人员使用的控制中心大屏工作站、监视器、车站控制台等由综合监控系统集成。

（10）不间断电源 UPS 系统

通信电源设备在外供交流电源正常情况下，应能为通信系统设备提供高质量的电源供应，并具有输出短路保护功能；在外供交流电源中断或发生超限波动的情况下，仍能保证通信系统在规定的时间内正常工作，待外供交流电源正常时恢复。通信电源应满足通信设备对电源的要求，保证对通信设备不间断、无瞬变地供电。

控制中心、车辆段、停车场各系统独立设置 UPS 供电，按照一级负荷供电，车站 UPS 电源采用弱电整合方案，电源整合专业系统包括：通信、综合监控（ISCS）、自动售检票（AFC）、信号（非集中站）、门禁（ACS）。

电源系统采用 UPS 不间断电源供电方式，电源设备主要包括 UPS 单元、UPS 蓄电池组、48V 高频开关电源、高频开关电源蓄电池组和交流配电屏等。

2. 公安通信系统

公安通信系统是公安通信网在城市轨道交通范围的延伸，是公安（消防）部门在城市轨道交通领域进行治安防范、防灾救灾的必备工具，是一个以城市轨道交通公安分局为主体，派出所、警务站为补充的三级管理体系。公安通信系统按区域可分为车站公安通信和派出所（公安局）公安通信，按系统组成可分为公安传输系统、公安无线通信系统、公安视频监视系统、公安数据网络系统、公安有线电话系统、公安电源及接地。

（1）公安传输系统

公安传输系统是为公安无线引入系统、公安计算机网络系统、公安视频监视系统、公安专用电话系统提供一个信息传输的平台，确保公安局、地铁公安分局、派出所、警务站间的语音、数据和图像信息能够高质量、安全、可靠地传输。为保证系统可靠性和扩容能力，一般采用公安通信专用光缆作为通信传输线路。

（2）公安无线通信系统

公安无线通信系统是地面公安无线系统在地下车站和隧道区间的延伸，可实现公安地面与地下的移动通信，配合公安视频监视系统，可以快速、有效地处理突发事件。

公安无线通信采用 PDT 数字集群通信系统，主要由 PDT 数字集群中心交换设备、有线/无线链路引入设备、网络管理设备、分基站、固定台、便携台、车站及区间覆盖设备等构成。

（3）公安视频监视系统

公安视频监视系统是公安部门维护正常运营管理秩序的重要系统，是为各级公安人员对公共区域实施监视、提高城市轨道交通治安水平、保障乘客生命财产安全和城市轨道交通安全运营的有效工具，也是为公安机关开展日常工作和及时发现、快速处置突发性事件的技术手段。

公安视频监视系统由城市轨道交通公安分局、派出所、警务站三级监视组成，三级监视相互独立，任一级操作人员均能够看到任意画面而不受其他人限制，但对 PTZ（云台的横摇和俯仰，镜头变焦和变倍）控制设置了优先级：公安分局指挥中心具有最高优先级，其次分别是派出所、警务站。

公安通信与专用通信共用车站本地视频监视系统，即全线车站范围内的图像摄取、图像处理及存储、视频信号传输等功能均由专用通信视频监视系统实现。警务站监视系统仅需设置 1 台 PC 操作终端，接入专用通信视频监视系统车站交换机完成图像的显示和控制；城市轨道交通公安分局、派出所监视系统由解码器、电视墙、PC 操作终端及交换机等设备组成。

（4）公安数据网络系统

城市轨道交通公安数据网络是公安网的延续，公安数据网络不仅传送公安计算机数据，还负责传送公安通信其他子系统信息。公安数据网络应确保公安部门计算机网络延伸到城市轨道交通公安分局、派出所和警务站。

由于公安信息的特殊性，必须确保网络的独立性、安全性、可靠性、可扩充性。系统采用光纤千兆以太网组网，各车站、派出所分别设置接入以太网交换机，地铁公安分局与各派出所、各车站交换机利用公安传输系统提供的以太网通道实现互联。

（5）公安有线电话系统

公安有线电话是城市轨道交通公安部门的内线电话，是公安有线电话的一部分，是公安人员之间及与其他公安部门之间进行公务联络的专用通信工具，便于城市轨道交通公安分局在出警时快速准确地联络到公安内部有关单位。

公安有线电话系统在地铁公安分局设置 VOIP 网关，在各派出所分别设置 VOIP 网关及相应话机，在各车站分别设置 VOIP 接入设备及电话机，利用公安数据网络系统提供的以太网接口实现地铁公安电话分机的接入。

（6）公安电源系统及接地

电源系统是保障整个公安通信网络正常运行的关键，在外供交流故障的情况下，在一定时间范围内仍能向各系统提供稳定、可靠、不间断的电源供应，使公安通信系统设备仍继续工作一段时间，等待主电源恢复正常。接地系统应确保人身和通信设备安全，并保证通信设备正常工作。

公安通信系统设备耗电量不大，且均可以直接采用 AC 220V 交流直供，为资源共享、节省投资，可在车站考虑利用专用通信 UPS 电源，不设公安通信 UPS，仅在派出所设置 UPS 电源。

3. 乘客信息系统

乘客信息系统（PIS）是依托多媒体网络技术，以计算机系统为核心，以车站和车载显示终端为媒介，向乘客提供信息服务的系统，在正常情况下可以向乘客播放城市轨道交通列车到达预告、换乘信息及时间等与乘车有关的信息，还可以播放重要新闻、天气预报、广告等资讯信息；在火灾及阻塞情况下，提供紧急疏散指示，提高运营安全性。

乘客信息系统由线网播控中心系统、线路中心子系统、车站子系统、车辆基地子系统、车载子系统、网络子系统等组成，具有运营信息播放、视频监视、预先设定紧急信息、形象宣传、广告播出管理、播放控制、系统管理等功能。

5.2 概预算

5.2.1 工程量计算规则

1. 计算规则

（1）设备按个或组、套计量，并在规格和备注中明确其内容包含范围。

（2）骨干光缆及骨干电缆的项目不包含备用光缆、电缆的数量。

（3）各种光缆、电缆、网线敷设（架设）的工程量，按设计长度计算，并将附加长度计入工程量，附加长度包括设计规定的预留长度和垂度、弛度、自然弯曲度等。

（4）布放区间主干光（电）缆/漏缆时，需注意：1）将线路长短链计算在内；2）将出入段线长度计算在内。

2. 工程数量

典型 6A 线路通信系统主要设备数量如表 5.2-1 所示，通信光（电）缆敷设附加长度如表 5.2-2 所示。

通信系统主要设备数量表

表 5.2-1

序号	功能系统	设备主材名称	数量
1	专用通信系统	OTN 传输设备	1 台/站
		UPS 不间断电源设备	1 台/站
		无线集群基站设备	1 台/站
		公务电话接入设备	1 套/站
2	公安通信系统	公安视频传输网络设备	1 套/站
		MSTP 传输设备	1 套/站
		UPS 蓄电池及电源设备	1 套/站
		数字集群基站	1 台/站
3	乘客信息系统	LCD 显示屏	40 块/站
		车站接入单元	1 套/站
		区间接入单元	1 套/站

光（电）缆敷设附加长度表   表 5.2-2

需余留处	敷设方式	余留量（m）		
		骨干光缆	骨干电缆	站内光/电缆
车站引入口外两方向	各式	各 10～15		
车辆段引入口	各式	10～15	10～15	1
高架桥梁两端与路基段	直埋	各 3～5	各 3～5	
带伸缩缝钢结构桥每个伸缩缝	电缆支架	≥0.5	≥0.5	
接头处接续后	管道、电缆支架	3	3	
接头盒长度	管道、电缆支架	按实余留	按实余留	
接头盒内收容余长	管道、电缆支架	1.2		
接续时端头开剥及缆长消耗	管道、电缆支架	1	1	
接头处重叠长度	管道、电缆支架			9
自然弯曲度增长率	管道、电缆支架	0.7%	2%～4%	2%～4%
运用库、综合楼引入口	各式			1
分线设备和端子盒引入口	各式			1.5
人（手）孔内弯曲增长	管道	每人孔 0.5	每人孔 0.5	每人孔 0.5
路基地段	直埋	适当余留	适当余留	适当余留

5.2.2 核心设备

1. 专用通信系统

专用通信系统的核心设备有 OTN 传输设备、UPS 不间断电源设备、无线集群基站设备、公务电话接入设备、三层交换机等，设备单价见第 5.4.2 节的"编制重点"（表 5.2-5）。

（1）OTN 传输设备

光传送网 OTN（Optical Transport Network）是由 ITU－TG.872、G.798、G.709 等协议定义的一种全新光传送技术体制，它包括光层和电层的完整体系结构，对于各层网络都有相应的管理监控机制和网络生存性机制。OTN 传输设备用于核心层和汇聚层，以提高核心节点对业务的调度能力，提供光层或电层的业务调度，支持光电联合调度，主要提供大容量长距离的可靠传输，如图 5.2-1 所示。

（2）UPS 不间断电源设备

UPS 不间断电源设备是不会因短暂停电中断、可以一直供应高品质电源、有效保护精密仪器的电源设备，也具有稳定电压的作用，如图 5.2-2 所示。

（3）无线集群基站设备

无线调度通信采用数字集群，集群系统将调度网的频点集中使用，资源共享。数字集群系统中，调度网采用虚拟专网方式使用，相互独立，互不影响。基站设备也称基地台设备，指控制接收和发送无线电信号，组成与移动台之间的双向电话电路的设备，如图 5.2-3 所示。

（4）公务电话接入设备

公务电话是用于日常办公使用的电话系统，接入运营商设备，可以实现内线拨打、外线拨打、外线直入等。公务电话接入设备是适用于小范围电话网络的接入产品，可提供语音、数据等业务的综合接入，如图 5.2-4 所示。

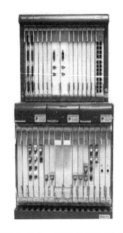

图 5.2-1　OTN 传输设备　　　图 5.2-2　UPS 不间断电源设备　　　图 5.2-3　无线集群基站设备

（5）三层交换机

三层交换机是具有部分路由器功能的交换机，工作在 OSI（Open System Interconnect，开放式系统互连）网络标准模型的第三层——网络层。三层交换机可加快大型局域网内部的数据交换，能够做到一次路由，多次转发。对于数据包转发等规律性的过程由硬件高速实现，而像路由信息更新、路由表维护、路由计算、路由确定等功能，由软件实现，如图 5.2-5 所示。

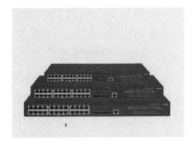

图 5.2-4　公务电话接入设备　　　　　　　图 5.2-5　三层交换机

2. 公安通信系统

公安通信系统的核心设备有公安视频传输网络设备、MSTP 传输设备、UPS 不间断电源设备、数字集群基站、公安网络交换机等。其中，UPS 不间断电源设备见专用通信系统。公安通信系统核心设备单价见第 5.2.4 节的“编制重点”（表 5.2-6）。

（1）公安视频传输网络设备

公安视频传输网络设备采用 Dynamic Stream Control 技术，保证双向音频实时传输，视频帧率根据带宽自动调节，网络中断后自动连接，如图 5.2-6 所示。

（2）MSTP 传输设备

MSTP 多业务传送平台技术是指基于 SDH（Synchronous Digital Hierarchy，同步数字体系）平台，同时实现 TDM、ATM、以太网等业务的接入、处理和传送，提供统一网管的多业务传送平台，如图 5.2-7 所示。

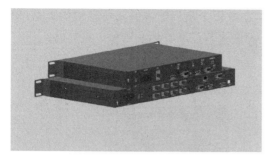

图 5.2-6　公安视频传输网络设备

图 5.2-7　MSTP 传输设备

（3）数字集群基站

数字集群通信系统是一种用于调度指挥通信的移动通信系统，数字集群基站可在一定的无线电覆盖区中，通过移动通信交换中心，与移动电话终端之间进行信息传递的无线电收发信电台，如图 5.2-8 所示。

（4）公安网络交换机

公安网络交换机是一个扩大网络的器材，能为子网络中提供更多连接端口，以便连接更多计算机，具有性价比高、高度灵活、相对简单、易于实现等特点。随着以太网技术成为当今最重要的局域网组网技术，网络交换机也就成为最普及的交换机，如图 5.2-9 所示。

图 5.2-8　数字集群基站

图 5.2-9　公安网络交换机

3. 乘客信息系统

乘客信息系统的核心设备有 LCD 显示屏、车站接入单元、区间接入单元等，设备单价见第 5.2.4 节的"编制重点"（表 5.2-7）。

（1）LCD 显示屏

液晶显示屏属于平面显示器，用于电视机及计算机的屏幕显示，具有耗电量低、体积小、辐射低的特点。该显示屏使用了两片极化材料中的液体水晶溶液，电流通过该液体时会使水晶重新排列达到成像目的，如图 5.2-10 所示。

（2）车站/区间接入单元

车站/区间多站接入单元也称为令牌环集线器，是在令牌环网络中实现单个工作站互联

图 5.2-10　LCD 显示屏

的设备，如图 5.2-11 所示。令牌环的网络结构在逻辑上是环形，但其物理结构则是星形。多站接入单元的作用使令牌环网络中发送节点和接收节点准确地发送和接收数据。

图 5.2-11　车站/区间接入单元

5.2.3　安装工程与主要材料

通信系统安装工序流程包括 8 个步骤，如图 5.2-12 所示。其中，通信光电缆在隧道区间通常敷设在电缆支架上，在站内敷设在电缆槽或电缆桥架上。

典型 6A 线路通信系统中设备费占比 70%，主材费占比 7%，安装费（不含主材）占比 23%。

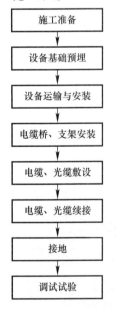

图 5.2-12　通信系统安装工序流程图

（1）通信漏缆

无线通信网在区间一般采用泄漏同轴电缆覆盖，在覆盖资源共享的基础上，利用安装在同一隧道区间内的两条漏缆按双流方式实现 MIMO（多输入多输出）技术空间复用，提高信道容量和可靠性，降低误码率。双漏缆方式具有设备数据吞吐能力强、可靠性和安全性高的特点。当其中一根漏缆出现问题时，另外一根漏缆仍可以正常使用，减少单点故障对业务的影响。通信漏缆如图 5.2-13 所示。

（2）通信光缆

有线通信网通过设置干线光缆网络，可为通信、综合监控等系统提供中心至车站之间的光纤信息传输。专用通信全线主干光缆容量按 96 芯设计，为保障光缆路由的可靠性，全线上下行区间各敷设一条 96 芯单模光缆作为传输网络骨干光缆链路，各车站与控制中心间构成传输网络光缆链路。光缆一般采用 ITU-T-G.652D 制式的单模光纤，如图 5.2-14 所示。

（3）通信电缆

通信电缆主要包括干线电缆和站内电缆。干线通信电缆是解决区间对外界通信的电缆，传输距离一般是区间到车站，兼顾站间行车实回线备用通路。从市话电缆的电气特性进行分析，同时考虑到站间行车实回线备用等问题，一般宜选用 0.8mm 芯径的市话电缆，同时电缆外护套必须满足城市轨道交通地下环境要求。区间电缆采用双径路敷设，在线路上下行车方向的右侧各敷设一条 20mm×2mm×0.8mm 的城市轨道交通干线通信电缆，满足区间电话、站间电话的实回线备用及其他应用。站内电缆是解决车站范围的通信电缆，采用无铠全塑市话电缆，外护层应采用低烟、无卤、阻燃聚乙烯外护套，容量可根据需要配置，电缆芯径一般为 0.5mm。通信电缆如图 5.2-15 所示。

图 5.2-13 通信漏缆

图 5.2-14 通信光缆

（4）电缆桥架

电缆桥架分为槽式、托盘式、梯架式、网格式等结构形式，由支架、托臂和安装附件等组成。建筑物内桥架可以独立架设，也可以敷设在各种建（构）筑物和管廊支架上。电缆桥架如图 5.2-16 所示。

通信系统主材主要规格及价格如表 5.2-3 所示。

图 5.2-15 通信电缆

图 5.2-16 电缆桥架

通信系统主材主要规格及价格 表 5.2-3

项目名称	规格	单位	市场除税价（元）
通信漏缆 1-5/8"	HLHTYZ（R）-50-42（1-5/8"C）	km	86458
通信光缆 96 芯	GYTZA53-96B1.3	km	10195
通信电缆	DWZR-HYAT53 20mm×2mm×0.8mm	km	8320
电缆桥架	400mm×100mm，2.5mm 厚	m	168.8

5.2.4 概预算编制

1. 定额说明

（1）设备安装定额套用一般包括设备基础预埋、设备运输、设备安装三部分；设备安装，除另有规定外，均包括设备本身的安装固定、引入引出端子板的接线、接线端子的压接等全部工作内容。室内设备包括接地，室外设备接地另行计列。

（2）光缆、电缆、漏缆等主材数量应考虑定额损耗量。

（3）电力电缆敷设定额项目，除单轨跨座式高架区间外，均按三芯电缆编制。敷设单芯电力电缆时，定额人工、机械消耗量乘以系数0.67；敷设五芯电力电缆时，定额人工、机械消耗量乘以系数1.3，五芯以上每增加一芯，系数增加0.3。

（4）高架区间和地下区间电缆支架均采用侧壁敷设的方式，支架数量根据现场实际情况确定。

（5）通信系统安装工程与定额对应关系如表5.2-4所示。

通信系统定额对应表　　　　　　　　　　　　表 5.2-4

序号	工程名称	对应定额
1	OTN 传输设备安装	WG6-312（光纤数字传输设备安装与调测）
2	UPS 不间断电源设备安装	WG6-446（UPS 不间断电源设备安装）
3	LCD 显示屏安装	WG9-354（LED 双基色显示屏安装）
4	通信漏缆安装	WG6-446（架设漏泄同轴电缆）
5	通信电缆安装	WG6-238（线槽内铜芯电缆安装 25mm² 以内）
6	通信光缆安装	WG6-082（敷设托架光缆 96 芯以内）
7	电缆桥架安装	WG6-483（镀锌托盘式桥架安装）
8	尾纤安装	WG6-255（布放尾纤架至设备）

注：WG 表示《武汉城轨定额》（2019）。

2. 编制重点

典型 6A 线路的通信系指标约为 1380 万元/正线公里，其中，专用通信指标约为 920 万元/正线公里，公安通信指标约为 180 万元/正线公里，乘客信息系统指标约为 280 万元/正线公里。

（1）专用通信系统

专用通信系统概预算编制时，应重点关注投资占比大的 OTN 传输设备、UPS 不间断电源设备、无线集群基站设备、公务电话接入设备、三层交换机等核心设备的数量和单价。典型 6A 车站的专用通信系统指标约为 840 万元/站，重点设备占系统设备主材费的 40.23%，其参考数量及单价如表 5.2-5 所示。

专用通信系统重点设备参考数量及单价表　　　　　　　　　　　　表 5.2-5

序号	项目名称	规格	单位	数量	单价（元）	总价（元）	费用占比
1	OTN 传输设备	100Gb/s	台	1	900000	900000	14.22%
2	UPS 不间断电源设备	120kVA	台	1	750000	750000	11.85%
3	无线集群基站设备	TB3	台	1	450000	450000	7.11%
4	公务电话接入设备	S7503E	套	1	250000	250000	3.95%
5	三层交换机	JetNet6710G	台	1	196000	196000	3.10%

（2）公安通信系统

公安通信系统概预算编制时，应重点关注投资占比大的公安视频传输网络设备、MSTP 传输设备、数字集群基站、UPS 蓄电池及电源设备、公安网络交换机等核心设备的数量和单价。典型 6A 车站的公安通信系统指标约为 220 万元/站，重点设备占系统设备主材费的 59.28%，其参考数量及单价如表 5.2-6 所示。

公安通信系统重点设备参考数量及单价表

表 5.2-6

序号	项目名称	规格	单位	数量	单价（元）	总价（元）	费用占比
1	公安视频传输网络设备	VCN3020	套	1	316700	316700	19.47%
2	MSTP 传输设备	10Gb/s	套	1	243300	243300	14.96%
3	数字集群基站	DS-6210	台	1	170300	170300	10.47%
4	UPS 蓄电池及电源设备	80kVA	套	1	125100	125100	7.69%
5	公安网络交换机	S5720-36C	台	1	108900	108900	6.69%

（3）乘客信息系统

乘客信息系统概预算编制时，应重点关注投资占比大的 LCD 显示屏、车站接入单元、区间接入单元等核心设备的数量和单价。典型 6A 车站的乘客信息系统指标约为 230 万元/站，重点设备约占设备主材费的 52.3%，其参考数量及单价如表 5.2-7 所示。

乘客信息系统重点设备参考数量及单价表

表 5.2-7

序号	项目名称	规格	单位	数量	单价（元）	总价（元）	费用占比
1	车站接入单元	—	套	1	406700	406700	23.34%
2	区间接入单元	—	套	1	295000	295000	16.93%
3	LCD 显示屏	43BDL3451D（43 寸，4K）	块	40	5250	210000	12.05%

3. 注意事项

（1）智慧地铁

当有智慧地铁需求时，车站、控制中心等通信系统需设置智能化设备，保障地铁的智能化通信服务要求。由于智能化设备设置的独立性要求，车站、控制中心通信系统需增加系统冗余度，配置独立智能化设备及存储设备，从而引起专用通信系统费用增加，增加约 50 万元/站。

（2）警用智能综合信息采集系统

部分城市公安通信设置了警用智能综合信息采集系统，该系统由智能综合信息采集设备和数据中心两部分组成。智能综合信息采集设备安装在车站出入口、安检设备等位置，采集周围信息并将采集的信息传输至数据中心；数据中心接收智能综合信息采集设备采集的数据进行存储和提供各种数据分析。警用智能综合信息采集系统主要包括室内定位数据采集设备、通道式多维信息感知门、综合信息采集设备、地铁站可视化应用系统、接入交换机、公安门禁系统等设备。警用智能综合信息采集系统一般设置在车站，约 150 万元/站。

（3）OTN 传输设备带宽

OTN 传输设备是有线通信网核心设备，应根据线路传输业务需求的带宽计算，从远期业务增加以及近几年新技术的发展等因素综合考虑带宽选择，目前通信技术主要采用

OTN－100Gb/s 方案组网，每个车站各设置 1 套 OTN 设备，组成一个自愈保护环，相切于控制中心核心节点。OTN 传输设备的型号价格与设备带宽选型息息相关，应根据线路有线通信网设置情况选择相匹配的设备型号。不同带宽下，OTN 传输设备单价如表 5.2-8 所示。

不同带宽 OTN 传输设备单价参考表 表 5.2-8

序号	设备名称	规格	单位	单价（元）
1		10Gb/s	套	360000
2	OTN 传输设备	50Gb/s	套	540000
3		100Gb/s	套	900000
4		200Gb/s	套	1450000

（4）民用通信引入系统

民用通信引入系统将电信运营商移动通信系统覆盖至城市轨道交通地下空间，也可引入公用电话以及为 ATM、售货机等民用设施提供通信通路。主要包括民用传输系统、移动通信引入系统、民用电源系统三部分。民用传输系统为移动通信引入系统、集中监测告警系统提供传输通道。移动通信引入系统为多种民用无线信号合路及分配网络，提供和预留不同制式的射频信号合路，通过天馈方式和漏缆方式将信号覆盖于地下车站和隧道空间。民用电源系统为民用传输系统、移动通信引入系统、集中监测告警系统等设备提供电源。

目前各城市地铁建设项目民用通信一般仅设置系统接口，民用通信引入系统一般由运营商和铁塔公司自建。

第6章 信 号

6.1 概述

信号系统是城市轨道交通工程的重要组成部分，是保证运营安全和提高运输效率的重要系统。目前信号系统一般采用基于车地通信的列车自动控制系统，即 CBTC 系统。随着信息化、智能化技术不断发展，全自动驾驶技术已成为信号配置的主流趋势。

信号系统一般由列车自动监控（ATS）、列车自动保护（ATP）、列车自动运行（ATO）、联锁、数据通信（DCS）、培训、维护监测等子系统构成。根据《城市轨道交通工程设计概算编制办法》，信号系统划分为控制中心、正线、车载、车辆基地等分部分项工程，如图 6.1-1 所示。

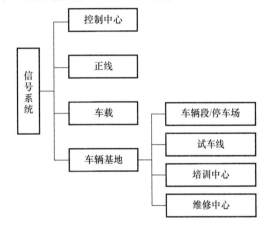

图 6.1-1　信号系统组成图

6.1.1 设计理念

1. 设计原则

（1）信号系统设计需考虑具体城市轨道交通网络建设和运营资源共享的要求，满足具体城市轨道交通网络信号系统的统一规划及技术原则。信号系统采用计算机技术、网络技术、数据传输技术，设备采用标准化、模块化设计，结构紧凑，便于安装、维护和系统功能的扩展和线路分期建设的需要。

（2）信号系统设备需具有很高的安全性、可靠性和可用性，凡涉及行车安全的设备必须符合故障—安全原则。主要行车设备的计算机系统采用双机热备，联锁、ATP 子系统等安全设备的计算机系统一般采用 2 乘 2 取 2 的安全冗余结构。为支持全自动驾驶，需具备更高的冗余度和多重降级能力，信号各子系统均需保证冗余配置并实现无扰切换。

（3）信号系统的配置需有利于具体城市地铁线网的行车组织和运营管理，所选信号系统宜与线网其他线路统筹考虑，具备网络化运营和互联互通的性能需求，从而达到形成规模、降低造价、资源共享的目的。系统采用基于 LTE 技术、满足互联互通需求的无线通信列车自动控制 CBTC 系统，列车运行间隔控制采用移动闭塞方式。

（4）信号系统按一次性设计，分段施工、调试，且满足分期开通，贯通运营的需求。列车速度控制方式采用目标—距离控制模式。

（5）遵循右侧行车制原则，正线区段（包括车辆段/停车场出入线及全自动区域）、试车线按双线双方向运行设计，反向行车具有 ATP 防护功能。列车进入站台停车作业时，要求具备精确停车功能。

（6）系统支持以下列车驾驶模式：CAM蠕动驾驶模式、AM自动运行模式、CM监督下的人工驾驶模式、RM限制人工驾驶模式、EUM非限制人工驾驶模式，另外，全自动驾驶线路支持FAM全自动运行模式。

（7）信号系统需满足具体线路列车最高运行速度要求，满足系统分期建设及初期、近期和远期的行车组织要求，系统能力满足具体线路行车能力要求。信号系统需考虑与其他城市轨道交通线路的联络线、车辆段/停车场出入线的接口。

（8）为降低信号设备故障后对运营的影响程度，信号系统配置必要的降级运行模式。在ATC系统故障时，采用降级模式保证行车安全和一定的行车效率。

（9）系统具有中心、车站级自动/手动控制模式系统。正常情况下，系统采用中心自动控制，必要时中心调度员可实现人工控制，中心设备或通道故障以及运行需要时可转为车站自动控制或车站人工控制。车站控制权限高于中心控制权限，人工控制权限高于自动控制权限。

（10）信号车—地通信数据传输系统（DCS）必须符合相关无线网络的协议标准和安全标准。无线传输技术必须具备保障通信的安全性、防范非法侵入，具备网络加密、识别和防火墙等安全防护功能，满足IPsec安全标准要求。

（11）信号系统的信息安全保护以保障信号系统及其相关的配套设备、设施、网络安全、运行环境安全，保障信息安全，保障信号系统功能正常发挥，确保信号系统信息的安全运行。

（12）信号系统需具备完善的维护监测功能，对在线运行的信号系统设备进行维护管理和支持，在维修中心完成对列车运行的监视和整个信号系统所有设备的集中报警功能。

（13）系统具有良好的电磁兼容性，在牵引供电所产生的电磁干扰条件下，信号系统需安全可靠的正常工作。

2. 设计参数

（1）信号ATC各子系统达到的安全完整性水平如表6.1-1所示，所有信号系统接口需与其接口系统的安全完整性水平一致。

系统达到的安全完整性表　　　　　　　　　　　　表6.1-1

ATC子系统	安全完整性水平
列车自动监控系统（ATS）	2级
列车自动防护系统（ATP）	4级
列车自动运行系统（ATO）	2级
计算机联锁系统（CI）	4级
列车检测装置（Train detection device）	4级

（2）信号系统安全设备导向危险侧的概率指标：联锁设备导向危险侧的概率$\leqslant10^{-11}/h$；其他安全设备导向危险侧的概率$\leqslant10^{-9}/h$（h为行车小时数）。

（3）信号系统各设备平均无故障时间（MTBF）、平均故障修复时间（MTTR）等要求，如表6.1-2所示。

（4）各子系统和单项设备的可用性$\geqslant99.9999\%$。

信号系统设备 *MTBF* 及 *MTTR* 要求　　　　　　　　　表 6.1-2

信号系统设备类型	平均无故障时间（*MTBF*）	平均故障修复时间（*MTTR*）
ATS 设备	$MTBF \geqslant 3.5 \times 10^3$ h	—
计算机外围设备	$MTBF \geqslant 5 \times 10^4$ h	—
电源设备	$MTBF \geqslant 10^5$ h	—
ATP 地面设备	$MTBF \geqslant 10^5$ h	—
ATP 车载设备	$MTBF \geqslant 10^5$ h	$MTTR \leqslant 30$min
联锁设备	$MTBF \geqslant 10^5$ h	—
地面有线网络设备	$MTBF \geqslant 10^5$ h	—
车地无线通信设备	$MTBF \geqslant 5 \times 10^4$ h	$MTTR \leqslant 30$min
计轴设备	$MTBF \geqslant 1.75 \times 10^5$ h	—
控制中心设备	—	$MTTR \leqslant 45$min
车站设备	—	$MTTR \leqslant 45$min
轨旁设备	—	$MTTR \leqslant 4$h

（5）信号系统的供电为交流三相五线制，380V/220V 50Hz，一级负荷，两路独立电源。在车站、控制中心、车辆段/停车场等配备电源屏、UPS 和蓄电池，蓄电池的后备时间不宜小于 30min。

（6）信号系统设备按 24h 不间断运行考虑。

（7）信号系统要按有关规范统筹设计防雷装置。正线车站、控制中心、车辆段/停车场等信号室内设备的接地接入综合接地系统，接地电阻不大于 1Ω；车辆段/停车场内若未设综合接地系统或局部未设时，信号设备可采用分散接地，分散接地电阻值不大于 4Ω。

6.1.2　功能模块

信号系统功能实现路径如下：控制中心 ATS 中央行车指挥设备通过以太网与车站 ATS 设备连接，车站和轨旁设备通过骨干网技术或总线技术相互连接，轨旁设备与车载设备通过车地双向通信设备交换信息，各子系统相互配合，实现地面控制与车上控制相结合，中央控制与现地控制相结合，并由信号供电电源设备为信号系统设备稳定、可靠、连续运行提供能源保障，构成一个以安全设备为基础，集行车指挥、运行自动调整以及列车自动驾驶等功能为一体的列车自动控制系统，信号系统标准技术方案布置如图 6.1-2 所示。

信号系统按费用开项划分为控制中心、正线、车载、车辆基地等，而信号系统设计方案一般按功能划分为 ATS 子系统、ATP 子系统、ATO 子系统、联锁、DCS 子系统、培训子系统、维护监测子系统等，两者对应关系如表 6.1-3 所示。

1. 列车自动监控（ATS）子系统

列车自动监控（ATS）子系统实现列车运行的集中监控，进路自动设置，按时刻表控制列车运行，提高运营管理、服务水平，降低工作人员劳动强度。

（1）系统架构

ATS 子系统由位于控制中心、正线各车站和段、场内的 ATS 设备通过网络及传输设备构建而成，用于采集线路列车运行占用信息、信号机状态信息等，实现列车车组号的跟踪、控制。ATS 子系统的数据传输通道采用冗余网络结构和双通道冗余的工作方式，主通道故障时自动切换至备用通道传输数据信息，主备通道切换要保证数据传输的连续性，系统能确保实时、连续的正确显示和控制。

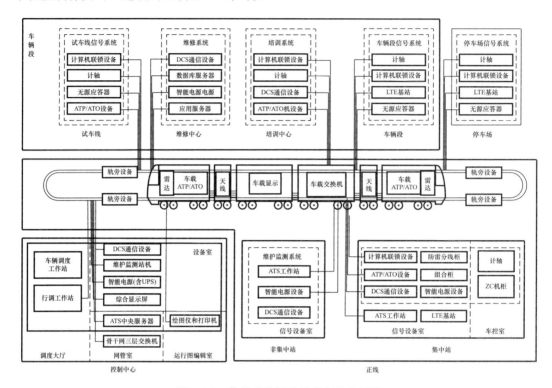

图 6.1-2　信号系统标准技术方案布置图

信号系统所处位置与子系统对照表　　　　　　　　　　表 6.1-3

子系统 ＼ 位置	控制中心	正线	车载	车辆段/停车场	试车线	培训中心	维修中心
ATS	√	√		√	√		
ATP		√	√	√	√	√	
ATO		√	√	√	√	√	
CI		√		√	√	√	
DCS		√	√	√	√		
培训子系统						√	
维护监测子系统	√			√	√		√

（2）系统功能

1）控制与列车跟踪

ATS 系统控制等级划分为控制中心控制、车站 ATS 控制和车站联锁控制。正常情况下，以控制中心控制为主；降级情况下，以车站控制或车站联锁控制为主。ATS 系统在信号系统监视范围内自动跟踪列车位置信息。

2）运行图管理与列车运行调整

ATS 系统以图形化界面提供运行图管理，提供对计划列车服务号、车次号、目的地号的设置、修改和删除等功能，提供停车场/车辆段出入库计划编辑功能和对基本出入库列车作业的冲突检查功能，为出入库列车自动分配列车运行任务的功能。

3）控制区域、报警/事件管理与维护

ATS 系统实现 ATS 工作站显示及控制功能的使用权限管理与报警/事件的管理功能，同时具备线路运营数据记录及统计报告功能等。

4）全自动运行 ATS 功能

ATS 系统具备制定派班计划及备用车计划的功能。正常情况下全自动运行控制模式如图 6.1-3 所示。

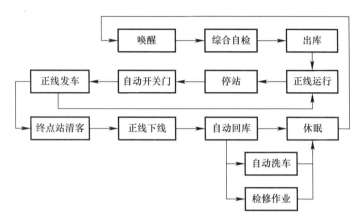

图 6.1-3　正常情况下全自动运行控制模式

2. 列车自动保护（ATP）子系统

（1）系统架构

ATP 子系统设备由车站、车辆基地、轨旁设备和车载设备组成，是保证列车运行安全的设备，提供列车运行间隔控制及超速防护，必须满足故障—安全原则，并与 ATS、联锁等子系统接口。列车均装设车载 ATP 设备，每列车头尾两端各设一套车载 ATP 设备，两端车载设备自成系统，设置在一端的车载系统控制不依赖于另一端的终端设备。

（2）系统功能

1）列车速度和位置测定与安全制动

ATP 设备在 CBTC 区域内能够确定列车的速度、位置和运行方向，实现列车速度控制，防止列车超速，确保追踪列车之间的安全行车间隔，具备列车安全制动模型。同时，ATP 设备具有通信状态监督功能，在通信故障后，发出报警并保证导向安全侧。ATP 车载设备故障时，发出报警并紧急制动停车进行及时处理。

2）管理临时限速与处理移动授权（MA）

ATP 设备支持 ATS 设置和取消临时限速，并能够自动存储临时限速信息。如果 ATP 车载设备接收到 MA 突然回撤时，列车速度超越了新的速度—距离曲线速度，则 ATP 车载设备立即采取制动措施。

3）防护

ATP 车载设备根据安全制动模型和限制速度计算速度—距离曲线，并实时监督列车运行，当测定的列车速度超过速度—距离曲线速度时，ATP 车载设备立即实施制动，以保证列车安全间隔。在安装有站台门的车站停车时，ATP 设备持续检查站台门是否处于关闭且锁闭状态。当 ATP 地面设备接收到站台紧急停车按钮被按下的信息时，ATP 车载设备禁止列车进入、在站台内移动和驶出站台，必要时实施紧急制动。

4）列车完整性监督与 CBTC 控制级别建立、退出

ATP 设备连续监督从车辆接口获得的列车完整性信息，当列车完整性信息丢失时，ATP 车载设备实施紧急制动。在进入 CBTC 区域前，ATP 设备获得 CBTC 区域边界信息，对 ATP 设备及相应的轨旁设备进行检查。退出 CBTC 区域之前，ATP 设备获得 CBTC 区域边界信息，并提前给出相应指示。

5）列车准备、驾驶模式管理与折返

ATP 设备具有必要的自动检测能力及报警和表示装置。ATP 车载设备至少支持限制人工驾驶模式（RM 模式）、ATP 防护下的人工驾驶模式（CM 模式），如果装备 ATO 设备的，还支持列车自动驾驶模式（AM 模式）、蠕动模式（CAM 模式）。ATP 设备在 CM 和 AM 模式下支持在定义的折返区域完成列车的自动换端，不得导致列车降级。站后折返时，由站台运行至折返区域的过程，可由司机驾驶或 ATO 自动驾驶完成；站前折返时，列车运行到折返站的过程，可由司机驾驶或 ATO 自动驾驶完成。

6）全自动运行 ATP 功能

ATP 系统负责列车全自动运行全过程的安全防护，支持远程及本地唤醒功能，对唤醒过程进行防护，列车唤醒失败后，支持远程休眠再唤醒功能，还具备全自动运行模式（FAM 模式）。

3. 列车自动运行（ATO）子系统

（1）系统架构

ATO 子系统采用高可靠性的硬件结构和软件设计，并采取冗余措施，且与相邻有关系统间的通信通道也采用冗余措施，以实现列车自动驾驶功能。ATO 子系统由车站、车辆基地、轨旁设备和车载设备组成，其配置数量和地点宜与 ATP 子系统配置相一致。

（2）系统功能

1）列车自动驾驶与站台停车控制

ATO 设备自动控制列车的启动、加速、巡航、惰行、制动运行过程，ATO 设备在正常运行时，能自动控制列车在站内精确停车，列车的冲击率需满足舒适度要求。ATO 设备控制列车停车时输出保持制动命令防止溜车，列车停车后，ATO 设备持续输出保持制动命令。

2）车门监控与站台门监控

列车在站台停车后，在确认车门、站台门已关闭且锁闭前（车门旁路时、站台门互锁解除时除外），ATO 设备禁止启动列车。FAM 模式下能支持自动开门、自动关门、对位隔离。

3）运行调整与运营辅助

ATO 设备支持跳停、扣车、停站时间、站间运行时间等多种运行调整方式。ATO 设备向 ATS 报告列车运行状态信息，以便 ATS 能对在线运行的列车进行监控和调整，并向列车广播设备提供有关数据。ATO 设备可以通过车载 MMI 向司机提供推荐速度、关门提示、发车提示、报警提示等辅助驾驶信息。

4）故障诊断和报警

ATO 设备具有自诊断功能，发生故障时立即退出自动驾驶模式，并向司机及 ATP、ATS、

维护支持等子系统报警。ATO 设备将运行状态、报警等信息发送给车载记录设备记录。

5）全自动运行 ATO 功能

ATO 系统在 ATP 系统防护下控制列车全自动运行，实现列车自动休眠唤醒、自动进出车辆基地、车站自动停车、自动开关门、站台自动发车、自动调车、自动洗车等功能。ATO 系统与车辆配合，实现列车的休眠唤醒功能等。ATO 系统具备跳跃对标功能，在发生欠标或过标时，按一定时序向列车输出牵引、制动等指令并控制车辆低速精确对标。

4. 联锁（CI）

（1）系统架构

1）整体要求

联锁子系统是保证列车运行安全，实现轨道区段、道岔、信号机之间正确联锁关系的系统，必须满足故障—安全原则，采用高可靠性、高安全性硬件结构和软件设计，以及采取必要的硬件、软件冗余措施。联锁设备通过 ATS 分机与控制中心系统交换信息。

2）联锁计算单元

全电子化联锁计算单元采用 2 乘 2 取 2 的热备冗余方式，由并机运行的两套高可靠性工业控制计算机系统组成；联锁双机热备冗余结构，即 2 个相同的功能单元同时工作。2 个功能单元各自构成一个独立的系统，双机热备型计算机联锁的单系是故障—安全的，即单系的软件、硬件设计均要具备故障—安全性能；联锁计算单元能通过冗余网络与多个电子执行单元通信，便于实现区域联锁控制和电子执行单元扩展。

3）电子执行单元

全电子联锁下的电子执行单元可根据转辙机、信号机、计轴、联络线等不同类型的控制电路与采样对象特点，采用模块化和标准化设计，设置不同的电子执行单元；单个电子执行单元板卡控制设备不宜超过 2 台转辙机、8 个灯位、4 个轨道区段。

4）联锁维护工作站

系统具备完善的维护监测和电务维修功能，在正线设备集中站信号设备室设置联锁维护工作站（可与维护监测子系统工作站合设）及打印设备；监测主机通过冗余网络与各执行单元相连，实时采集并记录各个执行单元采集/驱动对象的模拟量信息，故障须定位到板级或可替换单元，采集/驱动可定位到码位级，并有相应故障信息解释及处理建议。

（2）系统功能

1）基本功能

用于列车占用检测的区段，可分为逻辑区段和物理区段。CI 系统可提供封锁区段、解封区段功能，区段封锁后，CI 系统停止排列经过该区段的进路。CI 系统具备道岔位置信息，包括：道岔定位、道岔反位、道岔四开，并能提供道岔挤岔表示，同时具备列车进路、引导进路和调车进路功能。CI 系统能够提供不同路径的保护区段，拥有站台紧急关闭接口功能。

2）全自动运行联锁功能

联锁系统通过继电接口采集人员防护开关状态、站台关门按钮状态，并转发至 ATP 系统；与洗车机进行交互，配合 ATP 系统实现全自动洗车等功能。

5. 数据通信（DCS）子系统

（1）系统架构

信号 ATP/ATO、联锁、ATS 子系统、维护监测子系统网络接入 DCS 网络中。DCS

子系统由有线网络、车地无线通信网络和网络管理设备组成。信号系统的 DCS 有线传输骨干网络采用单独组网方式，独立设置光纤网络。有线网络配置由核心骨干层（或网络交换机）和接入网层组成，核心骨干层（或网络交换机）指传输节点所组成的环状网络，接入网层主要指环网接入交换机。车地无线通信网络本书以专用 LTE 方案进行说明，信号组网采用 A、B 网方案，采用 5M+5M 频宽，双网冗余。该方案的优点是车地通信网络由信号独立组建，带宽为信号独享，实时性、可靠性均可以满足要求，缺点是信号专网占用的频带资源较富裕，且 PIS、CCTV 只能采用别的车地通信技术。

（2）系统功能

1）通信传输通道

设备构建的通信网络能满足 CBTC 各子系统数据信息传输的需要，提供有线通信网络和车地无线通信网络。DCS 设备具备点对点、点对多点之间数据通信能力。DCS 设备具备 VLAN 划分功能，可支持基于端口划分 VLAN 和基于 MAC 地址划分 VLAN，实现对各应用业务数据的分类。DCS 设备可按照 CBTC 各应用业务数据需求对带宽进行划分。

2）网络管理与网络安全

DCS 设备采用 SNMP 标准协议实现管理，NMS 通过图形化系统监控工具实现对网络设备的有效管理。通信网络安全体系制定整套安全策略以保证网络的安全性，网络具有多种方式和层次的访问控制安全机制。

6. 培训子系统

（1）系统架构

信号系统配置模拟培训设备，以满足运营人员和维护人员学习、技能培训的需要。在车辆段内设置信号培训中心，根据正线区段 ATP/ATO 子系统、计算机联锁设备选型，根据经济实用原则，设置 ATP/ATO、计算机联锁室内/外模拟培训设备。

（2）系统功能

培训系统设备实现对行车管理人员和信号设备维护人员进行 ATC 系统功能和原理的培训，使行车管理人员能掌握 ATC 系统的操作和管理，维护人员能掌握 ATC 设备的工作原理、设备性能、故障识别和处理，保证轨道交通系统的正常运营。

培训工作站具备模拟仿真 ATC 系统设备运营的功能，展示 ATC 系统设备的工作原理，培训设备离线工作，也可在线表示 ATS 子系统提供的所有表示信息。信号培训系统为维修人员提供实物操作、实际故障设置及排除等维护培训。原则上，培训设备能至少体现正线区段内一个集中联锁区内的设备工作状态及一个 ATP/ATO 车载设备的工作状态。

培训设备具有全部联锁设备的功能，车—地通信和列车定位功能，ATP/ATO 地面设备功能，ATP/ATO 车载设备功能。

7. 维护监测子系统

（1）系统架构

为方便信号系统维护，提高信号系统的可用性和可维护性，设信号维护监测子系统。在车辆段设维护终端、各正线车站信号设备室内设有相应的监测报警设备，维护监测子系统设备利用计算机、网络和通信技术，完成对信号系统设备的状态集中监视和报警，实时监测信号设备的使用情况，分析故障原因，统计故障时间，为实现信号系统设备"状态维修"创造条件。

（2）系统功能

维护监测子系统具有完善的设备监测、故障自诊断及报警功能，对全线的中央设备、车站设备、轨旁设备、车载设备、车—地通信设备以及车辆段、停车场设备进行实时监督和故障报警，能准确报警到可更换单元（插拔件）等，并能经通信传输通道在维修中心实施远程故障报警和故障诊断。

6.2　概预算

6.2.1　工程量计算规则

1. 计算规则

（1）高柱色灯信号机按设计信号机架数计算；机柱（无线天线）按设计需要机柱个数计算。

（2）矮型色灯信号机按设计信号机架数计算；信号托架及机构按设计托架数计算。

（3）信号机基础、梯子基础按设计信号机的数量计算；分向盒基础、终端电缆盒基础、计轴电子接线盒基础按设计对数计算；固定连接线用混凝土枕按设计的轨道电路箱盒数量计算。

（4）道床电动转辙装置按设计道岔组数计算，注意区分不同牵引点个数和道岔型号；每一组道岔各牵引点的转辙装置按"套"（多牵引点道岔含多组单机转辙装置；复式交分道岔按尖轨部分两组单机转辙装置、心轨部分一组双机转辙装置考虑）计列，每一组道岔不管牵引点个数多少都按"组道岔"计列。

（5）交流轨道电路、50Hz相敏轨道电路（一送一受用、一送二受用）和无绝缘轨道电路按设计区段数计算。

（6）交叉感应环线电缆支架、电缆钢轨卡子按设计支架、卡子数量计算；感应环线电缆敷设按设计长度计算。

（7）计轴设备室外电子接线盒按设计个数计算；计轴设备传感器按设计对数计算；计轴设备不包括电子接线盒与传感器间的连接电缆。

（8）有源应答器、无源应答器、LEU设备按设计个数计算。

（9）电源引入防雷箱按车站数量计算，包括防雷单元；各种电源屏按设计安装台数计算；电源设备安装包括接地电缆。

（10）UPS电源和电源柜按设计安装台数计算；UPS电源及蓄电池安装包括固定支架。

（11）操作显示设备按设计安装套数计算。

（12）布放线缆区分型号、规格，按设计线缆单条长度计算；布放线缆的长度除考虑设备间的实际距离外，还要考虑室内沟、槽、管路的拐弯等因素，其工程量按设计根据室内设备布局计算。

（13）各种盘、架、柜按设计架数计算；电缆走线架按设计长度计算；电缆柜电缆固定按设计的电缆根数计算；轨道测试盘按设计安装台数计算。

（14）计算机联锁接口柜用插接件根据接口柜的数量计算；电缆绝缘测试装置按设计台数计算；组合断路器按设计套数计算；组合排架报警器按设计室内布置的组合排数量计算；信号机断丝报警仪按设计安装台数计算；走线槽道按设计的室内布置计算。

（15）车载 ATP/ATO 机柜、司机操作显示单元按设计列车数量计算；速度传感器、车载无线天线、车载应答器、加速度计、雷达设备、速按设计套数计算；车载设备配线按设计套数计算。

（16）车载 ATP/ATO 的静调/动调按设计车组数计算；调试包括车载设备的静、动态调试，不包括与地面有关设备的联调。

（17）计算机联锁系统、微机监测系统、ATP 系统、DCS 系统设备、计轴系统调试按设计集中站数计算；站间联系电路、车站接口、培训系统、控制中心设备的调试、控制中心设备与其他系统的接口调试按设计处数计算；系统车站设备调试按设计站数计算；车站值班员终端调试、车站工作站调试按设计台数计算；显示屏调试按设计套数计算；ATO系统、维修管理系统、ATC 系统设备、系统设备综合联调按设计系统数计算；试车线信号设备调试按设计的试车线条数计算。

2. 工程数量

信号系统主要设备数量如表 6.2-1 所示，电缆、光缆敷设预留长度如表 6.2-2 所示。

信号系统主要设备数量表   表 6.2-1

序号	设备及材料名称	单位	数量
一	运营控制中心		
1	智能电源设备 40kVA（含 UPS）	套	与控制中心座数一致
2	应用服务器	套	等于控制中心座数×2
3	数据库服务器	套	等于控制中心座数×2
4	网关服务器	套	等于控制中心座数×2
5	病毒及日志服务器	套	与控制中心座数一致
6	DCS 中央级网络设备	套	与控制中心座数一致
7	ATS 网络中央设备	套	与控制中心座数一致
8	电源引入防雷箱 XL-380	个	与控制中心座数一致
二	正线		
1	信号机断丝报警仪	台	与集中站座数一致
2	发车计时器	个	等于车站座数×2
3	DCS 站级网络设备	套	与集中站座数一致
4	ATS 系统站级设备	套	与车站座数一致
5	现地控制工作站	套	等于集中站座数×2
6	计算机联锁设备	套	与集中站座数一致
7	微机监测设备	套	与集中站座数一致
8	电源引入防雷箱 XL-380	个	与集中站座数一致
9	电动转辙机（含安装装置）	台	等于道岔个数×2
三	车辆段/停车场		
1	信号机断丝报警仪	台	与场/段数量一致
2	计算机联锁系统—车辆段	套	与场/段数量一致
3	微机监测设备	套	与场/段数量一致

续表

序号	设备及材料名称	单位	数量
4	现地控制工作站	套	等于场/段数量×2
5	ATS系统站级设备	套	与场/段数量一致
6	智能电源屏（含UPS）	套	与场/段数量一致
7	电源引入防雷箱XL-380	个	与场/段数量一致
8	联锁道岔	组	与段/场道岔数量一致
四	试车线		
1	ZC区域控制器	套	与试车线个数一致
2	DCS站级网络设备	套	与试车线个数一致
3	现地控制工作站	套	与试车线个数一致
4	计算机联锁设备	套	与试车线个数一致
5	智能电源设备30kVA（含UPS）	组	与试车线个数一致
6	电源引入防雷箱XL-380	个	与试车线个数一致
7	打印设备	套	与试车线个数一致
五	维修中心		
1	DCS站级网络设备	套	与维修中心座数一致
2	维修服务器	套	与维修中心座数一致
3	维护工作站	套	等于维修中心座数×2
4	智能电源设备10kVA（含UPS）	组	与维修中心座数一致
5	打印设备	套	与维修中心座数一致
6	电源引入防雷箱XL-380	个	与维修中心座数一致
六	培训中心		
1	信号机断丝报警仪	台	与培训中心数量一致
2	发车计时器	个	与培训中心数量一致
3	计算机联锁设备	套	与培训中心数量一致
4	ZC区域控制器	套	与培训中心数量一致
5	DCS站级网络设备	套	与培训中心数量一致
6	ATS系统站级设备	套	与培训中心数量一致
7	现地控制工作站	套	等于培训中心数量×2
8	培训服务器	套	与培训中心数量一致
9	培训模拟系统	套	与培训中心数量一致
七	车载		
1	车载ATP/ATO设备	套	与初期配属列车数一致
2	车载设备调试	套	与初期配属列车数一致

电（光）缆敷设预留长度表

表6.2-2

序号	项目类型	项目名称	预留长度	说明
1		电（光）缆敷设弯曲系数	2%	按电（光）缆全长计算
2	直埋电（光）缆	电（光）缆进入建筑物	5m	室内储备量
3		室内每端环状储备量	2m	20m以下预留长度为1m
4		每端出入土及做头	2m	

序号	项目类型	项目名称	预留长度	说明
1		电缆敷设弯曲系数	2%	按电缆全长计算
2		每个终端头	3m	
3	洞内架设电缆	引入分线柜	5m	
4		垂直引向水平	0.5m	
5		引入箱、柜	半周长	箱、柜的半周长
6		电缆井内	2m	

6.2.2 核心设备

1. 控制中心

控制中心为中央级 ATS 子系统，是行车指挥核心，主要包括 ATS 中央设备及工作站、LTE 核心网及服务器、中央服务器等，均为主/副双套热备方式，可自动切换或人工切换，电源系统为不间断电源系统 UPS。控制中心主要设备单价见第 6.2.4 节的"编制重点"（表 6.2-5）。

（1）ATS 中央设备及工作站

ATS 中央设备及工作站负责全线列车防护、调度、监督、报警等管理，车站 ATS 主要接受控制中心 ATS 对本区段控制编码，以控制本区段列车运行，车辆基地 ATS 主要接受控制中心 ATS 统一指令，管理车辆基地内列车运行，如图 6.2-1 所示。

（2）LTE 核心网及服务器

在信号专用 LTE 组网方案中，LTE 核心网及服务器负责管理无线覆盖的所有 LTE 基站设备，包含设备参数配置、告警、日志、用户管理、性能管理和系统更新等功能，采用红、蓝双网配置，各部署一套 EPC 设备以保证 CBTC 系统运行安全稳定，同时为 LTE 网络中的 TD-LTE 基站提供高精度的时钟同步保证，如图 6.2-2 所示。

图 6.2-1　ATS 中央设备及工作站

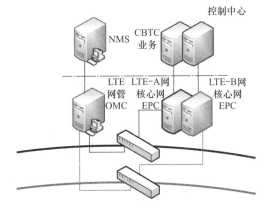

图 6.2-2　LTE 核心网及服务器

（3）中央服务器

中央服务器具有高速的 CPU 运算能力、长时间的可靠运行、强大的 I/O 外部数据吞吐能力以及更好的扩展性，在网络中为其他设备提供计算或者应用服务，如图 6.2-3 所示。

2. 正线

根据正线配线、车站的分布和信号设备的控制距离，分为集中站和非集中站。一般无岔车站按照非集中站设置，有岔车站按照集中站设置，集中站控制相邻无岔车站轨旁信号机、计轴、应答器、紧急停车装置及接口等。正线设备主要包括无源应答器、LTE 基站、计算机联锁设备、室外计轴设备、ATS 车站设备、电动转辙机

图 6.2-3　中央服务器

等。正线主要设备单价见第 6.2.4 节的"编制重点"（表 6.2-6）。

（1）无源应答器

无源应答器设于闭塞分区入口和车站进、出站端处，用于向列控车载设备传输闭塞分区长度、线路速度、线路坡度、列车定位等信息，如图 6.2-4 所示。

（2）LTE 基站

LTE 基站负责 LTE 无线网络信号在城市轨道交通线路的无缝覆盖，为车载终端设备（TAU）提供稳定接入，确保 CBTC 和其他业务可靠传输，如图 6.2-5 所示。

图 6.2-4　无源应答器　　　　　　　　图 6.2-5　LTE 基站

（3）计算机联锁设备

计算机联锁设备需要主 CPU 和从 CPU 分别进行独立的运算，并通过高速同步串口交换信息，实现主从间的高速大容量安全数据交换和同步，车站联锁执行机柜与中心联锁主机之间的通信，以及主备对象控制之间的通信通过以太网实现，如图 6.2-6 所示。

（4）计轴设备

根据降级系统方案，在设备集中站信号设备室内设置计轴室内设备、在室外轨旁设置计轴器，以实现 ATP/ATO 地面设备故障或车载设备故障时的辅助列车位置检测功能，室外计轴设备如图 6.2-7 所示。

（5）ATS 车站设备

ATS 车站设备负责采集轨旁及车载 ATP 提供的轨道占用状态、进路状态、列车运行

状态以及信号设备故障等列车运行信息，如图 6.2-8 所示。

图 6.2-6　计算机联锁设备　　　　　图 6.2-7　室外计轴设备

（6）电动转辙机

电动转辙机是指通过电机驱动用以可靠地转换道岔位置，改变道岔开通方向，锁闭道岔尖轨，反映道岔位置的信号基础设备，可以有效保证行车安全，提高运输效率，如图 6.2-9所示。

图 6.2-8　ATS 车站设备　　　　　图 6.2-9　电动转辙机

3. **车载**

每列车配备冗余的车载 ATP/ATO 单元、车载交换机及其外围设备，外围设备包括车载操作显示单元、应答器天线、测速传感器或测速雷达等，核心车载设备主要是 ATP/ATO 单元，单价约 130 万元/套。

每列车首尾各设置一套车载 ATP/ATO，互为热备，如图 6.2-10 所示。每端车载 ATP/ATO 设备都会连续计算其可用性状况，包括计算其接口的可用性（如编码里程计等）。一旦工作车载 ATP/ATO 的可用性低于备用车载 ATP/ATO，头尾冗余车载控制器之间的切换就会立即执行，切换时间不影响列车安全、正常运营和司机正常驾驶。

4. **车辆基地**

车辆基地通常采用独立的计算机联锁系统和微机监测系统，主要包括室外计轴设备、无源应答器、计算机联锁设备、LTE 基站、电动转辙机、ZC 区域控制器等。

图 6.2-10 车载 ATP/ATO 设备

试车线子系统与正线装备相同的信号设备,对车载设备监测和维修后进行测试,主要包括无源应答器、LTE 基站、计算机联锁设备、室外计轴设备、ATS 工作站、电动转辙机等。

维修中心主要包括 DCS 通信设备、智能电源(20kVA)、数据库服务器、应用服务器、维护工作站等。

培训中心根据正线区段 ATP/ATO 子系统、微机联锁设备选型,模拟一个完整的联锁区域,主要包括计算机联锁设备、ATP/ATO 设备、计轴设备、DCS 通信设备等。

车辆基地同类设备参照控制中心和正线,设备单价见第 6.2.4 节的"编制重点"(表 6.2-7)。

6.2.3 安装工程与主要材料

信号安装工序流程参照本书第 5 章。

典型 6A 线路信号系统中,设备费占比 85%,主材费占比 9%,安装费(不含主材)占比 6%。信号系统主要材料与通信系统类似,包括电缆、光缆、桥/支架三部分,本节仅介绍有别于通信系统的主要材料。

(1)通用信号电缆

通用信号电缆包括:轨旁信号机、转辙机连接所需电缆,非设备集中站与设备集中站接口所需电缆。轨旁信号机、转辙机电缆采用点对点敷设方式,不得合用,如图 6.2-11 所示。

(2)计轴电缆

计轴电缆指用于室内计轴主机连接至轨旁计轴磁头接线盒的电缆,计轴采用计轴专用电缆点对点敷设,不得合用,如图 6.2-12 所示。

(3)信号光缆

信号系统的安全信息传输通道采用独立的单模光缆。光缆护套以内的所有间隙采用油膏填充阻水措施，包带及其内外的缆芯间隙采用油膏连续充满。内套和护套之间的间隙连续放置阻水膨胀带。光缆护层结构采用内护层为双面涂塑铝带粘接 PE 套＋双面涂塑轧纹钢带＋低烟、无卤、阻燃聚乙烯护套，如图 6.2-13 所示。

 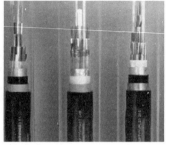 

图 6.2-11　通用信号电缆　　　　图 6.2-12　计轴电缆　　　　图 6.2-13　信号光缆

信号系统主材主要规格及价格如表 6.2-3 所示。

信号系统主材主要规格及价格　　　　表 6.2-3

项目名称	规格	单位	市场除税价（元）
通用信号电缆	WDZR-PTYA23（12 芯）0.785mm²	km	13978
通用信号电缆	WDZR-PTYA23（16 芯）0.785mm²	km	17323
计轴电缆	WDZR-PJZL23 6×0.9mm	km	13930
信号光缆	GYTZA53 8 芯单模	km	4588

6.2.4　概预算编制

1. 定额说明

（1）设备安装定额套用一般包括设备基础预埋、设备运输、设备安装三部分；设备安装，除另有规定外，均包括设备本身的安装固定、引入引出端子板的接线、接线端子的压接等全部工作内容。室内设备包括接地，室外设备接地另行计列。定额中不包括的信号器材，使用时另行计列。但其安装所需工、料、机消耗量已计入相应定额中，不重复计列。

（2）信号章节定额使用的线、缆等材料与设计不符时允许换算。

（3）光缆、电缆、漏缆等主材数量要考虑预留长度。

（4）方整道岔、调整轨缝等需工务配合时，按每组联锁道岔 5 个工日计列。安装与生产同时进行的工作，安装工程的人工费增加 10％，本费用为降效增加费。在有害环境（高温、多尘、噪声超标、有害气体）中施工时，安装工程的人工费增加 10％，本费用为降效增加费。

（5）信号系统安装工程与定额对应关系如表 6.2-4 所示。

信号系统定额对应表　　　　表 6.2-4

序号	工程名称	对应定额
1	敷设信号电缆 16 芯	WG7-013（沿支架、墙面卡敷设信号电缆 30 芯以内）
2	敷设单模光缆 8 芯	WG7-015（沿支架、墙面卡敷设光缆 24 芯以内）
3	信号机（带引导）安装	WG7-052（高柱透镜式色灯信号机铝合金机构四显示带引导）

序号	工程名称	对应定额
4	无源应答器安装	WG7-116（无源应答器安装（含安装支架））
5	计算机联锁机柜安装	WG7-192（计算机联锁机柜安装）
6	ATS 分机柜安装	WG7-198（ATS 分机柜安装）
7	ATP 机柜安装	WG7-199（ATP 机柜安装）
8	ATO 机柜安装	WG7-200（ATO 机柜安装）

注：WG 表示《武汉城轨定额》（2019）。

2. 编制重点

典型 6A 线路全自动驾驶信号系统指标约为 1450 万元/正线公里，其中，控制中心指标约为 1000 万元/座，正线指标约为 780 万元/正线公里，车载指标约为 270 万元/列，车辆基地指标约为 60 万元/组联锁道岔，试车线指标约为 1050 万元/条，培训中心指标约为 850 万元/处，维修中心指标约为 500 万元/处。

（1）控制中心

控制中心信号概预算编制时，应重点关注投资占比大的 ATS 中央设备及工作站、LTE 核心网及服务器、中央服务器等设备的数量和单价，控制中心信号系统费用一般约 1000 万元/座，重点设备占系统设备主材费的 56.05%，其参考数量及单价如表 6.2-5 所示。

控制中心主要设备数量及单价参考表　　　　表 6.2-5

序号	项目名称	单位	数量	单价（元）	总价（元）	费用占比
1	ATS 中央设备及工作站	套	1	3550000	3550000	38.56%
2	LTE 核心网及服务器	套	1	810000	810000	8.80%
3	中央服务器	套	1	800000	800000	8.69%

（2）正线

正线信号概预算编制时，应重点关注投资占比大的无源应答器、LTE 基站、计算机联锁设备、室外计轴设备、ATS 车站设备、同轴漏泄电缆、电动转辙机等设备主材的数量和单价。典型 6A 线路的正线信号系统指标约为 780 万元/正线公里，重点设备主材占系统设备主材费的 54.68%，其参考数量及单价如表 6.2-6 所示。

正线主要设备主材数量及单价参考表　　　　表 6.2-6

序号	项目名称	单位	数量	单价（元）	总价（元）	费用占比
1	无源应答器	套	620	45000	27900000	16.46%
2	LTE 基站	套	128	180000	23040000	13.59%
3	计算机联锁设备正线	套	6	3000000	18000000	10.62%
4	室外计轴设备	台	114	56000	6384000	3.77%
5	ATS 车站设备	套	20	420000	8400000	4.96%
6	同轴漏泄电缆	km	60	86458	5187480	3.06%
7	电动转辙机正线	台	58	65000	3770000	2.22%

（3）车载

车载信号概预算编制时，应重点关注投资占比大的车载 ATP/ATO 设备的数量和单价。全自动驾驶线路车载信号系统指标约为 270 万元/列，重点设备占系统设备主材费的 98.47%，车载 ATP/ATO 设备的参考数量为 2 套/列，单价约为 130 万元/套。

（4）车辆基地

车辆基地信号概预算编制时，应重点关注投资占比大的室外计轴设备、无源应答器、计算机联锁设备、LTE 基站、电动转辙机、ZC 区域控制器等设备的数量和单价。典型 6A 车辆段（48 组联锁道岔）的信号系统指标约 2880 万元/座，重点设备占系统设备主材费的 70.29%，其参考数量及单价如表 6.2-7 所示。

车辆段（48 组联锁道岔）主要设备主材数量及单价参考表　　　表 6.2-7

序号	项目名称	单位	数量	单价（元）	总价（元）	费用占比
1	室外计轴设备	台	104	56000	5824000	22.44%
2	无源应答器	套	96	45000	4320000	16.64%
3	计算机联锁设备—车辆段	套	1	2800000	2800000	10.79%
4	LTE 基站	套	13	180000	2340000	9.01%
5	电动转辙机—车辆段	组	48	45000	2160000	8.32%
6	ZC 区域控制器	套	1	800000	800000	3.08%

3. 注意事项

（1）全自动驾驶

全自动驾驶相比非全自动驾驶，需提高硬件设备的冗余和可靠性，需要增加的设备配置主要包括：1）站台门两端处和车站控制室 IBP 盘上增设关门按钮；2）正线停车线、车辆段/停车场停车列检库增设精确停车应答器，并配置列车在停车线休眠唤醒后的静止列车定位应答器或相关定位设备；3）车载 ATC 设备增设休眠唤醒模块，并增设车载 ATC 与车辆之间的冗余接口；4）车辆段/停车场增设 ZC 区域控制器设备、自动化区增加无线传输设备；5）信号系统增设与车辆段/停车场洗车机的接口；6）信号系统增设与正线、车辆段/停车场人员防护开关（SPKS）的接口。

全自动驾驶地铁信号系统新增功能及增强功能，导致其比非全自动驾驶信号系统增加约 220 万元/正线公里。同时，初期配属车每增加 1 列，全自动驾驶线路车载信号系统投资增加约 270 万元/列；非全自动驾驶线路车载信号系统投资增加约 240 万元/列。

（2）备用控制中心

是否设置备用控制中心，对控制中心指标影响较大。若考虑设置备用控制中心，需增加投资约 900 万元/座。对于延长线接入，控制中心一般预留接口条件，接入费用约为 300 万元。

（3）信号系统设备清单的特殊说明

由于不同信号厂家技术方案存在较大差异，信号系统招标时一般不提供具体的设备清单，而是由厂家根据自身条件、当前技术方案自主进行设备集成、报价，从而导致不同线路的信息系统设备清单及价格差异较大。

第7章 供电系统

7.1 概述

供电系统主要通过架空线路或者电缆通道引入两路可靠外部电源，经主变电所和变电所降压整流，为城市轨道交通牵引、动力和照明提供电力支持。

供电系统包含主变电所、变电所、环网电缆、牵引网、电力监控、杂散电流防护、供电车间、动力照明、牵引网，如图7.1-1所示，其中动力照明已在第4章介绍，牵引网将在第8章介绍。

7.1.1 设计理念

1. 设计原则

（1）供电系统满足供电安全、可靠、经济、合理的要求，并且接线简单、运行方式灵活、工程实施和管理维护方便。

（2）供电系统容量按远期运营高峰小时负荷设计。

（3）供电系统接线方式尽量使得继电保护配置简单。

（4）中压环网设置在满足功能要求的基础上，尽量考虑运行方式简洁，经济指标最优。

（5）在满足供电基本技术要求的前提下，同一车站（车场）的各种功能变电所尽量采用合建方式、并尽量靠近负荷中心。

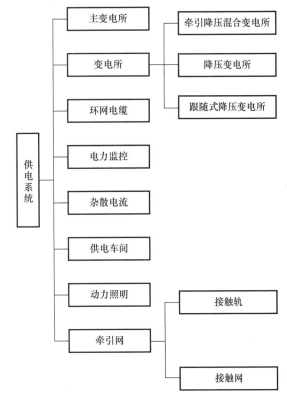

图7.1-1 供电系统组成图

（6）供电系统通过主变电所注入电力系统的谐波满足现行国家标准《电能质量 公用电网谐波》GB/T 14549 的规定。

（7）供电系统的总功率因数满足电力部门要求。

（8）对沿线容易受到过电压侵入而损坏，从而影响系统运行的供电系统电气设备，设置过电压保护装置。

（9）继电保护装置配置满足可靠性、选择性、灵敏性和速动性的要求，供电系统各级保护密切配合。

（10）供电系统电气设备选用质量可靠、技术先进、经济、环保、节能的成套设备和定型产品，并向小型化、无油化、自动化、免维护或少维护方向发展。在地下使用的电气设备及材料，选用防潮、低烟、无卤、阻燃或耐火的定型产品。

（11）主变电所按无人值守自动化站设计，所有电气设备布置在户内。

2. 设计参数

（1）牵引供电制式采用DC1500V接触轨或接触网供电、走行轨回流方式。牵引供电系统电压的允许波动范围为DC1000V～DC1800V。

（2）牵引变电所牵引整流机组的负荷特性符合下列规定：100％额定负荷——连续；150％额定负荷——2h；300％额定负荷——1min。

（3）35kV供电网络方案按技术经济指标综合最佳考虑。在任何运行方式下，35kV供电网络各节点的电压将不大于额定值的5％。

（4）每座降压变电所设置两台配电变压器，正常运行方式下，两台配电变压器分列运行，设置母线分段开关，单台配电变压器负荷率约为70％。

（5）每座主变电所设置2台主变压器。

（6）电力电缆与通信、信号电缆并行明敷时的间距不应小于150mm；电力电缆与通信、信号电缆垂直交叉的间距不应小于50mm。

（7）上、下行轨道间应设置均流线，均流线间距不宜大于600m。

（8）正常双边供电运行时，站台处走行轨对地电位不应大于120V，车辆基地库线走行轨对地电位不应大于60V。当走行轨对地电压超标时，应采取短时接地措施。

7.1.2 功能模块

1. 主变电所

主变电所从城市电网引入110kV电源，将一次侧电力系统的电能变换成变电所进线

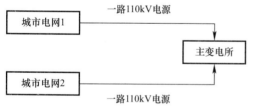

图7.1-2 主变电所工艺流程图

电压。主变电所进线根据实际情况确定，一般采用两路专线，分别从2处城市电网各引入一路110kV电源，如图7.1-2所示。主变电所包括变电工程和110kV进线工程。

（1）变电工程

主变电所变电工程包括主变压器系统、配电装置、无功补偿装置（SVG或电抗器）、控制及直流系统、站用电系统、电缆及接地、全站调试等，变电工程将由城市电网引入的110kV电源变换成35kV电源。

主变压器系统一般设置两台110kV/35kV主变压器，正常时两台主变压器同时运行，其容量能满足主变电所的任一台主变压器因故障退出运行时，另一台主变压器能够担任起本所供电区域内的城市轨道交通高峰小时牵引负荷和一、二级动力照明负荷用电。

（2）110kV进线工程

主变电所110kV进线分为架空和电缆通道两种方式，目前基本采用电缆通道的方式。110kV进线工程的电缆通道主要形式有：钢筋混凝土电缆管沟、排管/埋管、顶管（导向钻机）等。

2. 变电所

变电所主要有牵引变电所、降压变电所、牵引降压混合变电所、跟随式降压变电所，以下分别简称为牵引所、降压所、混合所、跟随所。

（1）牵引所

牵引所的主要功能是从主变电所或相邻变电所引入的两路中压 35kV 电流，经由两组牵引整流机组降压整流成 DC1500V 的电流，通过牵引网（架空接触网或者接触轨）向列车提供电源。某些城市会根据具体需要设置逆变装置，将直流转换成交流后送回环网电缆，以达到节约电能的目的。牵引所具体工艺流程如图 7.1-3 所示。

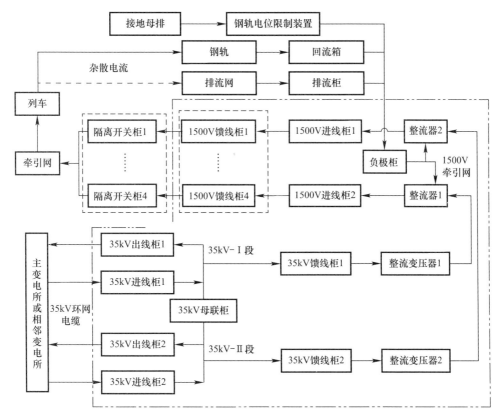

图 7.1-3　牵引所工艺流程图

（2）降压所

降压所通过一组（两台）配电变压器，将中压环网电缆提供的 35kV 交流电降为 220V/380V。当一台变压器故障时，另一台变压器依然可以承担全部负荷，以保证城市轨道交通正常运行。降压所具体工艺流程如图 7.1-4 所示。

（3）混合所

牵引所一般与降压所合设为混合所，混合所的 35kV 母线采用单母线断路器分段形式，由中压环网电缆引入两路独立电源，分别接至两段母线，每段母线环进环出。正常运行时母联开关打开，两段母线分段运行，当一路电源故障时，闭合母联开关，由一路进线电源同时带两段母线维持正常供电。混合所具体工艺流程及所内设备布置分别如图 7.1-5、图 7.1-6 所示。

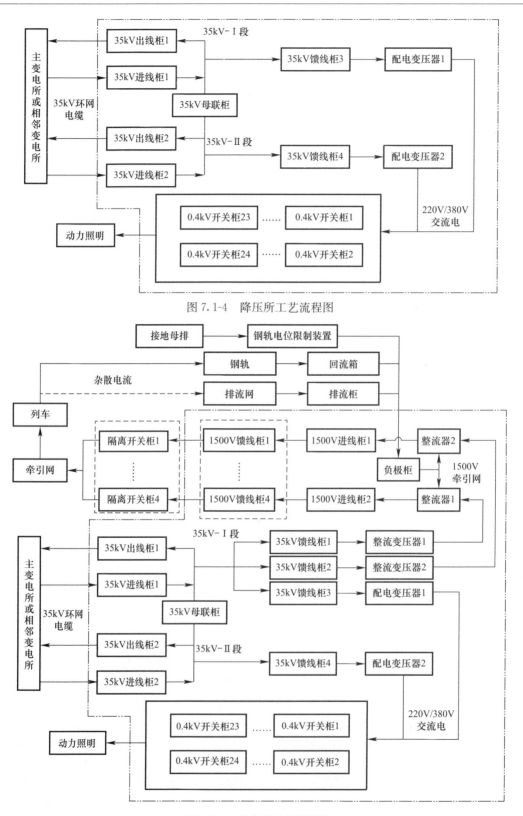

图 7.1-4　降压所工艺流程图

图 7.1-5　混合所工艺流程图

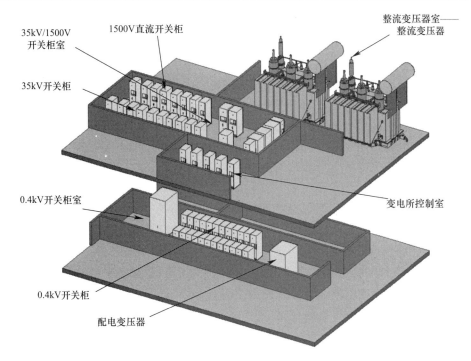

图 7.1-6 混合所设备布置示意图

（4）跟随所

在规模较大的车站、车辆基地等用电负荷较大的区域或者区间风井设置跟随所，车站跟随所与降压所一般设置在车站站台层的两端。跟随所是降压所的补充，为动力照明提供电能。跟随所具体工艺流程如图 7.1-7 所示。

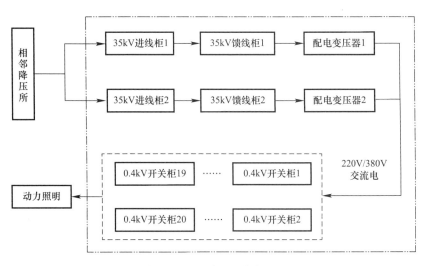

图 7.1-7 跟随所工艺流程图

3. 环网电缆

环网电缆是联系主变电所、牵引所、降压所的供电网络，连接方式分为纵向连接和横向连接两种。纵向连接把上级主变电所和下级牵引变电所、降压变电所连接起来；横向连接把全线各个牵引所、降压所连接起来，形成中压网络。根据城市轨道交通线路和变电所的位置特点，环网电缆有以下几种敷设方式：

（1）电缆沟与过路埋管或顶管结合

主变电所至城市轨道交通线路从主变电所的电缆出口开始，设置电缆沟与过路埋管或顶管结合，将环网电缆引入最近的城市轨道交通车站或区间变电所附近的电缆接口井，电缆从接口井转入轨行区后沿城市轨道交通线路引至相关城市轨道交通车站或区间变电所。向同一变电所供电的两回 35kV 电缆应尽可能敷设在不同路径的电缆支架上或同一电缆支架的不同层上。

（2）地下区间

地下区间环网电缆沿行车方向的左侧敷设，一般在隧道壁设置电缆支架，电缆敷设于电缆支架上。向同一变电所供电的两回 35kV 电缆分别敷设在不同隧道的电缆支架上。

（3）地下车站

变电所设在站台层时，35kV 进、出线电缆一般在区间隧道经车站站台板外沿下引至变电所下方电缆夹层。变电所未设置在站台层时，35kV 进、出线电缆一般由区间隧道经专用电缆通道引至变电所下方电缆夹层。

（4）地面敞开段

地面敞开段环网电缆沿线路两侧侧墙上设置的电缆支架敷设。

（5）高架段

高架段有配线的区间，在高架桥外侧两边分别设置电缆支架；高架段无配线的区间，在高架桥中间疏散平台中隔墙两边分别设置电缆支架，环网电缆沿支架敷设。

（6）车辆基地

车辆基地设置有专用电缆沟，环网电缆通过专用电缆沟引至变电所下方电缆夹层。

4. 电力监控

电力监控系统可以提高电力系统的可靠性，提高管理水平，加强电能质量管理，使用电系统更安全、更节能、更洁净，主要由控制中心调度系统、变电所综合自动化系统以及隔离开关集中监视系统三部分构成。

电力监控系统是基于分层分布式的设计思想，运用二级管理、三级控制的方式来使用和管理。三级控制方式分别为控制中心远方控制（OCC）、所内控制信号盘上集中控制和现场设备本体控制，三种控制方式互相闭锁，以达到安全控制目的，具体结构如图 7.1-8 所示。

（1）控制中心调度系统

控制中心调度系统主要包括系统软件和硬件设备，如服务器、磁盘阵列、交换机等设备。

系统软件具有良好的人机交互界面，对采集的现场各类数据信息自动进行计算处理，并以图形、数显、声音等方式反映现场运行状况，并且满足与其他系统的互联互通要求。

控制中心调度系统对全线主变电站、混合所、降压所、跟随所的主要供变电设备、电动隔离开关等进行监控，完成供电系统调度、事故分析、维护维修。

（2）变电所综合自动化系统

变电所综合自动化系统以计算机、通信设备、测控单元为基本组成元素，采用三层网络分布式结构，包括站控管理层、网络通信层和现场设备层，具体分布如图 7.1-9 所示。

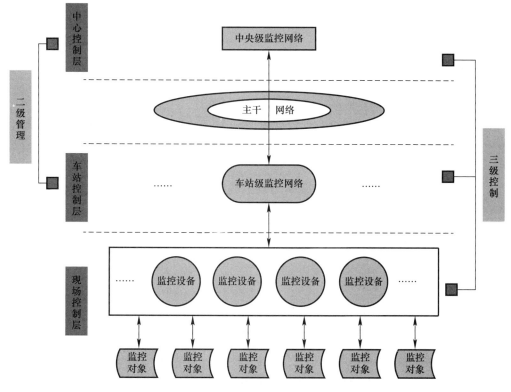

图 7.1-8 电力监控结构示意图

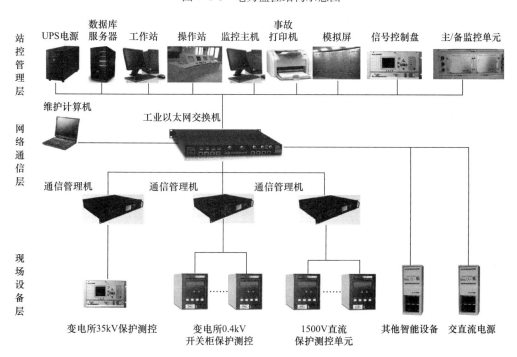

图 7.1-9 变电所综合自动化结构示意图

变电所综合自动化系统主要功能：

1）实现变电所各种设备的控制、监视、联动操作以及电流、电压、功率、电度等测量功能。

2）接受控制中心主机或当地维护计算机的控制命令；向控制中心主机或当地维护计算机传送变电所操作、事故、预告信息。

3）直接控制和监视不装设监控单元的开关设备（如牵引网上网电动隔离开关）。

4）具有事故、预告信息液晶显示和音响报警功能。

5）变电所维护计算机功能：实现对变电所监控网络和监控单元编程功能，实现对各监控单元软件的日常维护。具备对变电所内各种设备的控制、监视、测量数据显示和统计功能。

6）系统故障诊断功能：任何监控单元发生故障时均可报警。单个监控单元的故障，不影响整个网络运行。

（3）隔离开关集中监视系统

隔离开关集中监视系统主要是监测断路器位置状态、隔离开关位置状态、继电保护动作状态以及同期检测状态等。

5. 杂散电流防护

城市轨道交通基本采用走行轨牵引回流系统，由于走行轨与道床并非完全绝缘，造成少部分回流泄入道床和区间结构内部，形成杂散电流。杂散电流通过沿线金属结构、管线等返回变电所，从而给部分设施造成危害。杂散电流防护系统通过减小直流牵引供电系统的杂散电流并防止其对外扩散，尽量避免杂散电流对城市轨道交通本身及其附近建筑物结构钢筋、金属管线的电化学腐蚀，对杂散电流进行监测，并设置统一的、高低压兼容、强弱电合一的综合接地系统，为设备及人身安全提供防护。

杂散电流防护按照"以防为主，以排为辅，防排结合，加强监测"的原则进行，具体流程示意如图 7.1-10 所示。

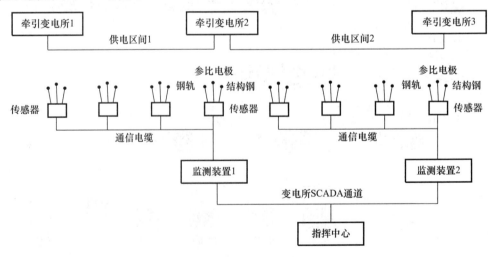

图 7.1-10　杂散电流监测系统示意图

6. 供电车间

供电车间是供电系统的基层维修和管理部门，承担供电系统设备的运行管理、维护检修、事故抢修和材料供应等工作，保证供电系统正常运行。供电车间主要具备以下功能：

（1）负责主变电所设备的运行管理和保养。

（2）负责 35kV 交流电缆和 1500V 直流电缆的维护、检测和试验工作。

（3）负责混合所、降压所、跟随所供电设备的运行管理、保养、检测、现场检查性修理和中小修，以及牵引整流机组的定检。

（4）负责变电所综合自动化系统等电力监控设备的维护检测工作。

（5）负责全线牵引网的日常巡视、维护、检测、检修、事故抢修以及日常的简易检测。

（6）负责全线防雷接地系统的日常巡视、维护、检测、检修、事故抢修以及日常的简易检测。

（7）负责杂散电流腐蚀防护设备的检修、测试。

（8）负责全线动力照明配电设施的维护检修。

7.2　概预算

7.2.1　工程量计算规则

1. 计算规则

（1）主变压器、35kV 开关柜、无功补偿容器 SVG 等设备按台或套计量，并在规格和备注中明确其内容包含范围。

（2）110kV 电力电缆以"km"计，按三相单芯考虑。

（3）混合所 35kV 电力电缆试验包含 35kV 开关柜～整流变压器、动力变压器的电力电缆试验，共 4 组；降压所、跟随所 35kV 电力电缆试验包含 35kV 开关柜～动力变压器的电力电缆试验，共 2 组。

（4）环网电缆的编制范围包括主变电所到变电所、变电所到相邻变电所、变电所到车辆基地三部分。计算长度分别为主变 110kV GIS 开关柜到变电所 35kV 进线柜、变电所 35kV 出线柜到相邻变电所 35kV 进线柜、变电所 35kV 出线柜到相邻车辆基地 35kV 进线柜。

（5）截面为 150mm² 的均流电缆上下行轨道间每隔 600m 设置一处，单行轨道间每 200m 设置一处。

（6）排流网连接电缆地下区段 12.5m 设置一处，每处按照 1m 计算。

（7）道岔、轨缝连接电缆以及道岔、轨缝连接电缆与钢轨的电气连接（栓接）数量根据 9 号道岔数量统计。

2. 工程数量

供电系统的主要设备与主材数量较为固定，其中，变电所所内屏柜接线数量等于所内屏柜（35kV 开关柜、整流变压器、整流器、配电变压器、0.4kV 开关柜、交直流屏、蓄电池屏）数量之和。以典型 6A 线路为例，主变电所、变电所、环网电缆、电力监控和杂散电流主要设备主材数量如表 7.2-1～表 7.2-5 所示。

1座主变电所（地下或地上）主要设备数量表   表 7.2-1

序号	功能系统	设备主材名称	单位	地下主变数量	地上主变数量
1	主变压器系统	主变压器	台	2	2
2	配电装置	110kV GIS组合电器	套	2	2
		35kV 开关柜	台	28	26
3	无功补偿装置（SVG 或电抗器）	无功补偿容器 SVG	台	2	2
4	站用电系统	站用变压器	台	4	4
		低压开关柜	台	6	5

1座变电所主要设备数量表   表 7.2-2

序号	项目名称及规格	单位	数量
一、1座正线混合所			
1	35kV GIS 开关柜 1250A	面	10
2	1500V 直流开关柜—馈线柜	面	5
	1500V 直流开关柜—进线柜	面	2
	1500V 直流开关柜—负极柜	面	1
	直流开关柜备用小车—4000A	台	1
3	0.4kV 开关柜 1250kVA	面	24
4	整流变压器 3300kVA	台	2
5	配电变压器 2000kVA	台	2
6	整流器柜 3000kW	面	2
7	交直流屏（100Ah）	面	2
8	钢轨电位限制装置 1250A	面	1
二、1座降压变电所			
1	0.4kV 开关柜 1250kVA	面	22
2	35kV GIS 开关柜 1250A	面	8
3	配电变压器 2000kVA	台	2
4	交直流屏（100Ah）	面	2
5	钢轨电位限制装置 1250A	面	1
三、1座跟随所			
1	0.4kV 开关柜 1250kVA	面	20
2	35kV GIS 开关柜 1250A	面	4
3	配电变压器 800kVA	台	2

环网电缆主材数量表   表 7.2-3

序号	项目名称及规格	单位	数量
1	35kV 环网电缆（1×300mm²）	km	250.00
2	电缆支架（4×500mm）	套	75750
3	1kV 联跳电缆（14×2.5mm²）	km	60.90
4	35kV 电缆中间接头（1×300mm²）	个	198

电力监控系统主要设备与主材数量表   表 7.2-4

序号	项目名称及规格	单位	数量
1	控制信号盘（含监控单元）	个	22

序号	项目名称及规格	单位	数量
2	复示系统（含软件）	套	4
3	模拟屏	套	22
4	网络通信设备	套	22
5	服务器	套	2
6	控制中心电力调度系统软件	套	1
7	机房 UPS（30kVA）	套	1
8	磁盘阵列	套	1

杂散电流系统主要设备与主材数量表 表 7.2-5

序号	项目名称及规格	单位	数量	备注
一、正线				
1	排流柜连接电缆（1×150mm²）	km	18.00	—
2	排流柜	面	13	每个牵引所站布置一台
3	杂散电流监测装置	台	13	每个牵引所站布置一台
4	传感器	个	156	—
5	均流电缆（1×150mm²）	km	12.00	—
6	参比电极	个	156	—
二、车辆基地				
1	单向导通装置	套	5	—
2	杂散电流监测装置	套	1	—
3	杂散电流监测微机管理系统	套	1	—
4	均流电缆（1×150mm²）	km	3.00	—
5	单向导通装置连接电缆（1×150mm²）	km	4.50	—

7.2.2 核心设备

1. 主变电所

主变电所的核心设备主要有 110kV 主变压器、110kV GIS 组合电器、35kV 开关柜、无功补偿装置 SVG 等。

（1）110kV 主变压器

110kV 主变压器分为油浸式变压器和六氟化硫（SF$_6$）气体绝缘变压器（也称干式变压器）两种形式。

地上主变电所一般采用油浸式变压器，根据电磁感应原理进行工作。在闭合的铁芯上，绕有两个互相绝缘的绕组，其中，接入电源的一侧叫一次绕组，输出电能的一侧叫二次绕组。当交流电源电压加到一次侧绕组后，交流电流通过该绕组，并在铁芯中产生交变磁通，两个绕组中分别产生感应电势 E1 和 E2，如果二次侧绕组与外电路的负载接通，便有电流流入负载，即二次侧绕组有电能输出。油浸式变压器如图 7.2-2 所示。常用的油浸式变压器的型号主要有 SZ11-50000/110 和 SZ11-40000/110，以 SZ11-50000/110 型主变压器为例，命名规则如图 7.2-1 所示。

气体绝缘变压器是以 SF$_6$ 气体作为绝缘介质变压器，SF$_6$ 气体具有优良的绝缘特性、不燃性和环保性能，可以在变压器中代替变压器油。考虑到消防安全，半地下主变电所和全地下主变电所的主变压器一般采用 SF_6 气体绝缘变压器，如图 7.2-3 所示。

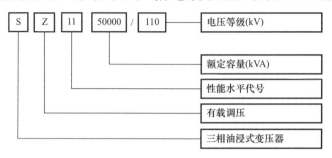

图 7.2-1　油浸式变压器命名规则

图 7.2-2　油浸式变压器

图 7.2-3　SF_6 气体绝缘变压器

主变压器的主要规格及价格情况如表 7.2-6 所示。

主变压器主要规格及价格　　　　　　　　　表 7.2-6

项目名称	规格	单位	市场含税价（元）
油浸式变压器	SZ11-50000/110	台	3000000
SF_6 气体绝缘变压器	SF_6-50000/110	台	14000000

从表 7.2-6 中可发现，SF_6 气体绝缘变压器的价格远高于油浸式变压器。

（2）110kV GIS 组合电器

110kV GIS 组合电器全部采用 SF_6 气体作为绝缘介质，并将除变压器外的所有高压电器元件密封在接地金属筒中的一种金属封闭开关设备。它是由断路器、母线、隔离开关、电压互感器、电流互感器、避雷器、套管 7 种高压电器组合而成的高压配电装置，一般每座主变电所配置 2 套 110kV GIS 组合电器。110kV GIS 组合电器如图 7.2-4 所示。

110kV GIS 组合电器的规格主要有 126kV、2000A、40kA/3s 和 126kV、2500A、40kA/3s，其中"126kV"表示额定电压，

图 7.2-4　110kV GIS 组合电器

"2000A"和"2500A"表示额定电流，"40kA"表示额定短时耐受电流，"3s"表示断路器在合闸状态下能够承载额定短时耐受电流的时间。

110kV GIS 组合电器的主要规格及价格情况如表 7.2-7 所示。

110kV GIS 组合电器主要规格及价格   表 7.2-7

项目名称	规格	单位	市场含税价（元）
110kV GIS 组合电器	126kV、2000A、40kA/3s	套	1200000
110kV GIS 组合电器	126kV、2500A、40kA/3s	套	1400000

（3）35kV 开关柜

35kV 开关柜为户内型、SF_6 气体绝缘、金属铠装封闭式结构，包括柜体、高压室、低压室、电缆室、柜间连接装置、操作机构等模块单元。模块单元中设有断路器、三工位隔离开关、电流（压）互感器、微机综合保护测控装置等主要元器件。主变电所的 35kV 开关柜包括进线柜、母联柜、出线柜、馈线柜等。型号参数主要为：40.5kV、1250A、25kA，其中"40.5kV"表示额定电压，"1250A"表示额定电流，"25kA"表示额定短路开断电流。35kV 开关柜现场布置效果如图 7.2-5 所示。

图 7.2-5 35kV 开关柜

35kV 开关柜主要用于保护电路，即电路中出现电流过大、电流不平衡以及电压过高等情况时跳闸保护。

1）过电流保护：当电流超过预定最大值或被保护元件中的电流超过预先设定值时，保护装置启动，并用时限保证动作的选择性，使断路器跳闸。

2）零序保护：三相电流平衡时，没有零序电流，不平衡时产生零序电流。当零序电流超过一定值（综合保护中设定），综合保护接触器吸合，断开电路。

3）过电压与失压保护：电压超过规定值或由于故障造成的停电，使断路器断开。

4）防雷：防止雷电由输电线路传输至开关柜内，造成过电压击穿和烧毁。

35kV 开关柜一般包括进线柜、出线柜、馈线柜、母联柜四种类型，综合单价约 26 万元/台，单价包含综合保护装置和差动保护装置。

（4）无功补偿装置 SVG

无功补偿装置 SVG 采用可关断电力电子器件（IGBT）组成自换相桥式电路，经过电抗器并联在电网上，适当地调节桥式电路交流侧输出电压的幅值和相位，或者直接控制其交流侧电流，迅速吸收或者发出所需的无功功率，实现快速动态调节无功的目的。作为有源形补偿装置，不仅可以跟踪冲击型负载的冲击电流，而且可以对谐波电流进行跟踪补偿。

SVG 本体电压等级为 3.3kV/6kV/10kV，通过 35kV 高阻抗连接电抗并联接入到 35kV 系统，成套装置主要由连接变压器、启动柜、功率柜、控制柜组成。无功补偿装置 SVG 可以保持母线电压稳定、减少开关投切次数、提高用电功率因数、消除系统内谐波污染、实现负序补偿、解决电容器组经常过流或者烧串抗问题，一般每座主变电所配置 2 套。无功补偿装置 SVG 如图 7.2-6 所示。

图 7.2-6　无功补偿装置 SVG

无功补偿装置 SVG 主要规格及价格情况如表 7.2-8 所示。

SVG 主要规格及价格　　　　　　　　表 7.2-8

项目名称	规格	单位	市场含税价（元）
无功补偿装置 SVG	SVG-5.0Mvar	台	1200000
无功补偿装置 SVG	SVG-5.5Mvar	台	1300000
无功补偿装置 SVG	SVG-6.0Mvar	台	1400000
无功补偿装置 SVG	SVG-6.5Mvar	台	1500000
无功补偿装置 SVG	SVG-7.0Mvar	台	1600000

2. 变电所

（1）35kV 开关柜

以混合所为例，每个混合所中 35kV 开关柜至少有"两进两出，一母联，四馈线"的配置，即两台 35kV 进线柜，两台 35kV 出线柜，实现两段单母线连接的母联柜，以及四台馈线柜。其中，四台馈线柜中两台分配给配电变压器，两台分配给整流变压器，故而 35kV 开关柜类型有进线柜、出线柜、馈线柜和母联柜。具体布置如图 7.2-7 所示。

（2）整流变压器

整流变压器是整流设备的电源变压器。整流设备的特点是原边输入交流，而副边通过整流元件后输出直流。整流机组整流方式：1 台整流变压器与 1 台整流器组成一套 12 脉波整流机组，两套 12 脉波整流机组经匹配后并联运行构成等效 24 脉波整流。整流变压器如图 7.2-8 所示。

整流变压器主要功能：1）供给整流系统适当的电压；2）减小因整流系统造成的波形畸变对电网的污染。

整流变压器 3300 kVA 型号的市场含税价约 520000 元/台。

图 7.2-7 35kV 开关柜

图 7.2-8 整流变压器

（3）整流器及负极柜

整流器是把交流电转换成直流电的装置，可用于供电装置及侦测无线电信号等。负极柜是连接于整流器阀侧负极与回流钢轨之间的开关设备，柜内装设手动隔离开关，变电所中负极柜一般位于两个整流器之间。整流器及负极柜现场布置效果如图 7.2-9 所示。

整流器与负极柜主要规格及价格情况如表 7.2-9所示。

（4）1500V 直流开关柜

直流开关柜包括牵引变电所内的直流开关

图 7.2-9 整流器柜及负极柜

柜和牵引变电所外的上网开关柜，承担接受和分配直流电能的作用。通过接受牵引整流机组提供的直流电能，分配给上、下行牵引网，为地铁列车提供直流电能。

整流器主要规格及价格 表 7.2-9

项目名称	规格	单位	市场含税价（元）
整流器柜	2500A/1500V	面	240000
负极柜	4000A	面	260000

1500V 直流开关柜为户内型开关柜，具有标准防护等级的金属封闭式结构，由一系列标准化单元组成，标准化单元根据设计要求组合成不同的基本小室。标准化单元中设有操作设备、控制元件、测量元件、保护元件、母排、电源和辅助连接等，标准化单元除含有完成当地控制、测量保护功能所需的必要元件外，还装有为实现远方监控所必需的各种转换开关、数据传输所必需的接口设备。

直流开关柜主要有直流进线柜、直流馈线柜、负极柜等柜型。负极柜常与整流器布置在一起；直流进线柜实现整流机组向 1500V 直流正极母线馈电的电路控制，并将 1500V 直流引入直流馈线柜；直流馈线柜是将进线柜引入的低压电分配到各个终端设备。直流开关柜如图 7.2-10 所示。

1500V 直流开关柜主要规格及价格情况如表 7.2-10 所示。

图 7.2-10　1500V 直流开关柜

直流开关柜主要规格及价格　　　　　　　　　表 7. 2-10

项目名称	规格	单位	市场含税价（元）
进线柜	4000A	面	240000
馈线柜	4000A	面	280000

（5）钢轨电位限制装置

钢轨电位限制装置主要是限制钢轨与大地之间的电位差，在 0.8s 内对牵引地与保护地之间电压差大于交流 90V 时进行短路，从而对旅客人身安全形成保护，具体样式如图 7.2-11 所示。钢轨电位限制装置 1250A 型号的市场含税价（元）约 200000 元/台。

（6）配电变压器

配电变压器是一种静止的电气设备，是用来将某一数值的交流电压（电流）变成频率相同的另一种或几种数值不同的电压（电流）的设备，如图 7.2-12 所示。降压变电所中的配电变压器将 35kV 中压交流电降压为 220V/380V 的低压交流电，供动力照明使用。

7.2-11　钢轨电位限制装置　　　　　　图 7.2-12　配电变压器

配电变压器主要规格及价格情况如表 7.2-11 所示。

配电变压器主要规格及价格　　　　　　　　　表 7. 2-11

项目名称	规格	单位	市场含税价（元）
配电变压器	1000 kVA	台	210000
配电变压器	1250 kVA	台	230000
配电变压器	1600 kVA	台	250000
配电变压器	2000 kVA	台	300000

（7）0.4kV 开关柜

0.4kV 开关柜作为低压开关设备，是动力照明系统的核心设备。它接受配电变压器提供的低压电能，为车站、区间、车辆基地和控制中心的低压动力照明设备提供电源，如图 7.2-13 所示。

图 7.2-13　0.4kV 开关柜

0.4kV 开关柜按功能分为进线柜、母联柜和馈线柜，可按需设置有源滤波柜。进线柜主要是接收电能并传递给水平母线；母联柜主要是将母线之间电能的传递分段，内部设置三级负荷总开关，并随母联断路器的断开和闭合自动切除和自动恢复三级负荷的供电；馈线柜将 220V/380V 的电能分配到动力照明各用电设备。

0.4kV 开关柜综合单价约 9.5 万元/面。

（8）交、直流屏

交、直流屏作为变电所用电的配电设备，向所有变电所设备的二次回路提供交流电源和直流电源。直流部分用于每个柜子的保护装置和通信，如图 7.2-14 所示；交流部分用于柜体内部照明和柜内加热，如图 7.2-15 所示。蓄电池屏一般与交、直流屏配套使用。

图 7.2-14　直流屏

图 7.2-15　交流屏

交、直流屏及蓄电池屏主要的规格及价格情况如表 7.2-12 所示。

交、直流屏规格及价格参数表　　　　　　表 7.2-12

项目名称	规格	单位	市场含税价（元）
直流 A 型屏	100Ah	面	150000
直流 B 型屏	80Ah	面	110000
直流 C 型屏	200Ah	面	280000
交流屏	50kVA	面	52000
蓄电池屏（含电池）	100Ah	面	32000

（9）再生能量吸收装置与再生能量回馈装置

当列车进站制动时会产生大量的直流电流，再生能量吸收装置是将该部分电流收集后，导入电阻柜，通过发热的方式消耗掉；再生能量回馈装置是将该部分电流收集后，导入逆变器柜，转化为35kV交流电并通过电缆返还给环网电缆，以达到节能目的。

再生能量吸收装置由开关柜（控制柜）、斩波柜、吸收电阻柜三部分构成，再生能量回馈装置由能馈变压器（变压柜）、能馈变流器（逆变柜）、能馈直流柜（控制柜）组成。再生能量装置如图7.2-16所示。

图 7.2-16 再生能量装置

再生能量吸收装置与再生能量回馈装置主要规格及价格如表7.2-13所示。

再生能量装置主要规格及价格　　　　　　　　表 7.2-13

项目名称	规格	单位	市场含税价（元）
再生能量吸收装置	2MW	面	2400000
再生能量回馈装置	2MW	面	2400000

3. 电力监控

（1）服务器

控制中心电力监控系统一般配置两套功能等价、互为备用的中央服务器，用于控制中心主站系统整个网络的管理和数据处理，并作为网络内其他计算机的共享资源。如图7.2-17所示。

（2）磁盘阵列

磁盘阵列具有存储当前及远期电力监控所有数据、参数及软件的功能。磁盘阵列应是单独的机柜设备，具备冗余的数据传输路径，无单点故障，并通过冗余、热交换组件（如电源和风扇），实现高可靠性。如图7.2-18所示。

（3）交换机

控制中心电力监控系统在中央服务器机柜内设置2台以太网交换机，另外在调度大厅设置2台以太网交换机，用于提供控制中心电力调度系统双网运行环境，提高网络可靠性。如图7.2-19所示。

（4）工作站

电调人员通过操作员工作站可以进行整个系统的监控和操作。维修工作站用于维护系统软件、定义系统运行参数、系统数据库及用户画面的编辑修改、增扩等工作，如图 7.2-20 所示。

图 7.2-17 中央服务器

图 7.2-18 磁盘阵列

图 7.2-19 交换机

图 7.2-20 工作站

（5）不间断电源 UPS

不间断电源 UPS 是将蓄电池（多为铅酸免维护蓄电池）与主机相连接。一般设置两套，分别用于设备机房内设备和调度大厅系统设备供电，如图 7.2-21 所示。

（6）复示系统

复示系统包含工作站、复示系统交换机、复示系统软件以及 UPS 等设备，主要用于供电检修人员对供电系统的实时监视，并可以通过此系统获取相关检修信息，如开关跳闸次数、设备类型、设备生产厂家等。供电复示系统不具备对供电系统设备的控制权限。

（7）控制信号屏

控制信号屏具有如下功能：1）通信处理功能：实现远程通信、通过所内通信网络实现与各间隔单元的接口功能，并进行规约处理，实现对间隔单元的数据采集与控制输出；2）集中监控功能：实现人机对话及所内集中监控管理；3）时钟同步功能：通过软件对时与通信时钟系统保持同步，并且通过软件对时，同步各间隔单元设备等；4）音响报警功能：当所内发生故障时按类别启动不同报警音响，音响在一定的时间内自动解除，时间可调。控制信号屏如图 7.2-22 所示。

（8）后台监控机

后台监控机采用通用性强的实时多任务操作系统，配置综合测试和诊断软件包，可诊断所内各种设备故障，故障标志到模块级，安装到控制信号屏内部。

图 7.2-21　容量 30kVA UPS 电源　　　　图 7.2-22　控制信号屏

（9）打印机及打印机工作台

打印机均为网络打印机，用于控制中心电力调度系统的报表打印、报警打印、SOE 打印和图形打印等。打印机工作台用于放置打印机，并配备打印所需的各种材料及工具。

（10）操作员工作站

控制中心电力监控系统配置两台功能等价、互为备用、实时监控的操作员工作站，设置在控制中心调度大厅内。通过操作员工作站，电调人员可以进行整个电力系统的监控和操作。其中一台工作站兼作接口工作站，用于与调度大厅大屏接口。任一时刻两者均能同时监视各种信息，但在任一时刻仅允许一台操作员工作站发出控制命令。

（11）模拟屏

模拟屏是一种应用于配电室、变电所和变电站中的电力设备，主要功能是用于防止电力误操作。模拟屏上有电气主接线图，进行操作前预演的手柄（俗称钮子开关）和指示设备状态的指示灯等。模拟屏能实时显示现场设备的工作参数、运行状态，向调度人员及时、真实、全面地反映系统设备的运行状态。如图 7.2-23 所示。

（12）综合自动化系统软件

综合自动化系统软件基本功能如下：1）实时数据采集；2）遥控、遥调与告警；3）召唤打印与随机打印；4）在线诊断；5）制作灵活报表。

（13）隔离开关集中监视系统

隔离开关集中监视系统监控子站主要功能：1）延长设备使用寿命。系统能够实时监控电气设备的使用情况及谐波变化，便于对相关设备及时进行维护、保养；2）有效缩短断电时间。系统可以显示整个网络状态的总览图，有助于辨别故障区域；通过无线发送模块，工作人员可远程了解引起现场设备故障的具体信息，正确及时地处理故障，有效缩短断电时间。监控子站如图 7.2-24 所示。

电力监控系统设备主要的规格及价格情况如表 7.2-14 所示。

图 7.2-23　模拟屏

图 7.2-24　监控子站

电力监控系统设备主要规格及价格　　　　　　　　表 7.2-14

序号	项目名称	规格	单位	市场含税价（元）
1	服务器	自动备份及接管功能	台	320000
2	磁盘阵列	20TB 有效容、大于 64GB 的一级缓存	套	280000
3	交换机	支持 SNTP 协议和 QoS 功能	套	32000
4	操作员工作站	支持中文内码、配双屏	台	20000
5	维护工作站	支持中文内码、配双屏	台	20000
6	机房 UPS（30kVA）	380V/50Hz	套	300000
7	大厅 UPS（20kVA）	380V/50Hz	套	180000
8	复示系统（含软件）	—	套	560000
9	控制信号盘	保护等级不低于 IP40	面	210000
10	模拟屏	1000mm×800mm（长×高）	套	150000
11	打印机	打印速度 22 页 A4/min；分辨率达 1200×1200 dpi	台	20000
12	综合自动化系统软件	KF8100-SCADA	套	50000
13	监控子站	双核 CPU，主频不低于 2.6G，内存不低于 4GB	套	80000

4. 杂散电流防护

（1）排流柜

排流柜设置于牵引所内，主要用于给泄漏的杂散电流提供至牵引直流电源负极电流回路，如图 7.2-25 所示。

（2）单向导通装置

单向导通装置一般设置在车辆基地，用来减少被保护区段的钢轨电流，从而减少被保护区段杂散电流对结构及金属管线的电腐蚀，同时能降低停车库和检修库的钢轨电位，保证检修人员的安全。单向导通装置并联在钢轨绝缘结节处，除保证列车正常轨道回流电流通过外，还应保证短路电流通过，如图 7.2-26 所示。

（3）参比电极

参比电极在测量电位差时，人为设定一个参考系（无车通过时的零电位），作为比较电极，然后测量有车通过时的电位，计算二者的差值（极化电极），并将该数据传送给传感器。参比电极如图 7.2-27 所示。

图 7.2-25　排流柜

图 7.2-26　单向导通装置

（4）传感器

杂散电流中的传感器是一个以单片机为核心的数据采集处理系统，可以实时采集测量点排流网和结构钢的自然本电位，并将采集运算得到的参数送入指定内存存储，是杂散电流监测与控制系统的重要组成部分，如图 7.2-28 所示。

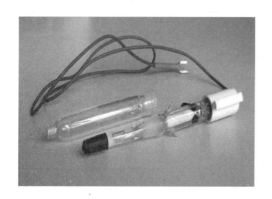
图 7.2-27　参比电极

图 7.2-28　传感器

（5）光电转换器

光电转换器利用光电效应将光信号转换成电信号，如图 7.2-29 所示。

（6）监测装置

杂散电流监测装置是通过与参比电极以及传感器的连接，实现轨道沿线各个传感器测量的极化电压、钢轨电压数据的自动采集、数据存储，并通过通信传输通道上传到杂散电流监测主机。如图 7.2-30 所示。

（7）微机管理系统

微机管理系统包含计算机、管理软件、打印机以及 UPS 电源。杂散电流监测系统通过监测装置监测整体道床、隧道、桥梁结构钢筋对周围混凝土介质的极化电位，并通过综合监控系统将相关信息传送至供电车间的杂散电流微机综合管理系统进行分析和存储，使运营人员在办公室内直接查询各种统计信息，打印各种管理报表。运营人员根据分析结果，及时对相关区段进行相应的维护管理。杂散电流设备主要规格及价格如表7.2-15所示。

图7.2-29　光电转换器　　　　　　　　图7.2-30　杂散电流监测装置

杂散电流设备主要规格及价格　　　　　　　　　　表7.2-15

序号	项目名称	规格	单位	市场含税价（元）
1	排流柜	KDPL-2	面	100000
2	单向导通装置	DXDT-2	面	188000
3	参比电极	Mo/Mo0	个	3000
4	传感器	DZC-3	个	3000
5	光电转换器	—	个	3800
6	监测装置	DZJ-3	面	80000
7	微机管理系统	含控制机、软件和UPS	套	128000
8	激光打印机	DZJB-2	台	8000
9	工作站	DZQ-3	台	15000

5. 供电车间

按照设备功能可将供电车间设备分为车辆、试验及检测仪器、通用类维修工具以及供电车间信息管理系统。

（1）车辆

供电车间的车辆主要包括变电设备巡检车与电气试验车。变电设备巡检车用于监控站内主变、母线、开关等主要一次设备运行状态，并对变电站进行定期的检查、维护以及特殊情况下的抢修。电气试验车可根据用户实际需求配置不同的测试设备，满足现场试验需求，如交流、直流耐压试验，变压器、互感器各项测试，避雷器测试，绝缘电阻、接地电阻测试等。变电设备巡检车与电气试验车分别如图7.2-31、图7.2-32所示。

供电车间的车辆主要规格及价格情况如表7.2-16所示。

（2）试验及检测仪器

试验及检测仪器包括用于测试供电系统中电流、电压、电阻、耐压性能等各项性能指标的仪器。

1）SF_6气体测试及回收装置

SF_6气体测试及回收装置能够对装置本机、SF_6开关、GIS开关柜抽真空作业及真空测量，同时还能对 SF$_6$ 气体进行压缩液态贮存，如图 7.2-33 所示。

图 7.2-31　变电设备巡检车　　　　　　图 7.2-32　电气试验车

供电车间车辆主要规格及价格　　　　　　表 7.2-16

项目名称	具体分项	规格	单位	市场含税价（元）
电气试验车	车体及改造	依维柯（含车辆购置税及上车牌）	辆	640000
	内置仪器	—	套	480000
	测控主系统硬件	YN 系列含电源系统	套	12000
	测控系统软件	YN 系列	套	120000
	打印机	LBP7018C	台	50000
	笔记本电脑	Pavilion 14-ab141T	台	10000
	安防及警示系统	YN 系列	套	12000
	小计			1324000
变电巡检车	变电巡检车	皮卡	辆	250000

2）感性元件直流电阻快测仪

感性元件直流电阻快测仪用于变压器绕组的直流电阻测试，该测试是变压器在交接、大修和改变分接开关后，必不可少的试验项目，通过测量变压器绕组的直流电阻，可以检查出引线的焊接或连接质量，绕组有无匝间短路或开路，以及分接开关的接触是否良好等情况，如图 7.2-34 所示。

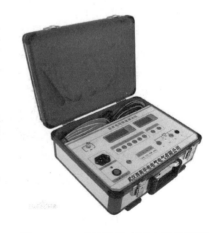

图 7.2-33　SF$_6$ 气体测试及回收装置　　　图 7.2-34　感性元件直流电阻快测仪

3）三用表校验仪

三用表校验仪是能够提供稳定、高精度的交直流电压、电流、电阻的校准仪器，主要用于定、校验各种数字万用表、指针式万用表及交直流电压、电流各类表头及相应等级的多用表、电阻表、钳形表等，如图 7.2-35 所示。

图 7.2-35　三用表校验仪

4）微机保护装置测试仪

微机保护装置测试仪是保证电力系统安全可靠运行的一种重要测试工具，如图 7.2-36 所示，可对微机差动保护装置进行试验，更能提供各类故障模拟程序，真实模拟和回放现场实际的各类故障、暂态过程、系统振荡和重合闸动作行为。

5）变频谐振高压试验装置

变频谐振高压试验装置主要用于大容量、高电压的电容型试品的交接和预防性试验，如图 7.2-37 所示。

6）电能质量分析仪

电能质量分析仪能够对变电所进线、馈线电能质量问题进行监测，将电压跌落、闪变、谐波、不平衡等数据进行记录分析并导出标准电能质量文件和标准故障录波文件，如图 7.2-38 所示。

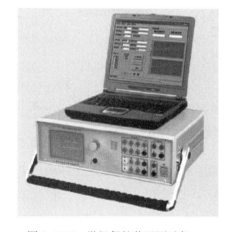

图 7.2-36　微机保护装置测试仪

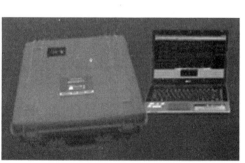

图 7.2-37　变频谐振高压试验装置　　　　图 7.2-38　电能质量分析仪

7）电缆故障测试设备

电缆故障测试设备能对电缆的高阻闪络故障、高低阻性的接地、短路和电缆的断线、接触不良等故障进行测试。若配备声测法定点仪，可准确测定故障点的精确位置，特别适用于各种型号、不同等级电压的电力电缆及通信电缆，如图7.2-39所示。

8）接地电阻测试仪

接地电阻测试仪采用位相检波方式，不受外部噪声影响，可进行高精度检测。检测时不需要自身校正，按动检测开关即可进行快速检测，如图7.2-40所示。

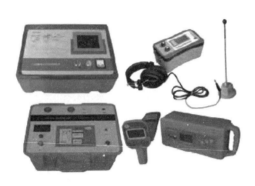

图7.2-39　电缆故障测试设备　　　　图7.2-40　接地电阻测试仪

9）绝缘电阻测试仪

绝缘电阻测试仪可自动进行极化指数测试和步进电压测试，并将结果以数字式、模拟式和图形式三种方式显示出来，还可进行漏电电流和电容的测定，如图7.2-41所示。

10）交流耐压试验仪

交流耐压试验仪适合40kV及以下交联电缆或油浸电缆耐压试验，能准确测量泄漏电流，提前充分暴露电缆绝缘层内电树枝和水树枝隐患，减少突发性停电事故，如图7.2-42所示。

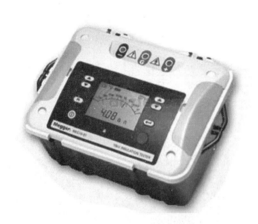

图7.2-41　绝缘电阻测试仪　　　　图7.2-42　交流耐压试验仪

11）红外热像仪

红外热像仪利用红外探测器和光学成像物镜接收被测目标的红外辐射能量分布，将其反映到红外探测器的光敏元件上，获得红外热像图。利用红外热像仪可发现接头松动、接触不良、不平衡负荷过载和过热等隐患，如图7.2-43所示。

12）超声波探伤仪

超声波探伤仪能够快速、便捷、无损伤、精确地进行工件内部多种缺陷（裂纹、疏松、气孔、夹杂等）的检测、定位、评估和诊断，如图 7.2-44 所示。

图 7.2-43　红外热像仪

图 7.2-44　超声波探伤仪

13）蓄电池组放电仪

蓄电池组放电仪是用于蓄电池组的专用恒流放电设备，适用于各类蓄电池组放电、维护等工作，如图 7.2-45 所示。

供电车间试验及检验仪器主要设备的规格及价格如表 7.2-17所示。

（3）通用类维修工具

供电车间通用类维修工具主要包括全方位自动泛光工作灯、接触轨或接触网专用维修设备、携带式发电机以及双桅式升降平台车等用于供电系统维修的设备。通用类维修工具主要设备的规格及价格如表 7.2-18 所示。

（4）供电车间信息管理系统

供电车间信息管理系统是利用数字化信息处理技术和网络通信技术，对城市轨道交通运营管理信息进行电子化

图 7.2-45　蓄电池组放电仪

和网络化管理。供电车间信息管理系统涉及的主要硬件设备有 6 类，分别是服务器、网络连接设备、工作站、数据安全设备、音视频采集设备及其他设备。

供电车间试验及检验仪器主要设备规格及价格　　表 7.2-17

序号	项目名称	规格	单位	市场含税价（元）
1	SF$_6$ 气体测试及回收装置	NASA-SF$_6$ 6100	套	252000
2	感性元件直流电阻快测仪	DVPower RMO10TW	台	78000
3	三用表校验仪	DO3O-G1	台	9000

序号	项目名称	规格	单位	市场含税价（元）
4	微机保护装置测试仪		台	85000
5	变频谐振高压试验装置		套	123500
6	电能质量分析仪	PQR	套	168000
7	电缆故障测试设备	含精定位仪和电缆路径仪	套	553000
8	接地电阻测量仪	4105Ah	台	1650
9	绝缘电阻测试仪	3125A	台	7000
10	串级式交流耐压试验仪		套	210000
11	远距离红外热像仪		台	38000
12	超声波探伤仪	NOVOTEST UD3701	台	3800
13	蓄电池组充放电仪		台	35000

供电车间通用类维修工具主要设备规格及价格　　　　　　表 7.2-18

序号	项目名称	规格	单位	市场含税价（元）
1	全方位自动泛光工作灯	含多种类型	套	745000
2	接触轨专用维修设备	—	套	489000
3	携带式发电机	EF14000E	台	43600
4	交流耐压试验台	YN-IT（3kVA/3kV）	台	35000
5	剪板机	Q11 系列	台	33880
6	双桅式升降平台车	GTWY6-200s	套	26500
7	水钻机	Hilti DD EC-1	套	25600
8	携带式发电机	EF3000ISE	台	19800
9	低电压变压器	YN-HC 2000A	台	19000
10	便携式恒流恒压充电机	YN-BP	台	18900
11	钢筋定位仪	PS20	台	18900
12	充电式液压压接钳	REC-6431	套	13200

　　服务器是信息管理系统的核心，在供电车间至少应设置 3 台服务器（网络、数据库和视频服务器）；网络连接设备保证各客户端工作站对服务器的访问，提供数据传输通道；工作站是指运营公司、综合维修中心、供电车间、变电所及相关技术人员终端 PC 机；数据安全设备包括防火墙和数据备份设备；音、视频采集设备包括网络摄像机、电话录音仪、无线传输设备及视频存储设备等；其他设备包括企业信息机、UPS 及相关备品备件等。

　　供电车间信息管理系统根据城市轨道交通线路长度以及具体要求的不同，内部设备存在较大差异，系统设备及安装费一般按照 140 万元/套估算。

7.2.3　安装工程与主要材料

　　供电系统安装一般在土建工程完成后进行，具体安装工序参照本书第 5 章通信系统。

1. 主变电所

　　主变电所采用 110kV 电力电缆将城市电网的电力引入主变电所内，一般采用 110kV 交联聚乙烯绝缘、皱纹铝护套、高密度聚乙烯外护套电力电缆（FY-YJLW03-Z-64/110kV$-1\times500\text{mm}^2$），FY-YJLW03-Z-64/110kV$-1\times500\text{mm}^2$ 的含义如图 7.2-46 所示。

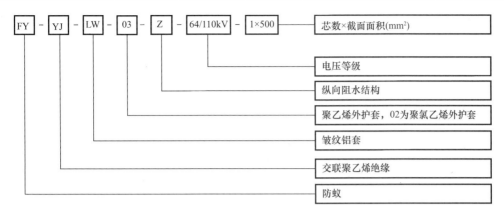

图 7.2-46　110kV 电力电缆型号及含义

110kV 电力电缆的主要规格及价格如表 7.2-19 所示。

110kV 电力电缆主要规格及价格　　　　表 7.2-19

项目名称	规格	单位	市场除税价（元）
110kV 电力电缆	FY-YJLW03-Z-64/110kV－1×500mm²	m	617.28
110kV 电力电缆	FY-YJLW02-Z-64/110kV－1×500mm²	m	545.78

2. 变电所

以混合所为例，混合所设备费占比 65%，主材费占比 23%，安装费（不含主材）占比 22%。变电所主要材料包括 35kV 交流电缆、1500V 直流电缆、接地电缆、信号电缆和控制电缆等。

（1）35kV 交流电缆

变电所中的 35kV 交流电缆截面主要为 $1×95mm^2$，主要功能是将变电所中电能从 35kV 开关柜引入到配电变压器（降压所）以及整流变压器（牵引所）。

（2）1500V 直流电缆

变电所中 1500V 直流电缆作为牵引网系统的直流电传输媒介，连接整流变压器与整流器，整流器与直流开关柜等直流设备，并将 1500V 直流电引入接触网或接触轨，为列车行驶提供电源。

常用 1500V 直流电缆型号为 GD-DC-WDZA-EYR-1500V－1×400、GD-DC-WDZA-EYR-1500V－1×240，其参数含义如图 7.2-47 所示。

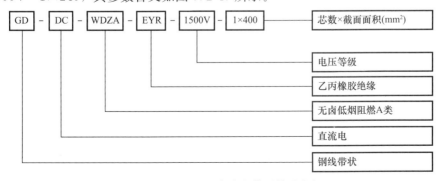

图 7.2-47　1500V 直流电缆型号及含义

（3）其他电缆

1kV 交流低烟无卤阻燃铠装电力电缆主要是用于变电所屏柜接地；450/750V 低烟无卤阻燃铠装控制电缆主要用于开关柜等设备做出动作时的信息传递；1kV 低烟无卤阻燃铠装信号电缆主要用于传递电流互感器以及电压互感器、带电显示装置等设备的信息。

变电所中电缆的主要规格及价格情况如表 7.2-20 所示。

变电所电缆主要规格及价格　　　　　　　　　　表 7.2-20

项目名称	规格	单位	市场除税价（元）
1500V 直流电缆	DC-WDZA-EYR-1500V 1×400mm²	m	294.42
	DC-WDZA-EYR-1500V 1×240mm²	m	185.35
	DC-WDZA-EYR-1500V 1×150mm²	m	157.21
1kV 低烟无卤阻燃铠装交流电缆	AC 1kV 3×35+2×25mm²	m	106.94
	AC 1kV 5×16mm²	m	59.02
	AC 1kV 3×4mm²	m	12.65
低烟无卤阻燃铠装控制电缆	450/750V 10×2.5mm²	m	33.50
	450/750V 8×2.5mm²	m	27.92
	450/750V 5×2.5mm²	m	18.23
	450/750V 3×2.5mm²	m	12.84
低烟无卤阻燃铠装信号电缆	1kV 5×1.5mm²	m	13.24
	1kV 3×1.5mm²	m	9.77

3. 环网电缆

环网电缆中无设备费用，主材费用占比为 92.80%，安装费用（不含主材）占比为 7.20%。环网电缆主要材料包括交流电缆、光缆、联跳电缆，以及电缆终端头与中间接头等。

（1）35kV 交流电缆

常用 35kV 交流电缆型号为 WDZA-YJSY63-35kV-1×300、WDZA-YJSY63-35kV-1×95，其参数分别表示的含义如图 7.2-48 所示。

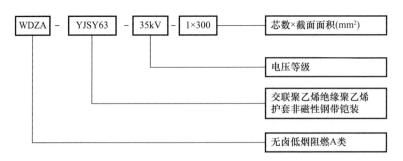

图 7.2-48　35kV 交流电缆型号及含义

（2）光缆

光缆能够为环网电缆提供光纤差动保护。在光纤线路纵差保护过程中，光缆既能传送电流幅值，又能传送时间同步信号，使得保护实现单元化，不受运行方式变化的影响。

常用光缆型号为 GYTZA53-8B1（在环网电缆中使用）、GYTZA53-4B1（在电力监控中使用），其参数含义如图 7.2-49 所示。

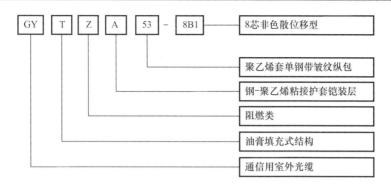

图 7.2-49　光缆型号及含义

（3）联跳电缆

联跳电缆设置于相邻变电所间，为供电系统中的直流供电部分提供双边联跳保护。双边联跳保护能够快速切除某一供电区域内的故障，将故障限制在最小范围内，从而阻止事故扩大，保证设备和人身安全。

环网电缆价格除了与截面大小相关外，还与电缆外部包装的绝缘材料类型相关。环网电缆一般采用不锈钢铠装作为外部绝缘，比同截面的直流电缆（乙丙橡胶绝缘）价格稍高，具体价格如表 7.2-21 所示。

35kV 交流电缆主要规格及价格　　　　　　　　　　表 7.2-21

项目名称	规格	单位	市场除税价（元）
35kV 交流电缆	WDZA-YJY63-35kV 1×400mm²	m	349.58
	WDZA-YJY63-35kV 1×300mm²	m	281.26
	WDZA-YJY63-35kV 1×95mm²	m	145.56

（4）电缆终端头与中间接头

电缆终端头是装配到电缆线路首末端，用以完成与其他电气设备连接的装置，有户外终端头、户内终端头、肘形终端头等类型，如图 7.2-50 所示。

电缆中间头是用于环网电缆中间连接的电缆附件，主要作用是使线路通畅，使电缆保持密封，并保证电缆接头处的绝缘等级，使其安全可靠地运行，如图 7.2-51 所示。

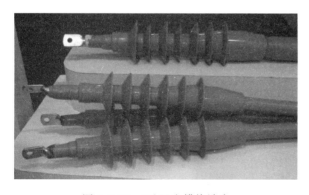

图 7.2-50　35kV 电缆终端头

图 7.2-51　35kV 电缆中间接头

环网电缆终端头以及中间接头主要规格及价格如表 7.2-22 所示。

电缆终端头主要规格及价格 表 7.2-22

项目名称	规格	单位	市场除税价（元）
35kV 冷缩电缆终端头	35kV 1×95mm²	个	2824.02
	35kV 1×120mm²	个	2824.02
	35kV 1×240mm²	个	3372.10
	35kV 1×300mm²	个	3372.10
	35kV 1×400mm²	个	3372.10
35kV 冷缩电缆中间头	35kV 1×95mm²	个	3967.20
	35kV 1×240mm²	个	4181.20
	35kV 1×300mm²	个	4181.20
	35kV 1×400mm²	个	4181.20

4. 电力监控

正线车站电力监控中，设备费占比 89.68%，主材费占比 2.93%，安装费（不含主材）占比 7.39%。电力监控主要材料包括光缆、通信电缆以及屏蔽双绞线等，主要规格及价格如表 7.2-23 所示。

电力监控缆线主要规格及价格 表 7.2-23

项目名称	规格	单位	市场除税价（元）
通信电缆	WDZ-STP-5E	m	7.00
光缆	GYTZA53-4B1	m	12.00
屏蔽双绞线	—	m	7.00

5. 杂散电流防护

正线杂散电流防护中，设备费占比 16.52%，主材费占比 57.84%，安装费（不含主材）占比 25.64%。杂散电流防护主要材料包括均回流电缆、排流电缆、测量电缆、通信电缆等，主要规格及价格如表 7.2-24 所示。

杂散电流缆线主要规格及价格 表 7.2-24

项目名称	规格	单位	市场除税价（元）
均回流、排流电缆	DC-WDZA-EYR-1500V 1×150mm²	m	157.21
测量电缆	0.45/0.75kV 1×2.5mm²	m	10.60
通信电缆	300/500V 2×2×2.5mm²	m	7.00

7.2.4 概预算编制

1. 定额说明

（1）支架、桥架、电缆终端头、电缆敷设、接地扁钢等主材数量应考虑定额损耗量。

（2）设备安装定额套用一般包括设备基础预埋、设备运输、设备安装。

（3）电力电缆敷设定额项目，除单轨跨座式高架区间外，均按三芯电缆编制。敷设单芯电力电缆时，定额人工、机械消耗量乘以系数 0.67；敷设五芯电力电缆时，定额人工、机械消耗量乘以系数 1.3，五芯以上每增加一芯，系数增加 0.3。

（4）蓄电池安装以"组"为单位计算，按每组 9 个综合编制，套用定额时需根据实际数量换算"组"数。蓄电池屏容量为 65Ah、80Ah 和 100Ah 时，均含有 18 个蓄电池，即为 2 组。

（5）整流变压器网栅定额单位为"间隔"，为方便套用，可按照每间隔网栅 7.5m² （长 3m 乘以高 2.5m）换算。

（6）变电所电缆敷设采用城轨定额，一般沿夹层敷设，夹层电缆支架一般采用地坪敷设的方式，支架层数一般为 7 层，支架间距 1.6m。变电所所内桥架安装采用（宽＋高）500mm 以下的钢制梯式桥架（300mm×60mm）安装定额。

（7）35kV 开关柜、直流开关柜、钢轨电位限制装置、整流柜、交直流屏柜体宽度为 800mm，基础槽钢深度一般为 100～150mm，基础安装过程中均选择（宽＋深）1200mm； 配电变压器与整流变压器柜体较大，基础槽钢深度也较大，基础安装过程中选择变压器对应功率的安装定额。

（8）支架、中间头、终端头制作安装、电缆敷设等工程数量应考虑定额损耗量。

（9）电缆支架敷设采用城轨定额，高架区间和地下区间电缆支架均采用侧壁敷设的方式，支架层数一般为 4 层，支架间距为 0.8m。

（10）定额选用：主变电所变电工程安装一般采用《电力建设工程概算定额》（2018 年版），进线工程安装采用《电力建设工程预算定额 第四册 输电线路工程》（2018 年版）； 变电所、环网电缆、电力监控、杂散电流防护一般采用城轨定额。

（11）供电系统安装工程与定额对应关系如表 7.2-25 所示。

供电系统定额对应关系表　　　　　　　　　　　　　　表 7. 2-25

序号	工程名称	对应定额
1	设备基础预埋	WG8-872～876（屏柜、变压器基础槽钢预埋安装）
2	设备运输	WG8-868～871（屏柜、变压器等设备运输）
3	设备安装	WG8-001～021（屏柜、变压器、钢轨电位限制装置、交直流屏等设备安装）
4	电缆桥、支架安装	WG8-483～491（电缆桥、支架安装）
5	电缆敷设	WG8-509～512（电力电缆敷设）
		WG8-529～533（控制电缆敷设）
		WG8-529～533（信号电缆敷设）

注：WG 表示《武汉城轨定额》（2019）。

2. 编制重点

（1）主变电所

1）变电工程

主变电所概预算编制时，应重点确定主变压器、110kV GIS 组合电器、35kV 开关柜、无功补偿装置的数量和单价，地下主变电所变电工程指标（不含主变房屋、110kV 进线工程及 110kV 间隔）约 5700 万元/座，地上主变电所变电工程指标（不含主变房屋、110kV 进线工程及 110kV 间隔）约 3200 万元/座，重点设备占地下主变电所主材设备费的 81.74%，占地上主变电所主材设备费的 73.88%。主变电所重点设备的参考数量及单价如表 7.2-26、表 7.2-27 所示。

2）110kV 进线工程

110kV 进线工程中，不同形式的电缆通道指标差异较大，如截面尺寸为 1.4m×1.7m

的钢筋混凝土电缆管沟约 1069 万元/km，截面孔数 6 孔的排管/埋管约 368 万元/km，截面孔数 6 孔的顶管约 409 万元/km。进线工程电缆通道一般根据现场施工条件采用多种形式组合，其综合指标约 600 万元/km。每千米使用的 110kV 电力电缆约 3300m，约 200 万元/km，因此 110kV 进线工程的指标约 800 万元/km。

1 座地下主变电所重点设备参考数量及单价表　　表 7.2-26

序号	项目名称及规格	单位	数量	单价（元）	总价（元）	费用占比
1	主变压器	台	2	14000000	28000000	56.54%
2	110kV GIS 组合电器	套	2	1300000	2600000	5.25%
3	35kV 开关柜	面	28	260000	7280000	14.70%
4	无功补偿装置（SVG 或电抗器）	台	2	1300000	2600000	5.25%

注：35kV 开关柜柜体类型较多，表中所列 35kV 开关柜为各柜型的综合单价。

1 座地上主变电所重点设备参考数量及单价表　　表 7.2-27

序号	项目名称及规格	单位	数量	单价（元）	总价（元）	费用占比
1	主变压器	台	2	3000000	6000000	24.68%
2	110kV GIS 组合电器	套	2	1300000	2600000	10.70%
3	35kV 开关柜	面	26	260000	6760000	27.81%
4	无功补偿装置（SVG 或电抗器）	台	2	1300000	2600000	10.70%

注：35kV 开关柜柜体类型较多，表中所列 35kV 开关柜为各柜型的综合单价。

（2）变电所

1）混合所

混合所概预算编制时，应重点关注投资占比较大的 35kV GIS 开关柜、1500V 直流开关柜、0.4kV 开关柜、1500V 直流电缆等设备主材的数量和单价，正线混合所指标约为 1600 万元/座，车辆段混合所指标约为 2400 万元/座，停车场混合所指标约为 2000 万元/座。以 1 座正线混合所为例，重点设备及主材占混合所设备主材费的 86.44%，其参考数量及单价如表 7.2-28 所示。

1 座正线混合所重点设备与主材参考数量及单价表　　表 7.2-28

序号	项目名称及规格	单位	数量	单价（元）	总价（元）	费用占比
1	35kV GIS 开关柜 1250A	面	10	260000	2600000	21.29%
2	1500V 直流开关柜—馈线柜	面	5	280000	1400000	18.75%
	1500V 直流开关柜—进线柜	面	2	240000	480000	
	1500V 直流开关柜—负极柜	面	1	260000	260000	
	直流开关柜备用小车—4000A	台	1	150000	150000	
3	0.4kV 开关柜 1250 kVA	面	24	95000	2280000	18.67%
4	1500V 直流电缆 1×400mm²	m	4302	294.42	1266771	10.37%
5	整流变压器 3300kVA	台	2	520000	1040000	8.52%
6	配电变压器 2000kVA	台	2	300000	600000	3.93%
7	整流器柜 3000kW	面	2	240000	480000	4.91%

注：混合所中 35kV GIS 开关柜与 0.4kV 开关柜柜体类型较多，表中所列 35kV GIS 开关柜与 0.4kV 开关柜均为各柜型的综合单价。

2）降压所

降压所概预算编制时，应重点关注投资占比较大的 35kV GIS 开关柜、0.4kV 开关柜、配电变压器等设备主材的数量和单价，降压所指标约为 730 万元/座，重点设备及主材占降压所设备主材费的 90.60％，其参考数量及单价如表 7.2-29 所示。

1 座降压所重点设备主材参考数量及单价表　　　　表 7.2-29

序号	项目名称及规格	单位	数量	单价（元）	合价（元）	费用占比
1	35kV GIS 开关柜 1250A	面	8	260000	2080000	35.12％
2	0.4kV 开关柜 1250 kVA	面	22	95000	2090000	35.29％
3	配电变压器 2000kVA	台	2	300000	600000	10.13％
4	交直流屏（100Ah）	面	2	150000	300000	5.94％
5	钢轨电位限制装置 1250A	面	1	200000	200000	3.38％
6	AC35kV $1\times95mm^2$ 电力电缆	m	300	145.56	43668	0.74％

3）跟随所

跟随所概预算编制时，应重点关注投资占比较大的 35kV GIS 开关柜、0.4kV 开关柜、配电变压器等设备主材的数量和单价，跟随所指标约为 380 万元/座，重点设备及主材占跟随所设备主材费的 97.01％，其参考数量及单价如表 7.2-30 所示。

1 座跟随所重点设备主材参考数量及单价表　　　　表 7.2-30

序号	项目名称及规格	单位	数量	单价（元）	合价（元）	费用占比
1	35kV GIS 开关柜 1250A	面	4	260000	1040000	30.03％
2	0.4kV 开关柜 1250 kVA	面	18	95000	1710000	49.37％
3	配电变压器 800kVA	台	2	170000	340000	9.82％
4	交流 35kV $1\times95mm^2$ 电力电缆	m	1818.00	145.56	264628	7.80％

（3）环网电缆

环网电缆概预算编制时，应重点关注投资占比较大的 35kV 环网电缆、电缆支架等主材的数量和单价，环网电缆指标约 50 万元/条公里，重点主材占环网电缆主材费的 94.71％，其参考数量及单价如表 7.2-31 所示。

环网电缆工程重点主材参考数量及单价表　　　　表 7.2-31

序号	项目名称及规格	单位	数量	单价（元）	合价（元）	费用占比
1	35kV 环网电缆（$1\times300mm^2$）	m	25000	281.26	7031500	77.49％
2	电缆支架（$4\times500mm$）	套	125000	125.30	7591968	17.25％

（4）电力监控系统

电力监控系统概预算编制时，应重点关注投资占比较大的控制信号盘、复示系统、模拟屏等设备的数量和单价，电力监控系统指标约 55 万元/正线公里，重点设备及主材占系统设备主材费的 90.36％，其参考数量及单价如表 7.2-32 所示。

（5）杂散电流防护

杂散电流防护概预算编制时，应重点关注投资占比较大的排流柜连接电缆、均流电缆、排流柜、杂散电流监测装置、传感器等设备主材的数量和单价，正线杂散电流防护指标约 50 万元/正线公里，车辆基地指标约为 350 万元/处，上述核心设备及主材占系统设备主材费的 75.33%，其参考数量及单价如表 7.2-33 所示。

电力监控系统重点设备参考数量及单价表　　　表 7.2-32

序号	项目名称及规格	单位	数量	单价（元）	合价（元）	费用占比
1	控制信号盘	个	22	210000	4620000	16.76%
2	模拟屏	套	22	150000	3300000	11.97%
3	网络通信设备	套	22	50000	1100000	3.99%
4	服务器	套	2	320000	640000	2.32%
5	控制中心电力调度系统软件	套	1	570000	570000	4.63%
6	机房 UPS	套	1	300000	300000	2.44%
7	磁盘阵列	套	1	280000	280000	2.27%

正线杂散电流系统重点设备主材参考数量及单价表　　　表 7.2-33

序号	项目名称及规格	单位	数量	单价（元）	合价（元）	费用占比
1	排流柜连接电缆（1×150mm²）	m	18000	157.21	2829780	30.21%
2	均流电缆（1×150mm²）	m	12000	157.21	1886520	20.14%
3	排流柜	面	13	100000	1300000	13.88%
4	杂散电流监测装置	台	13	80000	1040000	11.10%

（6）供电车间

供电车间系统概预算编制时，应重点关注投资占比较大的变电设备巡检车、电气试验车、电缆故障测试设备等设备的数量和单价，供电车间指标约为 1300 万元/座。

3. 注意事项

（1）主变电所

1）220kV 电压等级

若主变电所电压等级为 220kV，主变电所的主变压器、GIS 组合电器也要采用电压等级为 220kV 的设备，进线电缆同样需采用电压等级为 220kV 的电力电缆。以 220kV 地上主变电所为例，变电工程指标约 3460 万元/座，220kV 进线工程的指标约 820 万元/km（其中进线电缆指标约 220 万元/km）。

2）110kV 间隔

从城市电网变电站引出 110kV 电源，需对城市电网变电站扩建 110kV 间隔，配置的核心设备为 110kV GIS 组合电器，技术经济指标约 300 万元/处。

3）主变电所至正线电缆通道

主变电所至正线电缆通道采用的形式和进线工程相似，由于截面尺寸有所差别，指标也有所差别，如截面孔数为 21 孔的排管/埋管约 683 万元/km，截面孔数为 40 孔的顶管约 1529 万元/km。

（2）新功能模块

1）能源管理系统

为加强节能管理、提高能源利用效率、降低运营成本，一般在车站范围内设置能源管理系统，由智能表计和能管监控设备两部分组成。

能源管理系统上层依托综合监控系统平台实现。在低压柜内设置智能表计、通信网络及通信接口（智能通信模块），将信息上传至综合监控系统，由综合监控系统负责集成并完成实时动态监测管理，接口位置在低压开关通信机柜内，一般每座车站设置 1 套。能源管理系统设备及安装费一般按照 30 万元/套估算。

2）电能质量管理系统

为对电能质量数据准确、高效、实时地获取，减少电能质量异常对供电系统产生的负面影响，进而通过分析数据提出优化电能质量的举措，地铁大部分均采用单独电能质量管理系统，对故障录波、低压网络、地铁电流系统、网络等电能质量信息进行收集与分析。统一管理车站内非电量设施，如电量消耗较大的冷水机、空调等，发挥管理系统优势，提高电能的使用效率。电能质量管理系统指标约 30 万元/正线公里。

3）供电运行安全生产管理系统

轨道交通供电运行安全生产管理系统从全线考虑，整体性解决轨道交通供电运行管理中的作业安全监管及作业流程信息化方面的问题。通过该系统可有效提升运营单位对作业人员及设备安全的保障能力，同时缩短作业时间，提高工作质量和效率，其指标约 70 万元/正线公里。

4）变电所智能巡检系统

变电所的主要设备有母线、变压器、断路器、隔离开关、互感器、电容器等一次设备，监控这些设备的运行状态需要对变电所进行定期的检查和维护。常规的人工巡检很难对变电所中电力设备实时运行状态自动采集，巡检人员到现场逐一进行抄表记录，然后进行统计分析，其抄表实时性、可靠性、准确性、工作效率等方面均很难满足智能变电所的在线监控需求。

基于可见光摄像机、远程红外热成像、模式识别和三维电子地图导航等技术的智能机器人巡检系统，在识别器和电子标签间进行非接触式的双向数据信息实时采集传输，以实现对开关设备监测对象的识别和数据信息交换。

变电所智能巡检系统主要包括中央级的设备软件以及变电所内配置的智能巡检机器人、智能摄像机以及系统软件等内容，指标约为 110 万元/正线公里。

5）变电所设备健康管理系统

变电所设备健康状态管理系统是在智能巡检系统的基础上实现对变电所所有设备健康状态管理的系统。该系统将基本巡检数据、历史巡检结果、异常报警记录等信息存储于服务器的数据库中，实现统一的管理。

完整的变电所设备健康状态管理系统包含无线传感网络子系统、服务器子系统以及两者间的通信链路三个部分，指标约为 100 万元/正线公里。

6）弓网综合智能检测监测系统

弓网综合智能检测监测系统主要通过系统和设备的智能化，实现对城轨牵引供电系统的智能监测与检测。主要功能包括对接触网悬挂参数和弓网运行参数的检测，对接触网悬挂、腕臂结构、附属线索以及零部件的检测，对接触网参数的实时检测监测，对受电弓滑板状态以及接触网特殊断面和地点的实时监测，对接触网的运行参数和供电设备参数的实时在线检测等。一般按照 35 万元/正线公里估算。

（3）其他

1）有源滤波装置

部分城市变电所设置有源滤波装置，每所设置 2 台。有源滤波装置价格受额定电流影响，额定电流为 180A 时，约为 11 万元/台；额定电流为 300A 时，约为 18 万元/台。

2）接地扁钢、接地扁铜

接地扁钢、接地扁铜规格型号均为 50mm×5mm；接地扁钢为 5458 元/t、接地扁铜为 58730 元/t；单位为 m 时，接地扁钢换算系数为 0.002，接地扁铜换算系数为 0.0022，换算后接地扁钢为 10.9 元/m，接地扁铜为 129.2 元/m。

3）排流网测防端子

排流网测防端子预埋费用计入轨道当中，连接电缆费用列入杂散电流防护当中。测防端子主要分为铜端子和扁钢端子两种，例如深圳采用铜端子，武汉采用扁钢端子。

第8章 牵引网

牵引网是轨道交通供电系统中向列车供电的直接环节，包括接触网、钢轨回路、上网电缆和回流电缆。接触网是沿轨道敷设的输电网，通过列车的受流装置和接触网的滑动接触，驱动列车运行；钢轨回路是指列车走行轨作为"回流轨"，并具备畅通导电的功能；上网电缆是连接牵引变电所直流开关柜和接触线的电缆；回流电缆是连接回流轨和牵引变电所负极柜的导线。

接触网按安装位置和接触导线的不同，分为架空接触网和接触轨。

8.1 架空接触网

架空接触网按接触悬挂方式的不同分为架空刚性接触网和架空柔性接触网，架空刚性接触网一般用于地下线，主要由接触悬挂、支持和定位装置组成，其中接触悬挂包括汇流排、接触线、伸缩部件和中心锚结；架空柔性接触网一般用于地面和高架线，主要由接触悬挂、支持和定位装置、支柱与基础等组成，其中接触悬挂包括承力索、接触线、补偿装置、吊弦等。架空接触网系统组成如图 8.1-1 所示。

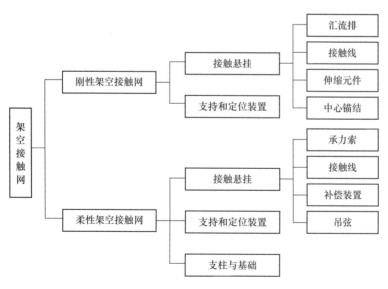

图 8.1-1　架空接触网系统组成图

8.1.1　设计理念

下述设计原则及参数中，涉及"接触网"而未单独阐明具体类型时，代表架空接触网和接触轨均适用；涉及"架空接触网""接触线"而未单独阐明具体类型时，代表架空刚性接触网和架空柔性接触网均适用。

1. 设计原则

（1）接触网应满足限界要求，车辆基地内架空接触网应设置限界门。

（2）接触网的电分段应设在下列位置：车站牵引变电所，设在列车进站端；区间牵引变电所，设在变电所直流电缆出口处；配线与正线的衔接处；车辆基地各电化库入口处。

（3）牵引变电所直流快速断路器至接触网间应设置电动隔离开关。

（4）停车列检库、静调库、试车线的接触网，宜由牵引变电所直接馈电。每条库线的接触网应设置带接地刀间的手动隔离开关。

（5）架空接触网应采用铜或铜合金接触线。

（6）固定支持架空接触网的非带电金属体，应与接触网架空地线相连接。接触网架空地线应接至牵引变电所接地装置。

（7）架空刚性接触网可采用"∏"形或"T"形铝合金汇流排。

（8）架空刚性接触网的悬挂点间距，应满足汇流排的弛度要求。

（9）架空刚性接触网一个锚段范围内的布置宜呈正弦波形态，锚段中部定位点拉出值宜为零。

（10）在架空柔性接触网与架空刚性接触网的衔接处，应设置刚柔过渡设施。

（11）架空柔性接触网在车站、区间、车辆基地出入线及试车线处，宜采用全补偿简单链型悬挂；在车辆基地内其他线路处，宜采用补偿简单悬挂。

（12）架空柔性接触网的支柱跨距，应根据悬挂类型、曲线半径、导线最大受风偏移值和运营条件确定。

（13）在直线区段沿受电弓中心两侧，架空柔性接触网接触线应呈"之"字形布置；在曲线区段，架空柔性接触网应根据曲线半径、超高值、风偏量、接触悬挂跨距等选取拉出值，拉出值方向宜向曲线外布置。

（14）上网电缆、回流电缆的根数及截面，应根据大双边供电等方式下的远期负荷计算确定，每个回路电缆根数不得少于两根。

2. 设计参数

（1）正线地上线路接触线距轨面高度宜为4600mm，车辆基地地上线路接触线距轨面高度宜为5000mm；隧道内接触线距轨面的高度不应小于4040mm。

（2）均流电缆和回流电缆与钢轨连接点处采用150mm² 截面的DC 1500V铜电缆。

（3）地上区段架空接触网应设置避雷器，其间距不应大于300m。

（4）地上区段架空接触网的架空地线，应每隔200m设置火花间隙；在满足条件时，接触网架空地线也可兼作避雷线。

（5）避雷器与火花间隙的冲击接地电阻不应大于10Ω。

8.1.2 功能模块

1. 架空刚性接触网

架空刚性接触网是通过支持与定位装置，将接触悬挂固定在隧道顶部或侧壁上的架空接触网，一般采用具有相应刚度的汇流排与接触线，在受电弓的作用下基本不变形。架空刚性接触网具有结构简单、施工方便、安全可靠、受流效果良好、便于维护的特点，有利于降低隧道净空高度，节约成本，如图 8.1-2 所示。

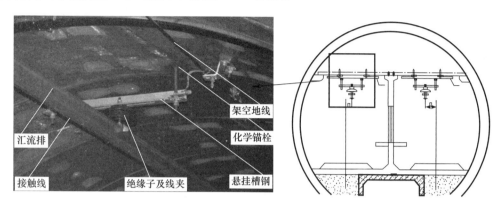

图 8.1-2　架空刚性接触网示意图

（1）接触悬挂

刚性接触悬挂主要由汇流排、接触线、伸缩部件、中心锚结等组成。

1）汇流排

汇流排是地下区段架空刚性接触网的关键部件，既是接触线的悬挂支持体，也是接触网的主要载流导体，一般为铝合金材质，根据截面的不同分为 "T" 形和 "Π" 形两种，目前常用的汇流排形式为 "Π" 形，如图 8.1-3 所示。

"Π" 形汇流排包括标准型汇流排、汇流排终端、刚柔过渡元件，标准型汇流排一般为 10m 或 12m 长，汇流排终端用于锚段关节、线岔及刚柔过渡处，保证平滑顺畅过渡，其长度一般为 7.5m。

两根汇流排接头处一般采用接头连接板和螺栓进行连接，既要保证汇流排机械上良好对接，又要确保导电性能良好。

汇流排定位线夹用于固定汇流排，位于支持绝缘子下端，如图 8.1-4 所示。

图 8.1-3　Π 形汇流排

图 8.1-4　汇流排线夹

2）接触线

接触线也称电车线，利用列车上方的受电弓和接触线之间的滑动接触，将牵引变电所的输出电能在列车的运动轨迹上不间断地提供给列车，保证列车的持续牵引动力，接触线一般为两侧带沟槽的圆柱状，沟槽是为了便于安装线夹并悬吊固定接触线而又不影响受电弓滑板的滑行取流。接触线下表面与受电弓滑板接触的部分呈圆弧状，称为接触线工作面。

接触线正常工作时需要承受冲击、振动、温差变化、环境腐蚀、磨耗、电火花烧蚀和极大的工作张力，其性能直接影响到列车的安全运行。

架空接触网采用的接触线主要有铜接触线和铜合金接触线两种。铜接触线的优点是导电性能优良、耐腐蚀性能好，缺点是机械强度偏低、耐高温性能较差。当接触网发生短路时，接触线温度在短时间内骤然升高，导致铜接触线的机械强度大幅度降低，导线磨耗剧增，缩短使用寿命。

3）伸缩元件

伸缩元件（又称"膨胀元件"）用于补偿汇流排与接触线因热胀系数不同而产生的热膨胀误差，能够在一定范围内自由伸缩，又能保证电气上的良好接触和导电需求。一般一个锚段安装一个伸缩元件，半个锚段汇流排与接触线的热胀差值约为 70mm。

4）中心锚结

中心锚结由中心锚结线夹、绝缘线索、螺栓、固定底座等组成，用于防止接触悬挂窜动，如图 8.1-5 所示。

图 8.1-5　中心锚结示意图

（2）支持及定位装置

架空刚性接触网支持及定位装置主要有腕臂结构和门形结构两种形式，目前常用的形式为门形结构。

1）腕臂结构

腕臂结构主要由可调节式绝缘腕臂、汇流排线夹、腕臂底座、倒立柱等组成，具有调节灵活、外形美观的优点，但其结构复杂且成本较高，一般用于隧道净空较高或地面的线路。

2）门形结构

门形结构由悬吊螺栓、悬挂槽钢、绝缘子、汇流排线夹等组成，结构简单、可靠，但调节较为困难。门形结构普遍用于隧道内。

（3）锚段与锚段关节

锚段是将接触网分成若干一定长度且相互独立的分段，以满足供电和机械受力的需要。当发生断线或者支柱折断等事故时，能够将事故影响限制在一个锚段内，不影响其他锚段。

两个相邻锚段的衔接区间称为锚段关节，列车通过锚段关节时，受电弓应能平滑、安全地通过，且保证接触良好，取流正常。锚段关节按用途可分为非绝缘锚段关节和绝缘段锚段关节两种。

（4）线岔

在线路道岔的位置，需设置线岔（又称"架空转辙器"），以保证受电弓安全平滑地过渡到另一条接触线，达到转换线路的目的。

（5）电连接

架空刚性接触网不同带电设备之间相互连通的、提供电流通路的设备称为电连接，根据安装位置的不同分为锚段关节电连接、线岔电连接。

（6）架空地线

架空地线是与架空接触网接触悬挂平行架设的一条设备保护线，属于网上接地保护装置。当网上的绝缘件老化，发生闪络或击穿时，短路电流经架空地线流回牵引变电所，从而保护接触网设备的安全运行。

（7）刚柔过渡

架空刚性接触网出隧道时需与地面的架空柔性接触网衔接，需采用刚柔过渡措施，以保证受电弓平滑通过。刚柔过渡措施主要有关节式和贯通式两种。

关节式刚柔过渡处，刚性悬挂接触线比柔性悬挂接触线高 20～30mm，锚段关节采用刚性悬挂，一般适用于较低速度（80km/h）的线路，如图 8.1-6 所示。

贯通式刚柔过渡处，两支接触线应等高，在刚柔过渡交界处汇流排对接触线不应产生下压或者上抬力，一般用于时速 100km/h 以上的线路。

图 8.1-6　关节式刚柔过渡

2. 架空柔性接触网

架空柔性接触网是由柔性线索构成接触悬挂的接触网，一般用于城市轨道交通线路的高架区段和车辆基地，其布置形式如图 8.1-7 所示。

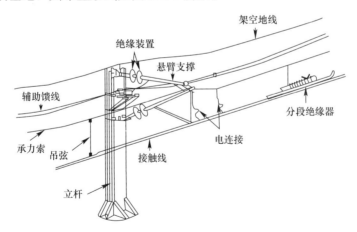

图 8.1-7　架空柔性接触网布置形式示意图

（1）接触悬挂

柔性接触悬挂包括接触线、承力索、吊弦、补偿装置及连接零件等，通过支持装置架设在支柱上，其作用是将从牵引变电所获得的电能输送给地铁列车。地铁列车运行时，受电弓顶部的滑板紧贴接触线摩擦取流。柔性接触悬挂根据结构不同分为简单悬挂、弹性简单悬挂、简单链型悬挂、弹性链型悬挂四种。

1）简单悬挂

简单悬挂是由一根或几根相互平行的，直接固定到支持装置上的接触线所组成的悬挂，其特点是无承力索，结构简单，施工及检修方便，且建设成本较低，但接触线的张力和弛度随温度变化较大，在悬挂点受力集中，弹性不均匀，不利于列车高速运行时取流。简单悬挂一般用于低速线路。

2）弹性简单悬挂

弹性简单悬挂的接触线通过弹性吊弦固定于悬挂点上，并加设补偿装置，用以调整接触线的弛度和张力，改善了简单悬挂的弹性不均匀程度，一般用于车辆基地，如图 8.1-8 所示。

图 8.1-8　弹性简单悬挂示意图

3）简单链型悬挂

简单链型悬挂接触线通过吊弦悬挂于承力索上，承力索悬挂在支持装置的腕臂上，使接触线在不增加支柱的情况下增加了悬挂点，减小了接触线在跨中的弛度，改善了接触线弹性，提高了稳定性，可满足高速运行时的取流要求，主要应用于地面和高架线路上，如图 8.1-9所示。

图 8.1-9　简单链型悬挂示意图

根据线索的锚定方式，简单链型悬挂分为未补偿简单链型悬挂、半补偿简单链型悬挂和全补偿简单链型悬挂。①未补偿简单链型悬挂：承力索和接触线两端无补偿装置，一般不采用；②半补偿简单链型悬挂：接触线两端设补偿装置，承力索两端不设补偿装置，一般用于车速不高的车站侧线和支线上；③全补偿简单链型悬挂：接触线和承力索两端均设置补偿装置。承力索和接触线在温度变化时发生热胀冷缩，但由于补偿装置的作用，其张力基本不发生变化，接触悬挂技术状态稳定，弹性均匀，有利于列车高速运行时的取流。

4）弹性链型悬挂

弹性链型悬挂接触线通过吊弦悬挂于承力索上，并在支柱定位点处增设一根弹性吊弦，以增加支柱处接触线固定点的弹性，使其弹性均匀，有利于列车受电弓取流。

根据线索的锚定方式，弹性链型悬挂分为半补偿弹性链型悬挂和全补偿弹性链型悬挂，全补偿弹性链型悬挂一般用于区间、车站、出入段线及试车线处。

（2）接触悬挂线索

柔性接触悬挂线索包括接触线、承力索、辅助馈线、架空地线等，其中接触线及架空地线介绍见本节中"架空刚性接触网"。

1）承力索

承力索通过吊弦将接触线悬挂起来，能够承受较大的张力，具有抗腐蚀能力，并且在温度变化时弛度变化很小。同时承力索还可承载一定电流来减小接触网阻抗，降低电压损耗和能耗。

2）辅助馈线

在架空柔性接触网区段里，当接触线和承力索的总截面积不能满足输电要求时，为了加大导电总截面积而架设的一组平行输电导线，即为辅助馈线。其作用是增加接触网悬挂的载流量，在地铁中通常每隔 60～100m 与承力索、接触线相连一次。

（3）支持及定位装置

支持装置包括腕臂、拉杆、绝缘子等，将悬挂负荷传给支柱或其他建筑物。

定位装置包括定位器、定位管、支持器等，用于固定接触线的位置，在受电弓滑板运行轨迹范围内，保证接触线与受电弓不脱离，使接触线磨耗均匀，同时将接触线的水平负荷传给支柱。

（4）支柱和支柱基础

支柱和支柱基础承受接触悬挂、支持装置和定位装置的全部负荷，并将接触悬挂固定在规定的位置和高度上。

（5）补偿装置

接触网补偿装置又称自动补偿器，安装在锚段两端，并且串接在接触线承力索内，用于补偿接触线及承力索的张力变化，使张力保持恒定。接触网补偿装置分为滑轮式、棘轮式、鼓轮式、液压式、弹簧式等不同形式，常用形式为带断线制动功能的棘轮补偿装置。

（6）中心锚结

在柔性接触悬挂的中部，将接触线和承力索在支柱上进行可靠固定，称为中心锚结。在两端装设补偿装置的锚段中必须加设中心锚结。每个锚段中心锚结安设位置应根据线路情况、承力索及接触线的张力增量计算确定，一般布置靠近锚段中部。

架空柔性接触网的锚段关节、线岔、电连接等与架空刚性接触网类似。

8.2 接触轨

接触轨是敷设在走行轨一侧，通过受流器（又称集电靴）为列车输送电能的导电轨系统，接触轨系统由接触轨、绝缘支架（或绝缘子）、防护罩、隔离开关、电缆等组成，如图 8.2-1 所示。

8.2.1 设计理念

1. 设计原则

（1）接触轨应采用钢铝复合材料等低电阻率产品。

（2）接触轨的安装位置及安装误差应根据车辆受流器与接触轨在相对运动中能可靠接触确定。

（3）接触轨断轨处应设端部弯头。

（4）接触轨应设防护罩，其电气性能与物理性能应满足技术要求。

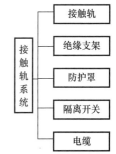

图 8.2-1 接触轨系统组成图

（5）接触轨总截面满足牵引网最大持续载流的需要。正常运行时，接触轨采用双边供电方式。当一座牵引变电所解列时，由相邻的牵引变电所越区供电。

（6）兼作回流的走行轨应在正线与车辆基地的衔接处及电气化库入口处设置绝缘结。

（7）接触轨的支架间距应根据支架结构形式、道床形式、轨枕间距、短路电动力确定。

2. 设计参数

（1）牵引供电制式采用 DC 1500V 接触轨供电、走行轨回流方式。牵引供电系统电压的允许波动范围为 DC 1000V～DC 1800V。

（2）正线接触轨支架固定在道床上，支架间距不大于 5m；车辆段及停车场场区内接触轨支架固定在混凝土轨枕上，支架间距为 7 个轨枕间距。

（3）接触轨标准长度为 15m，接触轨允许最高工作温度为 85℃。

（4）为满足接触轨的热胀冷缩，在适当位置设置接触轨膨胀接头，膨胀接头允许伸缩缝为 200mm。

（5）一般正线及试车线采用高速弯头（长 5.2m），车辆段及停车场（除试车线）采用低速弯头（长 3.4m）。

8.2.2 功能模块

1. 接触轨特点

正线接触轨一般布置在行车方向左侧，在道岔等个别地段布置在行车方向的右侧，如图 8.2-2 所示。与架空接触网相比，接触轨具有以下特点：

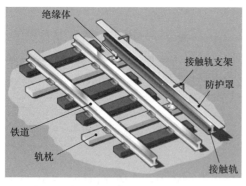

图 8.2-2 接触轨示意图

（1）接触轨构造简单，采用连接板连接，不需要现场焊接，安装方便；

（2）接触轨沿轨旁敷设，对隧道净空要求低；

（3）接触轨具有高导电性，单位电阻小，可降低牵引网电能损耗；

（4）复合材料制成的接触轨支架耐腐蚀，接触轨与受流器之间的接触面为不锈钢材质，耐锈蚀，其维护成本较低，使用周期长；

（5）接触轨沿轨旁敷设，不影响城市景观。

2. 接触轨分类

接触轨系统按授流方式不同分为上部授流、下部授流和侧部授流三种。

（1）上部授流

接触轨面朝上固定安装在绝缘支架上，受流器由上而下压向接触轨面受流。受流器的接触力受弹簧的压力调节，保证受流平稳，由于端部弯头的过渡作用，能够减少在断流区的电流冲击。上部受流方式的受流器在接触轨面滑动，固定较为方便，但不易加装防护罩，如图 8.2-3 所示。

（2）下部授流

接触轨面朝下安装，通过绝缘肩架、支架等安装在底座上，防护罩从上部通过橡胶垫直接固定在接触轨周围，安全性较好，但其安装结构复杂，费用较高，如图 8.2-4 所示。

图 8.2-3　上部授流接触轨

图 8.2-4　下部授流接触轨

（3）侧部授流

接触轨面朝向走行轨，受流器安装在转向架下部，从侧面受流，如图 8.2-5 所示。

3. 接触轨主要结构

接触轨主要结构包括接触轨轨条以及端部弯头、中间接头、防爬器等附件，是实现送电功能的主要部件。

（1）接触轨轨条

接触轨轨条一般采用钢铝复合接触轨，制

图 8.2-5　侧部授流接触轨

造长度一般为 15m，目前已得到广泛应用，与钢导电轨相比，主要具有以下优点：

1）电阻和阻抗小，在供电系统一定的情况下可以延长供电距离，减少变电所数量；

2）电阻率低（约为钢导电轨的 24%），导电性能高，工作电流范围广（300～6000A）；

3）耐磨性好，电损失小，抗腐蚀和抗氧化性能好；

4）重量轻，悬挂点间距可适当加大，一般为 4m，从而减少支架数量，减少维修工作量。

（2）端部弯头

端部弯头是安装在接触轨断口处，用于引导受流器可靠接触或平稳离开断轨处授流面的部件。端部弯头载流量与接触轨载流量相同，端部弯头向上翘起的几何形状能够保证列车在运行时受流器得电和失电转换的平滑过渡。端部弯头分为高速弯头和低速弯头。

（3）中间接头

中间接头（又称鱼尾板），安装在两根接触轨之间或接触轨与端部弯头之间，用于将接触轨与接触轨、接触轨与端部弯头连接起来，组成长轨并传导电流。中间接头与支持点的距离不小于 600mm。

（4）膨胀接头

膨胀接头用来消除接触轨随环境温度变化而引起的热胀冷缩，连接于两段接触轨之间，具有较好的抗振性能和防松性能，易于拆卸和维修。在隧道内接触轨自由伸缩段长度按 100m 左右考虑，地面及高架桥上按 80m 左右考虑。

（5）中心锚结

中心锚结（防爬器）用于限制接触轨自由伸缩段的膨胀伸缩量，在一般区段，在两个膨胀接头的中部设置一处中心锚结，安装在绝缘支架两侧；在高架桥的上坡起始端、坡顶、下坡终端等处安装中心锚结。

8.3 概预算

8.3.1 工程量计算规则

1. 计算规则

（1）接触网

1）架空刚性接触网铜绞线、电缆按设计图示以"m"为单位计算。

2）汇流排、接触线、架空地线按设计图示以"条·km"为单位计算。

3）刚性悬挂打孔安装按设计图示以"处"为单位计算。定额按每处 2 个孔编制。

4）架空柔性接触网铜绞线、电缆敷设按设计图示以"m"为单位计算。

5）接触线、馈线、架空地线敷设按设计图示以"条·km"为单位计算。

6）柔性悬挂打孔安装按设计图示以"处"为单位计算。定额按每处 4 个孔编制。

（2）接触轨

1）接触轨安装，按设计图示以"条·km"为单位计算。

2）接触轨中心锚结以"套"为单位计算，1 套 2 个连接板。

3）防护罩卡子安装，按设计图示以"100 个"为单位计算。

4）限界测量、冷滑试验、热滑试验、接触轨受电按设计图示以"条·km"为单位计算。

2. 工程数量

（1）接触网

1）对于非预留区段（土建未事先预留钢柱基础的区段），支柱开挖、基础浇筑与立杆数量相等。

2）门架软横跨悬挂安装的节点数一般为每股道一个节点，门型架每根支柱处一个节点，故每个门型架总节点数＝门型架跨股道数＋中间支柱个数＋2（2 代表门型架两根边柱）。

3）拉线基础的数量等于单拉线和双拉线数量之和。

4）正线冷、热滑试验的条公里数量与接触线、汇流排以及架空地线的条公里数应基本一致。

5）汇流排中间接头一般为 12m/套。

（2）接触轨

1）防护罩支撑卡一般按每米 3 个进行配置，坡度超过 20‰区段，适当加密。因此，防护罩支撑卡的个数约等于钢铝复合接触轨（15m）的根数×15×3。

2）绝缘支架、电连接板和膨胀接头的防护罩数量等于绝缘支架、电连接板和膨胀接头数量。

3）中间接头的数量 $N＝$ 接触轨数量 W -1，考虑备品备件时，中间接头（鱼尾板）数量一般大于接触轨数量。

4）中心锚结安装在绝缘支架两侧，一般每个锚段安装一套（两组）中心锚结，接触轨的设计锚段长度一般为75m。

5）膨胀接头一般设置在两个锚结的中部，隧道外75m设置一处，隧道内则更长，主要取决于环境情况、最大温差、接触轨线胀系数以及膨胀接头的补偿量。

8.3.2 核心设备

1. 架空接触网

架空接触网的核心设备主要包括隔离开关和分段绝缘器。

（1）架空接触网隔离开关

隔离开关是一种有明显可见绝缘间隙的开关设备，与绝缘设备配合实现电的连通与隔离，或作为供电设备投入与退出运行的联络开关，增加供电的灵活性和可靠性，以满足检修和变换供电方式的需求。在安装方式上，以建筑物或支柱为底托进行固定。其主要部件由开关本体、底座支架、联动操作杆、操作机构（电动、手动）、电连接线夹、接线端子、电缆及锚栓等组成。隔离开关示意图如图 8.3-1 所示，参考价格如表 8.3-1 所示。

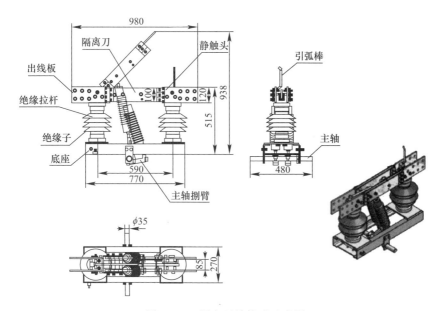

图 8.3-1 隔离开关构成示意图

隔离开关主要规格和价格表   表 8.3-1

项目名称	规格	单位	市场含税价（元）
电动隔离开关	3000A	台	35000
手动隔离开关	3000A	台	20000
带接地刀闸的手动隔离开关	3000A	台	22000

（2）分段绝缘器

分段绝缘器是架空接触网进行电分段时采用的一种绝缘设备，正常情况，受电弓带电滑行通过。当某一架空接触网分段发生故障或因施工停电时，打开分段绝缘器处的隔离开关，将该部分接触网断电，而其他供电部分仍能正常供电，从而提高架空接触网运行的可靠性和灵活性。分段绝缘器按绝缘材料分为玻璃钢型、高铝陶瓷型和硅橡胶型，主要部件由绝缘器本体、绝缘滑道、导流滑道、绝缘子、引弧棒、铜吊索、接头和连接线夹、花菇螺栓等组成，如图8.3-2所示，分段绝缘器参考价格如表8.3-2所示。

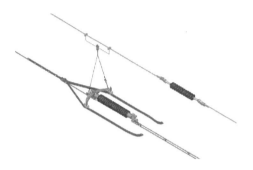

图 8.3-2　分段绝缘器

分段绝缘器主要类别及价格表　　　　　　　　　　　　　　表 8.3-2

项目名称	单位	市场含税价（元）
柔性简单悬挂单接触线分段绝缘器	台	40000
柔性链型悬挂单接触线分段绝缘器（单承单导）	台	43000
柔性链型悬挂双接触线分段绝缘器（双承双导）	台	50000
刚性悬挂单接触线分段绝缘器	台	48000

2. 接触轨

接触轨隔离开关柜与架空接触网隔离开关的功能一样，一般包括电动隔离开关柜、手动隔离开关柜，如图8.3-3所示，其规格及价格如表8.3-3所示。

图 8.3-3　隔离开关柜

隔离开关柜主要规格及价格表　　　　表 8.3-3

项目名称	规格	单位	市场含税价（元）
电动隔离开关柜	800mm×600mm×2200mm	台	80000
电动隔离开关柜	1200mm×600mm×2200mm	双台	140000
手动隔离开关柜（单极）	800mm×600mm×1800mm	台	40000
带接地刀闸的手动隔离开关柜（单极）	800mm×600mm×1800mm	台	42000

8.3.3　安装工程与主要材料

1. 架空接触网

（1）架空刚性接触网

架空刚性接触网安装工序流程如图 8.3-4 所示。

典型 6A 线路架空刚性接触网中，设备费占比 5％，主材费占比 51％，安装费（不含主材）占比 44％。架空刚性接触网主材包括汇流排、接触线、架空地线、直流电缆等。

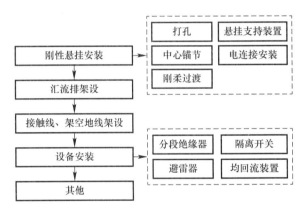

图 8.3-4　架空刚性接触网安装工序流程图

1）汇流排

汇流排是目前一般采用"Ⅱ"形汇流排，标称横截面积为 2213mm²，单位质量为 5.91kg/m，参考市场除税价为 208.80 元/m。

2）接触线

铜合金接触线产品有锡铜合金接触线和银铜合金接触线。锡铜合金接触线机械强度高，但导电率只有电解铜的 75％左右；而银铜合金接触线不仅具有与铜接触线相当的导电性能和耐腐蚀性能，而且在温度升高的情况下，其机械强度下降的幅度很小。针对地铁牵引供电系统低电压、大电流的特点，采用银铜合金接触线可大大提高架空接触网运行的安全性和可靠性。地铁中常用的接触线规格有截面面积为 150 mm² 和 120mm² 的两种银铜合金接触线。银铜合金接触线如图 8.3-5 所示，参考价格如表 8.3-4 所示。

3）直流电缆

城市轨道交通常采用 1500V 单芯、铜芯、乙丙橡胶绝缘（EPR）、低烟无卤、A 类阻燃、防水、耐紫外线、防鼠防白蚁聚烯烃材料护套直流牵引软电缆。接触网常使用截面为 150mm² 或 240mm² 的软电缆进行电连接。

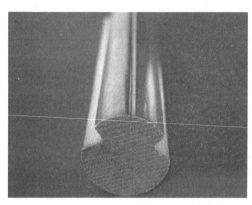

图 8.3-5 银铜合金接触线

接触线主要规格及价格表 表 8.3-4

项目名称	规格	单位	市场除税价（元）	备注
银铜合金接触线	CTAH150	m	113.49	标称横截面积：150mm² 单位质量：1.35kg/m
银铜合金接触线	CTAH120	m	90.79	标称横截面积：120mm² 单位质量：1.082kg/m

注：接触线的命名规则为：C 代表接触线（Contact Wire）英文首字母；TAH 代表材质，指高强度银铜合金，其中 T 为铜，A 为银，H 为高强度；末尾数字代表线材截面面积。

（2）架空柔性接触网

架空柔性接触网安装工序流程如图 8.3-6 所示。

典型 6A 线路架空柔性接触网中，设备费占比 22%，主材费占比 50%，安装费（不含主材）占比 28%。架空柔性接触网主材包括承力索、接触线、辅助馈线、架空地线、直流电缆、支柱及门型架等，其中，接触线、直流电缆介绍见本书第 8.1.2 节中"架空刚性接触网"。

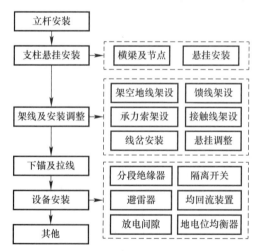

图 8.3-6 架空柔性接触网安装工序流程图

1）承力索、辅助馈线及架空地线

承力索一般采用导电性、耐腐蚀性能好的硬铜绞线；辅助馈线一般采用 150mm² 硬铜绞线；架空地线一般采用 120mm² 硬铜绞线。硬铜绞线如图 8.3-7 所示，价格如表 8.3-5 所示。

图 8.3-7　硬铜绞线

承力索、辅助馈线和架空地线主要规格及价格表　　　表 8.3-5

项目名称	规格		单位	市场除税价（元）	备注
	型号	参数			
铜镁合金绞线（青铜绞线）	JTMH50	单位质量 0.440kg/m	m	52.20	吊线、承力索
硬铜绞线	TJ150	DC1500V 单位质量 1.342kg/m 绞线根数 37×1	m	104.40	吊线、承力索
硬铜绞线	TJ120	DC1500V 单位质量 1.065kg/m 绞线根数 19×1	m	83.52	架空地线
软铜绞线	TJR150	截面面积 150.1mm² 单位质量 1.420kg/m	m	108.31	接地跳线、柔性悬挂的道岔及非绝缘锚段关节的电气连接、接地
软铜绞线	TJR120	截面面积 118.5mm² 单位质量 1.120kg/m	m	86.65	辅助馈线

2）支柱

架空柔性接触网的支柱安装在混凝土基础上，用于承受接触悬挂、支持和定位装置的全部负荷并将其传入大地，将接触悬挂固定在规定的位置和高度。支柱按装配类型分为中间柱、转换柱、道岔柱、定位柱、中心柱等；按材质分为预应力钢筋混凝土支柱和钢支柱两大类，预应力钢筋混凝土支柱主要分为矩形横腹板支柱和等径圆支柱，钢支柱主要分为格构式支柱、方形钢管支柱、环形钢管支柱和 H 形支柱。支柱类型组成如图 8.3-8 所示，不同类型

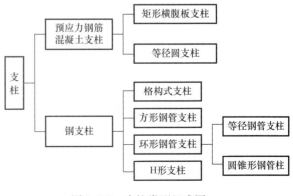

图 8.3-8　支柱类型组成图

163

支柱如图 8.3-9 所示。

(a)

(b)

(c)

(d)

(e)

(f)

图 8.3-9　支柱示意图

(a) 矩形横腹板支柱；(b) 等径圆支柱；(c) 矩形格构钢柱；

(d) 方形钢管支柱；(e) H 形钢柱；(f) 圆锥形钢管支柱

　　城市轨道交通架空柔性接触网一般使用圆锥形钢管柱，其型号参数如图 8.3-10 和图 8.3-11所示。

图 8.3-10　普通的圆锥形钢管柱型号参数示意图

图 8.3-11　带地线弯臂的圆锥形钢管柱型号参数示意图

3）门形架

门形架由支柱与横梁组成，一般架设在跨多股道的线路上，为接触悬挂提供定位悬挂点。门形架型号参数如图 8.3-12 所示，样式如图 8.3-13 所示。

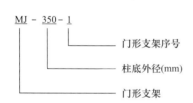

图 8.3-12　门形架型号参数示意图

图 8.3-13　门形架

钢支柱及门形架主要规格及价格如表 8.3-6 所示。

接触网钢柱及门形架主要规格及价格表　　　　　　　表 8.3-6

项目名称	规格	单位	市场除税价（元）	备注
普通的圆锥形钢管柱	R100/7	根	6947.82	—
	R130/7	根	8000.52	—
	R100/7.5	根	7284.68	—
	R130/7.5	根	8421.60	—
	R150/7	根	9053.22	—
带地线弯臂的圆锥形钢管柱	R100/5.6-W	根	5642.47	—
	R100/7-W	根	7358.37	—
	R100/7.5-W	根	7705.76	—

续表

项目名称	规格	单位	市场除税价（元）	备注
门形支架	MJ-350-1	组	23106.77	$L=10$m
	MJ-350-2	组	28265.00	$L=10$m
	MJ-350-3	组	29686.14	$L=10$m
	MJ-350-4	组	23833.13	$L=10$m
	MJ-350-5	组	29054.52	$L=10$m
	MJ-350-6	组	30486.19	$L=10$m
连续门形支架	LXMJ-350-H-L1/L2	组	43265.97	两跨连续门形支架 $L=10$m
	LXMJ-350-H-L1/L2/L3	组	61288.19	三跨连续门形支架 $L=10$m
	LXMJ-350-H-L1/L2/L3/L4	组	79331.47	四跨连续门形支架 $L=10$m

注：L 为横梁每跨的长度。

2. 接触轨

接触轨安装工序流程如图 8.3-14 所示。

典型 6A 线路接触轨系统中，设备费占比 5%，主材费占比 85%，安装费（不含主材）占比 10%。接触轨系统主材包括接触轨条、中间接头、膨胀接头、端部弯头、电缆连接板、绝缘支架及底座、防护罩及支撑卡等。

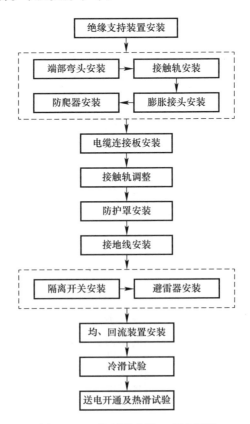

图 8.3-14 接触轨安装工序流程图

（1）接触轨轨条

接触轨是与受流器直接接触，向列车输送电能的导电轨，标准轨长度一般为15m。接触轨为钢铝复合材料，主要以高导电率的铝合金为主，接触面为不锈钢带。接触轨零部件应具有耐腐蚀、耐疲劳、强度高等特性。接触轨之间通过中间接头连接，接触轨两端应各预留两个孔，以方便接触轨安装连接。接触轨如图8.3-15所示，其参考价格如表8.3-7所示。

 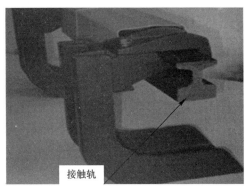

图8.3-15 接触轨轨条

接触轨主材主要规格及价格表　　　　　　　　　　　　　　表8.3-7

项目名称	规格	单位	市场除税价（元）	备注
钢铝复合接触轨	4000A	根	9082.80	$L=15\text{m}$
中间接头	4000A	套	306.94	每套包括两块鱼尾板及配套紧固件
膨胀接头	4000A	套	8807.18	未膨胀时为4m，膨胀时为4.2m
高速弯头	4000A	套	4823.28	$L=5.2\text{m}$
低速弯头	4000A	套	3215.52	$L=3.4\text{m}$
电缆连接板	4000A	套	586.73	板及配套紧固件包括配套紧固、连接件
中心锚结	4000A	组	188.96	每组含2套螺栓锁紧组件
绝缘支架		套	396.72	配套提供：尼龙套管、螺纹道钉及弹簧垫圈、钢垫板等
绝缘支架底座		套	331.74	不锈钢材质，与支架配套
接触轨防护罩		m	73.08	—
绝缘支架防护罩	550mm	套	93.96	—
高速弯头防护罩		套	386.28	—
低速弯头防护罩		套	250.56	—
电缆连接板防护罩	850mm	套	313.20	—
膨胀接头防护罩	1900mm	套	417.60	—
车场受流器防护罩		套	678.60	每套包括3m长防护罩及所用的支架
防护罩支撑件		个	12.53	安装标准：3个/m

（2）中间接头

中间接头采用与接触轨相同的铝合金材质，如图8.3-16所示。

（3）膨胀接头

膨胀接头的接触面须平整、光滑，膨胀间隙处应有圆倒角，在结构上应有利于受流器平滑过渡，以避免在运行中产生电弧而烧蚀膨胀接头。膨胀接头上部设置柔性旁路跨接线，跨接线的截面应保证膨胀接头具有不低于接触轨的载流量，以保证接触轨系统电气性能的连续性。膨胀接头处应采用专用的绝缘防护罩，以满足膨胀接头的使用要求，如图 8.3-17所示。

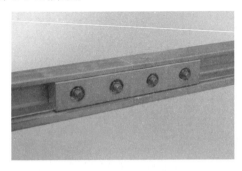

图 8.3-16　中间接头

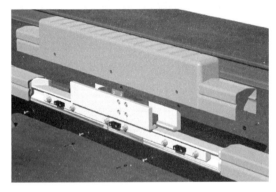
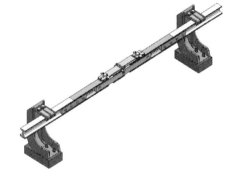

图 8.3-17　膨胀接头

（4）端部弯头

端部弯头分为高速端部弯头（正线）和低速端部弯头（车场线）两种。高速端部弯头长度一般为 5.2m，低速端部弯头长度一般为 3.4m，端部弯头同接触轨之间采用中间接头连接。端部弯头如图 8.3-18 所示。

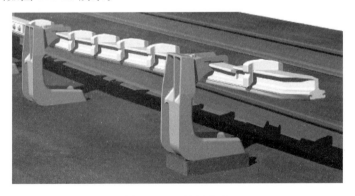

图 8.3-18　端部弯头

（5）电缆连接板

电缆连接板是电缆与接触轨连接的部件，用于接触轨电连接，一般设置在接触轨电分段处和接触轨上网点处。电缆连接板分为供电点连接板和接触轨连接板，供电点连接板用于馈出电缆与接触轨的过渡连接，接触轨连接板用来连接接触轨，其与中间接头的主要区别在于增加了电缆连接节点。

电缆连接板本体材质与接触轨相同，可以连接多根直流电缆，并具有铜铝过渡措施，保证与电缆连接时不发生电化学腐蚀。电缆连接板如图 8.3-19 所示。

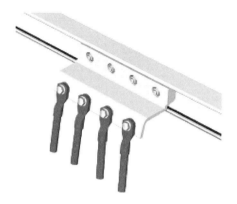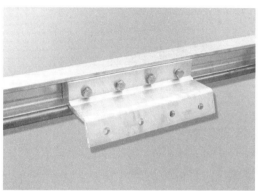

图 8.3-19　电缆连接板

（6）中心锚结

中心锚结又称防爬器，一般位于锚段的中部，安装在绝缘支架两侧，一般每个锚段安装一套（两组）中心锚结，如图 8.3-20 所示。

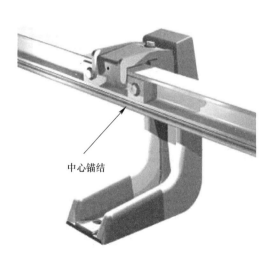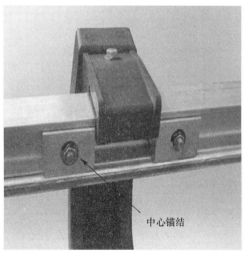

图 8.3-20　中心锚结

（7）绝缘支架及底座

绝缘支架及底座是支撑并固定接触轨，起绝缘和支撑作用的部件，能够承载系统中的静载和动载，使接触轨保持稳固、安全和可靠运行。除了端部弯头、膨胀接头处，正线绝缘支架及底座的安装间距一般不大于 5m，直接固定在道床上。绝缘支架的材质主要有玻璃钢和金属两种，其中玻璃钢材质较为普遍，如图 8.3-21 所示。

图 8.3-21　绝缘支架及底座

（8）防护罩及支撑卡

防护罩安装在接触轨轨体上部，对接触轨起保护作用，同时防止误入带电区间的人员误碰接触轨。防护罩一般采用玻璃纤维增强树脂材质制作，在工作支撑条件下可承受100kg 垂直荷载，并应在高温下具有自熄、无毒、无烟和耐火的性能。防护罩主要分以下几种：接触轨防护罩、支架防护罩、电缆连接板防护罩、端部弯头防护罩、膨胀接头防护罩和库内车辆受流器防护罩等。接触轨防护罩如图 8.3-22 所示。

为了保证接触轨和防护罩之间有一定的距离，满足接触轨的良好散热、安全以及支撑防护罩的要求，需在接触轨上放置支撑卡。支撑卡一般采用 PE 材质或玻璃钢，具有自熄和阻燃的特征，在火灾情况下不会产生有毒气体。支撑卡有一定强度，在最高工作温度和150kg 集中负荷的作用下，不会永久变形、碎裂或损坏，如图 8.3-23 所示。

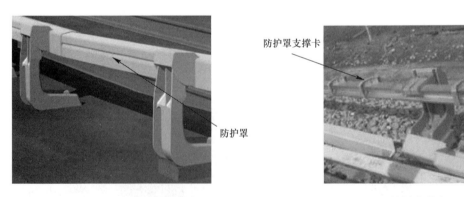

图 8.3-22　接触轨防护罩　　　　　　图 8.3-23　防护罩支撑卡

8.3.4　概预算编制

1. 定额说明

（1）绝缘支架、膨胀接头、防护罩等材料数量应考虑定额损耗量。

（2）承力索、接触线、架空地线、汇流排等主材数量应考虑定额损耗量。

（3）连续门形支架由横梁（横梁边段、横梁直段）、支柱（边支柱、中间支柱）、柱顶立柱组成。一组连续门形支架的重量可按以下公式测算（单位为 kg）：

$$W = 650 \times n + 45.6 \times (L_1 + L_2 + \cdots + L_{n-1}) + 150 \times (n-2)$$

其中：n 为门形支架支柱个数，L_1，L_2，$\cdots$，L_{n-1} 为门形架横段直梁长度。

2. 编制重点

（1）架空接触网

正线架空刚性接触网概预算编制时，应重点确定汇流排、接触线、硬铜绞线、电动隔离开关、乙丙橡胶绝缘软电缆、分段绝缘器的数量和单价，典型 6A 线路正线架空刚性接触网指标约为 155 万元/（条·km），重点设备主材占系统设备主材费的 95.06%，其参考数量及单价如表 8.3-8 所示。

车辆基地架空柔性接触网概预算编制时，应重点确定乙丙橡胶绝缘软电缆、接触线、分段绝缘器、手动及电动隔离开关、承力索、馈线、地线的数量和单价，典型 6A 车辆基地架空柔性接触网指标约为 165 万元/（条·km），重点设备主材占系统设备主材费的 80.76%，其参考数量及单价如表 8.3-9 所示。

正线架空刚性接触网重点设备主材参考数量及单价表（每条·km）　　表 8.3-8

序号	项目名称及规格	单位	数量	单价（元）	合价（元）	费用占比
1	汇流排 PAC110	m	1007	209	210692	41.89%
2	接触线 CTA120	m	1013	91	90863	18.07%
3	硬铜绞线 TJ-120mm^2（架空地线）	m	979	84	81952	16.29%
4	电动隔离开关	台	1.30	35000	45547	9.06%
5	乙丙橡胶绝缘软电缆 150mm^2	m	312	128	40123	7.98%
6	分段绝缘器（架空刚性接触网）	处	0.19	48000	8924	1.77%

车辆基地架空柔性接触网重点设备主材参考数量及单价表（每条·km）　　表 8.3-9

序号	项目名称及规格	单位	数量	单价（元）	合价（元）	费用占比
1	乙丙橡胶绝缘软电缆 150mm^2	m	1166	128	149445	15.95%
2	接触线 CTA150	m	876	113	99462	10.61%
3	接触线 CTA120	m	159	91	14400	1.54%
4	手动隔离开关	处	3.14	20000	62800	6.70%
5	电动隔离开关	台	0.94	35000	32900	3.51%
6	分段绝缘器（架空柔性接触网）	套	4.29	43000	184470	19.68%
7	硬铜绞线 TJ-150mm^2（承力索）	m	1010	104	105444	11.25%
8	硬铜绞线 TJ-150mm^2（馈线）	m	589	104	61479	6.56%
9	硬铜绞线 TJ-120mm^2（架空地线）	m	557	84	46525	4.96%

（2）接触轨

接触轨概预算编制时，应重点确定钢铝复合接触轨、乙丙橡胶绝缘软电缆、电动隔离开关柜的数量和单价，典型 6A 线路正线接触轨指标约为 180 万元/（条·km），重点设备主材占系统设备主材费的 66.13%，其参考数量及单价如表 8.3-10 所示。

典型 6A 车辆基地接触轨指标约为 260 万元/（条·km），重点设备主材与正线一致。

3. 注意事项

（1）可视化接地系统

部分城市轨道交通线路设置了可视化接地系统用于远方或就地对牵引网进行验电接地

操作。可视化接地系统主要由可视化接地装置、可视化监控主机系统、可视化接地远程监控系统、一体化接地开关和通信模块组成，典型6A线路的设备及安装费用约为500万元，其设备价格如表8.3-11所示。

正线接触轨重点设备主材参考数量及单价表（每条·km）   表8.3-10

序号	项目名称及规格	单位	数量	单价（元）	合价（元）	费用占比
1	钢铝复合接触轨 L＝15m	条·km	1.00	605520	605520	33.46%
2	乙丙橡胶绝缘软电缆（1×400mm²）	m	1360.16	294	400458	22.13%
3	电动隔离开关柜 800mm×600mm×2200mm	台	2.10	80000	168067	9.29%
4	电动隔离开关柜 1200mm×600mm×2200mm	双台	0.16	140000	22624	1.25%

可视化接地装置价格表   表8.3-11

序号	项目名称	规格	单位	市场含税价（元）	备注
1	可视化接地装置	XJN（W）-15	台	70000	
2	可视化监控主机系统（正线）	JK-01Z	台	90000	含软件
3	可视化监控主机系统（车辆基地）	JK-02C	套	110000	含软件
4	可视化接地远程监控系统	JK-01R	套	300000	含软件
5	一体化接地开关		台	50000	备件
6	通信模块		个	5000	

（2）车辆基地接触轨指标差异

车辆基地接触轨指标一般较正线高，主要原因如下：

1）车辆基地接触轨在道岔区、库内过道等地段需设置电气分段，每条·km的道岔、库内过道数量比正线多，导致接触轨断口多，弯头数量及电缆长度较正线多。

2）车辆基地每个停车列位均需设置一台隔离开关柜，引起车辆基地接触轨每条·km隔离开关柜数量较正线多。

（3）架空刚性和架空柔性接触网指标差异

架空刚性接触网（图8.3-24）和架空柔性接触网（图8.3-25）均采用接触线供电，但两者系统组成及安装工艺有较大区别，如表8.3-12所示，导致架空柔性接触网指标比架空刚性接触网高10万元/（条·km）。

图8.3-24　架空刚性接触网

图8.3-25　架空柔性接触网

架空接触网技术方案对比表   表 8.3-12

序号	项目名称	技术方案对比	
		架空刚性接触网	架空柔性接触网
1	接触悬挂	汇流排＋接触线＋伸缩元件	承力索＋吊弦＋接触线＋补偿装置
2	支持及定位装置	门形结构（悬吊螺栓＋悬挂槽钢＋绝缘子＋汇流排线夹）	腕臂结构（腕臂＋拉杆＋绝缘子＋定位器＋定位管＋支持器）
3	立柱及基础	无	立柱、门形架及其基础

第9章 综合监控

9.1 概述

城市轨道交通综合监控的主要功能包括对机电设备的实时集中监控和各系统之间协调联动两部分。综合监控系统（ISCS）由控制中心综合监控系统（CISCS）、车站综合监控系统（SISCS）、车辆基地综合监控系统、网络管理系统（NMS）、培训管理系统（TMS）、维修管理系统（DMS）等组成，如图9.1-1所示。

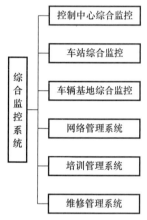

图 9.1-1 综合监控
系统组成图

9.1.1 设计理念

1. 设计原则

（1）若设计采用全自动运行方案，综合监控系统应能实现车载 FAS、CCTV、PIS、PA 等主要车载系统的设备监视和联动功能。

（2）全线综合监控系统不仅应能满足本线运营和管理的要求，还应结合城市轨道交通总体发展规划，为今后与其他线路互联互通、接入线网指挥中心预留条件。

（3）综合监控系统应以乘客、环境及设备的防灾和安全为核心，为安全行车和调度指挥提供应急处理方案，提高城市轨道交通服务质量和运营管理水平。

（4）综合监控系统应采用统一的运行平台和综合监控体制，实现各种基础数据的统一管理，以及相关系统之间的数据共享，进而增强系统内部及系统之间的业务关联与联动处理效率，提高监控系统的自动化程度以及对事件的反应能力和处理速度。

（5）综合监控系统采用两级管理三级控制的结构，两级管理分别是中央级和车站级，三级控制分别是中央级、车站级和现场级。

（6）综合监控系统应采用统一的软件开发平台、统一的数据库平台，应用软件采用模块化结构、采用统一的人机界面，系统易于扩充。

（7）综合监控系统完成原被集成系统中央和车站级监控系统的功能，包括互联系统运营需要的监控功能。综合监控系统在控制中心和车站应能够反映各系统的工作状态，并实现模式控制、程序控制、时间表调度、系统联动控制以及必要的单点控制等多种控制方式。

（8）当出现异常情况由正常运行方式转为灾害运行方式时，综合监控系统应能迅速启动相关的联动，为防灾、救援和事故处理的指挥使用提供方便。

（9）为保证监控系统的可靠运行，系统采用冗余结构，系统主要设备和网络采用冗余热备份。

（10）综合监控系统利用既有网络资源为各集成系统构建综合信息显示平台，为专业维修人员提供维修支持。

2. 设计参数

（1）综合监控系统的数据处理能力：车站、车辆基地综合监控系统 I/O 容量不小于 10000 点。

（2）综合监控系统平均故障间隔时间（MTBF）大于 10000h，主要设备的故障修复时间不大于 60min。

（3）综合监控系统的可用性指标应大于 99.98%。

（4）系统应具有实时响应性，遥控命令在综合监控系统中的传送时间应小于 2s；设备状态变化信息在综合监控系统中的传送时间应小于 2s；实时数据画面在操作员工作站屏幕上整幅调出响应时间应小于 1s。

（5）网络冗余设备切换时间：网络切换时间不应大于 0.5s，通信处理机切换时间不应大于 1s。

9.1.2 功能模块

城市轨道交通综合监控系统实现全线路的资源共享和信息互通，主要功能为：

（1）图形用户界面管理、监控权限管理、实时控制、报警、历史数据、文件处理、报表以及系统维护等通用功能；

（2）对 FAS、BAS、电力监控、站台门等系统的集成功能；

（3）与互联系统的信息交互功能；

（4）提供紧急后备操作功能；

（5）按照系统工作模式实现必要的联动功能以及辅助系统功能；

（6）实现全自动运行场景规定的联动功能。

综合监控标准技术方案布置如图 9.1-2 所示。

1. 控制中心综合监控

控制中心综合监控系统设于控制中心大楼内，作为全线信息的中心，担任全局服务器的角色，将全线各车站系统的必要信息汇集到实时数据库中，支持各操作员工作站的监管功能。

2. 车站综合监控

车站综合监控设于各车站，配置车站服务器、前段处理机（FEP）、操作员工作站、交换机、综合后备盘（IBP）、车站级综合监控系统软件。车站级操作员工作站可根据不同的用户权限激活相应的人机对话界面（HMI），实现车站级集成互联系统的相关信息监视或监控功能。车站级综合监控系统配设打印机，用于图形、事件、报表等的打印记录。当发生故障和紧急情况时，在车站综合后备盘（IBP）上能够执行各集成互联系统的关键控制功能。

3. 车辆基地综合监控

车辆基地综合监控与车站综合监控位于同一层级，只是配置略有不同。

4. 网络管理系统

网络管理系统通过网络与综合监控中央网管系统相连，接收、保存和分析综合监控系统及其监控对象的各种设备工作状态、性能参数和故障告警。

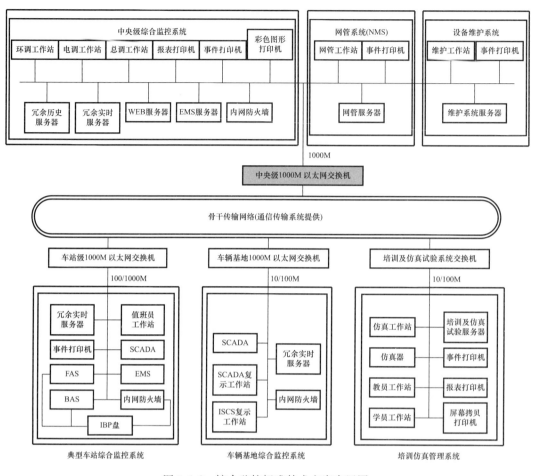

图 9.1-2　综合监控标准技术方案布置图

5. 培训仿真管理系统

培训仿真管理系统（TMS）通过建立一个相对独立的局域网络，通过仿真系统模拟综合监控系统的运行情况。操作员可在模拟状态下练习综合监控系统的操作和维护，实现对学员的培训和考核。

6. 维修管理系统

维修管理系统（MMS）能够显示全线各集成互联系统的设备状态、报警、维修信息，实现对集成子系统设备及主要监控设备的集中告警。帮助相关系统维护人员及时了解各系统运行状态及监控对象的状态，为维护人员提供方便，提高维修管理工作效率。

9.2　概预算

9.2.1　工程量计算规则

1. 计算规则

（1）中央监控中心系统设备安装调试，以"台（套）"为单位计算。

（2）LED 显示屏安装调试，以"m^2"为单位计算。

（3）综合监控系统软件安装，以"套"为单位计算。

2. 工程数量

（1）控制中心综合监控系统一般设置 1 套大屏幕系统和 1 套综合监控系统中央级软件。

（2）每座车站和车辆基地综合监控一般设置 2 台服务器、2 台交换机、1 台前端处理器、1 套综合监控系统软件。

9.2.2 核心设备

1. 控制中心综合监控

控制中心综合监控核心设备包括大屏幕系统、综合监控系统中央级软件、服务器、交换机、磁盘阵列等，设备单价见第 9.2.4 节中"编制重点"（表 9.2-1）。

（1）大屏幕系统

大屏幕系统具有强大的集成控制管理能力，可以实现对显示单元、矩阵切换设备、摄像头、系统、设备等大屏幕系统相关外围设备的集中联动控制。集成了视频信号、网络计算机信号和工作站信号等的控制与操作，可以方便地将信号以窗口的形式体现出来。大屏幕系统，显示信息量大，显示方式灵活，能够为一线调度人员提供直观的信息支持，如图 9.2-1 所示。

图 9.2-1 综合监控大屏幕系统

（2）综合监控系统中央级软件

综合监控系统中央级软件能够实现各集成与互联系统的逻辑判定，并通过实时数据的采集、更新与分析，为管理人员提供最新的信息，并提供在线诊断、警告与报表制作等功能。

（3）服务器

中央级服务器将所有车站级联网子系统的数据实时采集到中央级进行统一管理和控制，具有历史数据存储、备份和灾害恢复等管理功能。由于数据量庞大，分析复杂，一般需要分别设置实时服务器和历史数据服务器。中央级服务器如图 9.2-2 所示。

（4）交换机

交换机是基于 MAC（网卡的介质访问控制地址）识别、完成数据包封装、转发的网络设备，通过对信息进行重新生成、处理后转发至指定端口，如图 9.2-3 所示。

图 9.2-2　综合监控中央级服务器

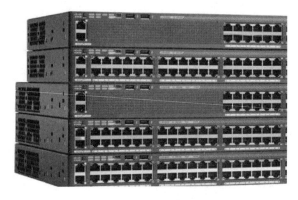

图 9.2-3　交换机

（5）磁盘阵列

磁盘阵列具有存储当前及远期综合监控所有数据、参数及软件的功能。磁盘阵列应是单独的机柜设备，具备冗余的数据传输路径。如图 9.2-4 所示。

2. 车站综合监控

车站综合监控核心设备包括服务器、交换机、IBP 盘、前端处理器等，设备单价见第 9.2.4 节中"编制重点"（表 9.2-2）。

（1）服务器

车站级服务器仅保存本站所需的、常用的、重要的数据和参数，一般仅设置实时服务器。

（2）交换机

车站级与中央级交换机的功能基本相同，主要是实现信息的识别和转换。

（3）IBP 盘

IBP 盘作为车站综合监控系统的后备操作手段，在发生紧急情况和特殊故障无法通过综合监控系统进行监控操作时，由车站值班员操作指令按钮，实现对 ACS、AFC、BAS、FAS、信号系统、站台门、防淹门、给水排水以及自动扶梯等系统的紧急控制。IBP 盘如图 9.2-5 所示。

图 9.2-4　磁盘阵列

图 9.2-5　IBP 盘

（4）前端处理器

前端处理器主要负责综合监控系统与各相连子系统的接口管理。通过协议转换、数据采集和数据下发等功能，完成服务器与子系统设备间的数据交互，从而实现对相连子系统设备的监控。

3. **车辆基地综合监控**

车辆基地综合监控主要包含车辆基地综合监控系统软件、服务器、交换机、前端处理器等设备，设备单价见第9.2.4节中"编制重点"（表9.2-3）。

4. **网络管理系统**

网络管理系统主要包含网络管理系统软件、网络服务器、交换机等设备，设备单价见第9.2.4节中"编制重点"（表9.2-4）。

5. **培训仿真管理系统**

培训仿真管理系统主要包含培训仿真管理系统软件、培训工作站、综合后备盘（IBP）、交换机等设备，设备单价见第9.2.4节中"编制重点"（表9.2-5）。

6. **维修管理系统**

维修管理系统主要包含维修管理系统软件、维修管理服务器、交换机等设备，设备单价见第9.2.4节中"编制重点"（表9.2-6）。

9.2.3　安装工程与主要材料

综合监控系统安装工序流程参照本书第5章通信系统。

综合监控系统中，设备费占比79%，主材费占比13%，安装费（不含主材）占比8%。主要材料包含通信电缆、光缆等，与电力监控系统类似。

9.2.4　概预算编制

1. 定额说明
光缆、通信电缆等网线敷设主材数量应考虑定额损耗量。

2. 编制重点
（1）控制中心综合监控

控制中心综合监控系统概预算编制时，应重点确定大屏幕系统、综合监控系统中央级软件、中央级服务器、核心交换机、中央级磁盘阵列等设备的数量和单价，控制中心综合监控指标约为1550万元/处，重点设备占系统设备主材费的87.12%，其参考数量及单价如表9.2-1所示。

控制中心综合监控系统重点设备参考数量及单价表　　　　表 9.2-1

序号	项目名称及规格	单位	数量	单价（元）	合价（元）	费用占比
1	大屏幕系统（OPS）（40m²）	套	1	6500000	6500000	42.83%
2	综合监控系统中央级软件	套	1	2500000	2500000	16.47%
3	中央级服务器	台	8	250000	2000000	13.18%
4	核心交换机	台	6	200000	1200000	7.91%
5	中央前段处理器	块	4	180000	720000	4.74%
6	中央级磁盘阵列	块	2	150000	300000	1.98%

（2）车站综合监控

车站综合监控在概预算编制时，应重点确定车站服务器、交换机、前端处理器、车站综合监控系统软件、车控室 IBP 盘等设备的数量和单价，典型 6A 车站综合监控系统指标约 240 万元/处，重点设备占系统设备主材费的 72.32%，其参考数量及单价如表 9.2-2所示。

车站综合监控重点设备参考数量及单价表

表 9.2-2

序号	项目名称及规格	单位	数量	单价（元）	合价（元）	费用占比
1	车站服务器	套	2	300000	600000	22.67%
2	交换机	套	2	200000	400000	15.11%
3	前端处理器	套	2	187000	374000	14.13%
4	车站综合监控系统软件	套	1	200000	200000	7.56%
5	车控室 IBP 盘	套	1	300000	300000	11.34%

（3）车辆基地综合监控

车辆基地综合监控在概预算编制时，应重点确定综合监控系统软件、服务器、交换机、前端处理器（FEP）等设备的数量及单价，典型 6A 车辆基地综合监控系统指标约 200 万元/处，重点设备占系统设备主材费的 95.77%，其参考数量及单价如表 9.2-3所示。

车辆基地综合监控系统重点设备参考数量及单价表

表 9.2-3

序号	项目名称及规格	单位	数量	单价（元）	合价（元）	费用占比
1	综合监控系统软件	套	1	618000	618000	29.71%
2	服务器	套	2	300000	600000	28.85%
3	交换机	套	4	200000	400000	19.23%
4	前端处理器	套	2	187000	374000	17.98%

（4）网络管理系统

网络管理系统在概预算编制时，应重点确定网络管理系统软件、网络服务器、以太网交换机等设备的数量和单价，网络管理系统指标约 100 万元/处，重点设备占系统设备主材费的 67.94%，其数量及单价如表 9.2-4所示。

概预算编制时，网络管理系统一般纳入控制中心统一计算费用。

网络管理系统核心设备数量及单价参考表

表 9.2-4

序号	项目名称及规格	单位	数量	单价（元）	合价（元）	费用占比
1	网络管理系统软件	套	1	400000	400000	46.85%
2	网络服务器	台	2	50000	100000	11.71%
3	以太网交换机	台	2	40000	80000	9.37%

（5）培训仿真管理系统

培训仿真管理系统在概预算编制时，应重点确定工作站、培训及仿真试验系统软件、服务器、综合后备盘（IBP）等设备的数量和单价，培训仿真管理系统指标约 200 万元/处，重点设备占系统设备主材费的 78.59%，其数量及单价如表 9.2-5 所示。

培训仿真管理系统核心设备数量及单价参考表　　　　表 9.2-5

序号	项目名称及规格	单位	数量	单价（元）	合价（元）	费用占比
1	工作站	台	10	80000	800000	41.58%
2	培训及仿真试验系统软件	套	1	412000	412000	21.41%
3	服务器	台	2	100000	200000	10.40%
4	综合后备盘（IBP）	台	1	100000	100000	5.20%

（6）维修管理系统

维修管理系统在概预算编制时，应重点确定设备维护管理软件、设备维护管理服务器、便携式维护计算机、交换机等设备的数量和单价，维修管理系统指标约 150 万元/处，重点设备占系统设备主材费的 76.65%，其数量及单价如表 9.2-6 所示。

维修管理系统核心设备数量及单价参考表　　　　表 9.2-6

序号	项目名称及规格	单位	数量	单价（元）	合价（元）	费用占比
1	设备维护管理软件	套	1	400000	400000	32.62%
2	设备维护管理服务器	套	2	150000	300000	24.46%
3	便携式维护计算机	套	8	20000	160000	13.05%
4	交换机	台	2	40000	80000	6.52%

3. 注意事项

（1）云平台

云平台采用服务器虚拟化、网络虚拟化、存储虚拟化、云安全和云计算管理技术，构建易于管理、动态高效、灵活扩展、稳定可靠、按需使用的云计算模式的数据中心，为城市轨道交通综合监控、通信、信号、BAS、安防集成平台、AFC 等业务应用提供基础平台支撑，提高各系统的可靠性和资源利用率。根据服务对象的不同，云平台可分为线网级云平台和线路级云平台。线网级云平台一般单独立项，费用与线网规模有关；线路级云平台一般纳入线路投资，每条线指标约 1 亿元，采用云平台方案后，可以相应减少综合监控等系统的服务器及存储设备，例如车站综合监控上了云平台指标约为 185 万元/站，未上云平台指标约 240 万元/站。

（2）智慧车站

智慧车站大都以车站级 ISCS（综合监控系统）为基础，通过与车站其他专业系统实现互联，采集数据，实现对车站内部所有设备的实时监控和车站内部智能化运营管理，包括车站全景感知、客流分析预测与展示、智慧视频分析告警、一键开关站、智慧巡检、车站电子台账等功能。

智慧车站通过计算机网络技术、大数据采集及分析、智慧运维、物联网等技术，实现地铁运营的网络化、可视化、协同化、集成化和智慧化管理，可以集客运管理、设备管理、站务管理于一体，并提供车站全景感知、物资管理、智慧发布、一键开关站、智能场景联动等功能，保证地铁正常运营，预防和控制运营风险，提升运营管理水平并降低运营成本。

智慧车站主要包括服务器、系统软件等，车站智慧化程度不同，造价差别较大，指标从 80 万～500 万元/站不等。

第 10 章　火灾自动报警、环境与设备监控

10.1　火灾自动报警（FAS）

火灾自动报警系统（FAS）用以实现早期探测、报警，向各类消防设备发出控制信号，及时通知人员疏散并进行灭火，从而实现消防功能。

FAS 系统主要有两种组网方式：1）FAS 系统与 ISCS 互联，FAS 系统完全独立，与 ISCS 通过中央或车站的接口实现信息交互；2）FAS 系统集成于 ISCS，FAS 系统部分功能融合到 ISCS 中。本章主要介绍采用与 ISCS 互联的 FAS 系统。

FAS 系统由控制中心、车站、区间风井、主变电所、车辆基地 FAS 等子系统组成，如图 10.1-1 所示。

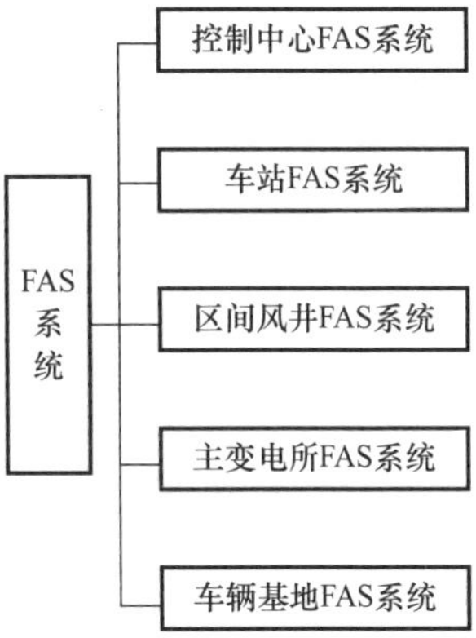

图 10.1-1　FAS 系统组成图

10.1.1　设计理念

1. 设计原则

（1）FAS 系统按同一时刻全线车站及区间发生一处火灾考虑。

（2）FAS 系统设中央、车站两级管理，实现中央、车站、就地三级控制。第一级为中央级，作为 FAS 系统集中监控中心，设置于控制中心大楼内；第二级为车站级，作为本地 FAS 系统消防控制室，设置于车站控制室以及车辆段消防值班室；第三级为现场就地控制级。

（3）车站 FAS 系统在运营中与全线系统联网，同时具有离网独立工作的能力。

（4）各车站监控管理范围为车站及车站相邻区间隧道的一半。

（5）对于专用防排烟风机、消防水泵等重要的消防灭火设备，FAS 系统既能够自动监控，也能够在 ISCS 设置的 IBP 盘上进行紧急手动控制。

（6）专用消防救灾设备以外的车站机电设备（通风、空调、给水排水、照明、电梯、自动扶梯等）由 BAS 系统直接监控。发生火灾时，FAS 系统向 BAS 系统发出指令，实现联动控制，FAS 系统指令应具有优先权。

（7）FAS 系统与自动灭火系统之间设接口，根据自动灭火控制系统形式，采用通信接口或硬线接口，实现对灭火系统设备的监控。

（8）为避免设备重复设置，车站 FAS 系统不单独设消防广播、闭路电视监视、列车无线电话等防灾通信设施，以上设施与行车共用。火灾发生时，FAS 系统将正常广播强行转入火灾应急广播状态，火灾应急广播具有优先控制权；在控制中心、车站设置切换装置和监视终端，各车站控制室与行车共用显示终端。

（9）FAS 系统设备及软件配置应留有一定裕量。

（10）对于换乘车站，两条线路 FAS 系统之间必须考虑信息互通，可通过通信接口、消防直通电话，使换乘车站之间的 FAS 系统保持实时互联。

（11）信息传输通道由 FAS 系统设备配套提供，要求采用环支结合型网络，在环路上出现一个断点的情况下，所有的探测器仍然保持正常的通信。传输介质应适合强电磁干扰环境、配置简单、维护管理方便。

2. 设计参数

（1）FAS 系统信息响应时间需符合表 10.1-1 的要求。

FAS 系统信息响应时间   表 10.1-1

项目名称	时间要求	备注
OCC 信息响应时间	＜3s	车站级发出信息到 OCC 显示信息的时间
车站控制响应时间	＜2s	车站 FAS 主机发出控制命令到车站 IBP 盘，并由 IBP 盘反馈信息到车站 FAS 主机的时间
车站信息响应时间	＜1s	FAS 现场设备发出动作信号，到车站 FAS 主机正常显示的时间

（2）FAS 监控系统单台设备平均无故障时间 $MTBF$＞50000h；单台设备装置故障恢复时间 $MTTR$＜30min。

（3）设备可抵抗无线电频率为 150kHz～27MHz 中的接触性干扰。

（4）FAS 系统信道传输距离不小于 3km，传输速率应满足系统信息传输及时性等要求，并具备较强的抗电磁干扰能力。

10.1.2 功能模块

1. 控制中心 FAS 系统

控制中心是全线 FAS 的调度中心，对全线报警系统信息及消防设施有监视、控制及管理权，对分控级的防救灾工作有指挥权。控制中心主要负责监视全线各车站、车辆基地的火灾报警、消防设备故障报警、网络故障报警等，并显示报警部位、防灾设备的运行状态等有关信号。

2. 车站 FAS 系统

车站 FAS 系统与 ISCS 互联，火灾报警控制器同时与 BAS 系统主 PLC、ISCS 值班员工作站接口。火灾时，火灾报警控制器接收到确认的火灾信息后，控制消防专用防救灾设备；同时向 BAS 系统的 PLC 发布火灾模式指令，由 BAS 系统控制其他相关设备，转入火灾模式运行。火灾报警控制器与 PLC，分别将信息传给 ISCS 值班员工作站，通过车站级 ISCS 上传至控制中心。

3. 区间风井、主变电所 FAS 系统

区间风井、主变电所 FAS 系统负责报警和专用消防设备（包括专用防排烟风机、消防水泵、防火卷帘门等）的控制。火灾时，FAS 将正常运营模式转换为火灾模式。区间变电所、主变电所 FAS 系统火灾报警控制器接入就近车站，作为全线网络的节点。

4. 车辆基地 FAS 系统

车辆基地 FAS 系统方案与车站 FAS 一致。发生火灾时，火灾报警控制器通过串行通

信接口，以单方向传输方式，将火灾报警信号和模式指令，传递给 BAS 系统的 PLC 控制器。BAS 系统根据火灾模式指令，将正常模式转换成火灾模式。

车辆基地设集中型火灾报警控制器，通过光纤与各单体设置的区域型报警控制器，组成火灾自动报警控制网络，负责监视车辆基地内的 FAS 系统运行状态、接收火灾报警信息。

10.2　环境与设备监控 (BAS)

环境与设备监控系统 (BAS) 负责对通风空调、给水排水、照明、自动扶梯、电梯等机电设备和环境舒适度进行调控，并通过 BAS 对环境控制设备实现自动监控和节能管理。

BAS 系统集成于 ISCS，通过 BAS 系统控制器的网络接口与 ISCS 的交换机连接，中央级监控功能由 ISCS 实现。BAS 系统所采用的传输协议，包括工业以太网协议和现场总线协议两种，本章主要介绍采用以太网协议的 BAS 系统。

BAS 系统由控制中心、车站、区间风井、车辆基地 BAS 等子系统组成，如图 10.2-1 所示。

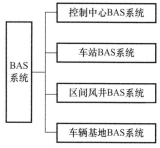

图 10.2-1　BAS 系统组成图

10.2.1　设计理念

1. 设计原则

（1）BAS 系统负责对全线所有地下车站、场段、区间隧道的环境控制设备进行日常管理，同时进行节能管理。

（2）BAS 系统设控制中心、车站两级管理，实现中央、车站、就地三级控制。

（3）BAS 系统在车站级集成于 ISCS，通过 ISCS 与控制中心相连，中央级、车站级功能由 ISCS 完成。

（4）区间隧道内的机电设备根据配电形式纳入就近车站监控。

（5）BAS 系统通过接受 FAS 系统的火灾指令，对于正常工况和火灾工况兼用的设备，正常工况由 BAS 系统监控管理，火灾时由 FAS 系统发指令给 BAS 系统，BAS 系统由正常工况转入火灾模式运行，控制相应的机电设备进入防救灾工作，火灾工况具有优先权。

（6）换乘车站根据建筑形式及相关机电设备系统方案，设置相应稳定可靠的 BAS 系统，并能将相关信息接入换乘线路中心。换乘线路涉及共享区域的机电设备信息，通过换乘站 ISCS 之间的接口，实现信息互传互通。

（7）系统设计、设备配置时应选用具备较强的抗电磁干扰、防尘、防潮的设备，确保运行安全可靠。

（8）系统设计和设备选择应考虑相互之间、软硬件之间的开放性和兼容性，确保控制系统具有良好的可扩展性和可维修性，软硬件产品必须成熟可靠。

2. 设计参数

（1）车站级控制及信息响应时间小于 1s。

（2）数据传输速率不小于 100Mbps。

（3）系统设备平均无故障时间 $MTBF>10000\mathrm{h}$。

（4）系统故障恢复时间 $MTTR<30min$。

（5）监控点预留 $15\%\sim25\%$ 的裕量。

10.2.2　功能模块

1. 控制中心 BAS 系统

BAS 系统在中央级集成于 ISCS，设备均由 ISCS 提供，控制中心 BAS 系统功能由 ISCS 软件及云平台提供的硬件设备完成。

（1）正常时功能

控制中心通过车站收集有关环境参数、灾害故障、设备运行累积计时等资料。根据收集的各种信息，进行全线研究、分析环境温度趋势，制定合理的系统运行计划，并根据设备正常运行时间、故障次数安排维修和主备设备的切换报告，作运行管理档案和历史资料档案存档管理，监视全线设施正常和故障状态，监视控制中心下达的运行工况执行情况。

（2）灾害时功能

控制中心直接控制区间灾害事故时需启停的相邻车站设备。与区间有关的救灾设备，由控制中心发布救灾指令，并下达到车站设备监控系统执行。

2. 车站 BAS 系统

车站 BAS 系统是全线系统的基本单元，在车站控制室纳入 ISCS，对管辖范围内的暖通空调系统、给水排水、自动扶梯、电梯等机电设备及环境参数进行监控。

车站 BAS 系统由 PLC 控制器（含触摸屏）、远程 I/O 监控模块、值班操作员工作站、传感器件、执行机构、通信模块等设备构成，其中值班操作员工作站由 ISCS 统一设置，BAS 系统不单独配设。

车站两端的冗余 PLC，通过光纤相连组成单环光纤以太网，向下连接远程 I/O 模块箱；主端冗余 PLC 的通信模块，通过以太网向上接入 ISCS 系统的冗余交换机，集成于 ISCS。

3. 区间风井 BAS 系统

区间风井设 BAS 区域控制器，通过光纤接入到相邻车站 BAS 网络，由车站 BAS 统一控制管理。区域控制器具有 PLC 功能，负责对区间风井内机电设备控制处理，火灾模式后备控制设置于相邻车站 IBP 盘。

4. 车辆基地 BAS 系统

车辆基地 BAS 实现对车辆基地内给水排水、照明、通风空调等机电设备的自动控制。在车辆基地环控电控室内或相应弱电设备室，设置冗余 PLC 控制器；在配电室、水泵房、通风空调机房等处，设置远程 I/O 模块箱。PLC 与远程 I/O 间通过以太网连接以进行数据交换。

10.3　概预算

10.3.1　工程量计算规则

1. 计算规则

（1）火灾自动报警系统（FAS）

1）点型探测器、按钮、模块（接口）安装、调试，以"只"为单位计算。

2）线型探测器安装、调试，以"m"为单位计算。

3）报警控制器、联动控制器、警报装置、远程控制器、消防通信、模块箱及其他装置安装、调试，按"台（个）"为单位计算。

（2）环境监控系统（BAS）

传感器安装，以"支"为单位计算。

2. 工程数量

（1）火灾自动报警系统（FAS）

FAS 系统设备配置原则如表 10.3-1 所示。

FAS 系统设备配置原则表

表 10.3-1

序号	项目名称	单位	设置原则
1	网络型火灾报警控制器	套	1 处控制中心按 2 套设置
2	维护管理工作站	套	1 处控制中心按 2 套设置
3	打印机	台	1 处控制中心按 2 台设置
4	火灾报警控制器系统（包含火灾报警控制器主机、光纤感温火灾探测器主机）	套	每座车站、区间风井、主变电所、车辆基地均按 1 套设置

（2）环境与设备监控系统（BAS）

BAS 系统一般在地下车站、车辆基地均设置 2 套 PLC 控制器，在区间风井设置 1 套 PLC 控制器。

10.3.2　核心设备

1. 火灾自动报警（FAS）

（1）火灾自动报警控制系统

火灾自动报警控制系统包含火灾自动报警控制器主机（图 10.3-1）、光纤感温火灾控制器主机（图 10.3-2）等设备，能监视车站及所辖区间消防设备的运行状态，实时监测各区域温度情况，接收车站及所辖区间火灾报警或重要系统的报警，并显示报警部位。

图 10.3-1　火灾报警控制器主机

图 10.3-2　光纤感温火灾探测器主机

（2）探测器

在车站内各设备与管理用房、站厅及站台和通道等区域，均需设置智能感温探测器（图 10.3-3）、感烟探测器（图 10.3-4）进行火灾探测。

图 10.3-3　感温探测器　　　　　　　图 10.3-4　感烟探测器

（3）输入、输出模块

输入模块用于对设备运行状态的检测、感温电缆的报警检测，如图 10.3-5 所示。输出模块用于控制消防专用排烟风机、正压送风机、消防管路上的电动蝶阀、警铃、防火卷帘等消防设备的启停，如图 10.3-6 所示。

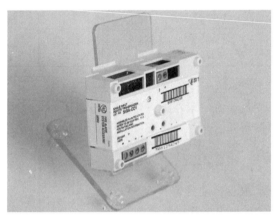

图 10.3-5　输入模块　　　　　　　　图 10.3-6　输出模块

（4）消防电话及报警设备

消防电话及报警设备包括手动报警按钮（图 10.3-7）、声光报警器（图 10.3-8）、警铃（图 10.3-9）、消防对讲电话（图 10.3-10）等设备。

图 10.3-7　手动报警按钮　　　　　　图 10.3-8　声光报警器

图 10.3-9　警铃

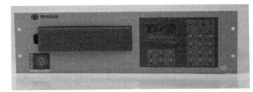
图 10.3-10　消防专用对讲电话总机

FAS 系统设备的主要规格及价格如表 10.3-2 所示。

FAS 系统设备主要规格及价格　　　　　表 10.3-2

项目名称	规格	单位	市场含税价（元）
火灾报警控制器主机	JB-QG-505	套	154361
光纤感温火灾探测器主机	JTW-XF-LA1004/CS/8	套	128634
感温探测器	JTW-ZD-JBF-3110	套	557
感烟探测器	JTY-GD-PW-300DP	套	386
输入模块	—	套	515
输出模块	—	套	515
手动报警按钮	J-SAM-GST9112	套	103
声光报警器		套	257
警铃	—	套	80
消防专用对讲电话总机		套	2573

表 10.3-2 中各设备型号含义如下：

（1）火灾报警控制器主机命名规则如图 10.3-11 所示。

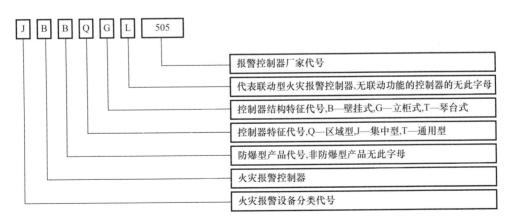

图 10.3-11　火灾报警控制器主机命名规则

（2）感温和感烟探测器命名规则如图 10.3-12 所示。

189

图 10.3-12　感温和感烟探测器命名规则

（3）手动报警按钮命名规则，以 J—SAM—GST9112 为例：字母 J 代表火灾报警设备代码，S 代表手动报警按钮，A 代表按片式，表示手动报警按钮报警的方式是按下按片，M 代表编码型，代表这个按钮是带地址编码的，GST9112 代表厂家代号，由生产厂家自行命名。

2. 环境与设备监控系统（BAS）

（1）PLC 控制器

PLC 控制器能够对现场机电设备进行自动化控制，通过与低压智能接口柜之间的通信接口完成对车站通风空调大系统、小系统、隧道通风系统等的实时监控管理；而且在紧急情况下，能够接收 FAS 的火灾指令，按照既定的灾害工况模式，控制现场相关机电设备参与防灾救灾，如图 10.3-13 所示。

（2）I/O 模块

I/O 模块意为输入输出模块，通过与 PLC 控制器相连，完成对现场设备运行状态、故障等信息的采集、上传，执行主 PLC 控制器下达的控制指令，实现不同系统之间通信要求的转换，保证通信数据的采集。I/O 模块如图 10.3-14 所示。

图 10.3-13　PLC 控制器

图 10.3-14　I/O 模块

（3）传感器

传感器是 BAS 系统的重要现场级设备，是直接影响环境控制质量的末端装置。温湿度传感器如图 10.3-15 所示，二氧化碳传感器如图 10.3-16 所示。

图 10.3-15　温湿度传感器　　　　图 10.3-16　二氧化碳传感器

BAS 系统设备主要规格及价格如表 10.3-3 所示。

BAS 系统设备主要规格及价格　　　　表 10.3-3

项目名称	规格	单位	市场含税价（元）
PLC 控制器	—	套	102907
DI 模块	DI	套	311
DO 模块	DO	套	367
AI 模块	AI	套	1272
AO 模块	AO	套	1211
温湿度传感器	−40～120℃	套	2145
二氧化碳传感器	RXXF-CO$_2$	套	2145

注：RXXF-CO$_2$ 表示二氧化碳传感器；DI 表示数字信号输入；DO 表示数字信号输出；AI 表示模拟信号输入；AO 表示模拟信号输出。

10.3.3　安装工程与主要材料

FAS、BAS 系统安装工序流程参照本书第 5 章通信。

典型 6A 车站 FAS 系统中，设备费占比 36%，主材费占比 17%，安装费（不含主材）占比 47%；典型 6A 车站 BAS 系统中，设备费占比 38%，主材费占比 26%，安装费（不含主材）占比 36%。

1. 火灾自动报警（FAS）

（1）电缆

FAS 系统中用到的电缆主要包括火灾自动报警总线、电力电缆、控制电缆，其主要规格及价格如表 10.3-4 所示，电缆规格型号说明见本书第 4 章动力照明。

电缆主要规格及价格 表 10.3-4

项目名称	规格	单位	市场除税价（元）
火灾自动报警总线	WDZAN-RYYS-2×1.5	m	6.00
	WDZAN-RYYS-2×2.5	m	8.50
电力电缆	WDZAN-BYJ-2×4.0	m	12.00
	WDZAN-BYJ-2×2.5	m	8.00
	WDZAN-BYJ-3×2.5	m	11.00
	WDZAN-BYJ-3×4.0	m	18.00
控制电缆	WDZAN-BYJ-2×1.5	m	7.40
	WDZAN-BYJ-5×1.5	m	11.00
	WDZAN-BYJ-10×1.5	m	18.00
	WDZAN-BYJ-10×2.5	m	25.00
	WDZAN-BYJ-16×1.5	m	28.00

（2）电气配管

FAS 系统中用到的电气配管主要包括：镀锌钢管 SC20、SC25、SC32、SC40、SC50 等。电气配管的主要规格及价格如表 10.3-5 所示。

电气配管的主要规格及价格 表 10.3-5

项目名称	规格	单位	市场除税价（元）
镀锌钢管	SC20	m	10.54
	SC25	m	15.25
	SC32	m	21.33
	SC40	m	25.09
	SC50	m	33.50

2. 环境与设备监控系统（BAS）

BAS 系统中用到的电缆主要包括电力电缆、控制电缆，其电缆规格型号说明见本书第 4 章动力照明。

（1）电缆

电缆的主要规格及价格如表 10.3-6 所示。

BAS 系统电缆主要规格及价格 表 10.3-6

项目名称	规格	单位	市场除税价（元）
控制电缆	WDZAN-KYJY-2×1.5	m	4.00
	WDZAN-KYJY-5×1.5	m	8.00
	WDZAN-KYJY-10×1.5	m	15.10
	WDZAN-KYJY-19×1.5	m	26.00
	WDZAN-KYJY-24×1.5	m	33.00
	WDZAN-RYYP-3×1.5	m	5.66
	WDZAN-RYYP-5×1.5	m	9.00
电力电缆	WDZAN-BY-6.0	m	7.60
	WDZAN-BY-4.0	m	5.18
	WDZAN-YJY-3×2.5	m	15.64

（2）电气配管

BAS 系统中用到的电气配管与 FAS 系统类似。

10.3.4　概预算编制

1. 定额说明

（1）火灾报警系统防火涂料涂刷人工消耗量以 0.262 工日/kg 计取。

（2）中柜式及琴台式火灾报警控制器安装均执行落地式安装相应项目。

2. 编制重点

（1）火灾自动报警系统（FAS）

1）控制中心 FAS 系统

控制中心 FAS 系统概预算编制时，应重点确定火灾自动报警控制器、工作站、打印机的数量和单价。控制中心 FAS 系统指标约为 35 万元/处，重点设备占系统设备主材费的 87.86%，其参考数量及单价如表 10.3-7 所示。

控制中心 FAS 系统重点设备主材参考数量及单价表　　表 10.3-7

序号	项目名称及型号	单位	数量	单价（元）	合价（元）	费用占比
1	网络型火灾报警控制器	套	2	32000	64000	27.56%
2	维护管理工作站	套	2	50000	100000	43.07%
3	打印机	台	2	20000	40000	17.23%

2）车站 FAS 系统

车站 FAS 系统概预算编制时，应重点确定火灾报警控制器、探测器、输入输出模块、电缆、电气配管的数量和单价，典型 6A 车站 FAS 指标约为 330 万元/站，重点设备主材占系统设备主材费的 64.71%，其参考数量及单价如表 10.3-8 所示。

车站 FAS 系统重点设备主材参考数量及单价表　　表 10.3-8

序号	项目名称及型号	单位	数量	单价（元）	合价（元）	费用占比
1	火灾报警控制器主机	套	1	154361	154361	7.61%
2	光纤感温火灾探测器主机	套	1	128634	128634	6.34%
3	感温探测器	套	420	557	139250	9.36%
4	感烟探测器	套	8	386	34740	2.33%
5	输入模块	套	250	515	87550	6.40%
6	输出模块	套	180	515	61800	4.52%
7	电缆	m	29430	9.41	276830	13.65%
8	电气配管	m	18200	16.16	294165	14.50%

注：电缆及电气配管类型较多，表中所列单价为主材的综合单价。

3）区间风井、主变电所、车辆基地 FAS 系统

区间风井 FAS 指标约为 100 万元/处，主变电所 FAS 指标约为 200 万元/处，车辆段 FAS 指标约为 800 万元/座，停车场 FAS 指标约为 400 万元/座，上述 FAS 子系统的重点设备主材及其费用占比与车站 FAS 基本一致。

（2）环境与设备监控系统（BAS）

1）车站 BAS 系统

车站 BAS 系统概预算编制时，应重点确定 PLC 控制器、电缆、电气配管的数量和单价，典型 6A 车站 BAS 指标约为 240 万元/站，重点设备主材占系统设备主材费的 40.69%，其参考数量及单价如表 10.3-9 所示。

车站 BAS 系统重点设备主材参考数量及单价表　　　　　　表 10.3-9

序号	项目名称及型号	单位	数量	单价	合价	费用占比
1	PLC 控制器	套	2	102907	205814	12.99%
2	电缆	m	21300	11.34	241606	15.25%
3	电气配管	m	11400	17.29	1999547	12.45%

2）区间风井、车辆基地 BAS 系统

区间风井 BAS 指标约为 80 万元/处，车辆段 BAS 指标约为 500 万元/座，停车场 BAS 指标约为 300 万元/座，上述 BAS 子系统的重点设备主材及其费用占比与车站 BAS 基本一致。

3. 注意事项

（1）FAS 系统集成于 ISCS 系统

部分城市采用 FAS 系统集成于 ISCS 系统的组网方式，此方案 FAS 系统不再单独考虑控制中心 FAS 系统费用。

（2）车场智能化系统

部分城市在车辆基地设置车场智能化系统，主要包含综合布线系统、智能化网络系统、楼宇智能化、火灾报警系统等。

若设置车场智能化系统，则 FAS、BAS 系统中不再考虑车辆段/停车场的 FAS、BAS 相关费用，统一纳入车场智能化系统。车场智能化系统指标约为 1900 万元/处。

（3）主变电所环境与设备监控系统

部分城市在主变电所设置 BAS 系统，主变电所 BAS 的构成与区间风井一致。主变电所 BAS 系统指标约为 65 万元/座。

第11章 安防与门禁

11.1 安防系统

城市轨道交通的安防系统是以维护社会公共安全为目的，运用安全防范产品和其他相关产品所构成的集成电子系统或网络。安防系统主要包括车站安检系统、车辆基地周防系统。安防系统组成如图11.1-1所示。

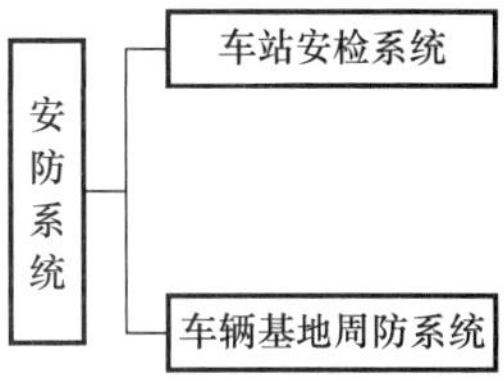

图11.1-1 安防系统组成图

11.1.1 设计理念

1. 设计原则

（1）安全防范系统的设备功能应实用，使用良好的人机界面，便于操作、管理和维护。安全防范系统设备应符合现行国家标准、行业标准、地方标准，以及安全管理部门的有关规定。

（2）车站安检系统设备应满足目前相关法规、政策、标准的要求，设备安装应根据安全需要，考虑车站土建条件，满足地铁客运服务要求，满足车站在突发情况下的疏散要求。

（3）车站安检系统应满足普通乘客方便、快捷通过要求。安检设备应尽量保证不与通道、楼梯等与疏散有关设备设施发生冲突；尽量不对原有车站设施、空间进行改变，把影响降低到最低限度。进、出站客流线路，通过安检的乘客路线要尽量避免交叉和互相干扰。

（4）安检设备使用期间，不应妨碍客流的正常通行和疏散；通过安检的客流流线应与进站客流流线的方向相一致，不能阻挠出站客流的行进路线；安检设备应尽量远离闸机布设，不应影响正常的进出站。

（5）车辆基地周界防范系统报警时，应能快速确定警情发生的区域，周界和无人值守的场所，系统应具有24h设防功能。

（6）周界防范系统应能与图像监控子系统联动，互为补充。发生告警时，会触发视频监控系统，将告警画面送至本地保安监视设备上。

2. 设计参数

（1）通道式X光行李检查机自动保存全部被检物品图像，能够存储不少于500000幅图像（不低于1024×768像素）；应能分辨标称直径不大于0.1mm的金属丝；应能分辨直径不大于1.0mm的线对。

（2）液体危险品检查仪能够提供液体检测结果存储及检索功能，存储量应不少于10000次检测，并能够用网络或USB等接口将数据传出。

（3）便携式爆炸物探测器具有数据存储功能，能够存储至少10000组原始数据，并能够用网络或USB等接口将数据传出。

（4）防爆毯、盖毯外形尺寸应不小于 1500mm×1500mm，围栏的内径尺寸应不小于 400mm。

（5）危险物品存储罐设备应能够对不小于 200gTNT 当量的炸药，起到有效防爆作用；应便于移动，其重量应不大于 50kg。

（6）周界入侵报警系统，除在相关安防控制室内有报警响应提示外，入侵的现场防区还应有声光报警功能，其报警声不应小于 80dB（A），报警持续时间不应小于 2min。

11.1.2　功能模块

安防系统布置如图 11.1-2 所示。

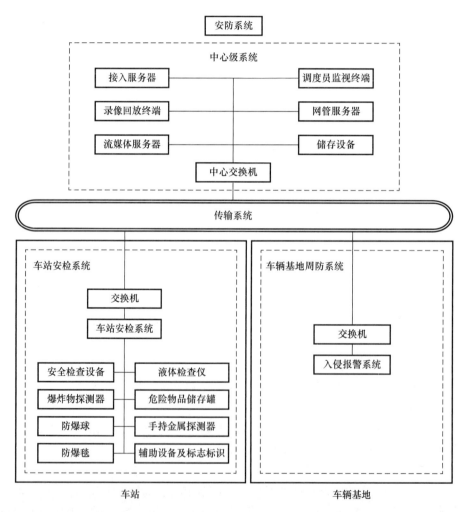

图 11.1.2　安防系统标准技术方案布置图

1. 车站安检系统

车站安检系统设备主要设置于站厅公共区内，用于对进站乘客及其所携带的行李进行安全检查，确保危险品不被带入车站，消除安全隐患。安检工作人员利用客流引导带、安全检查警戒线将带行李包、不带行李包乘客分流，带行李包乘客需将行李包放入通道式 X

射线安全检查设备进行普检，若探测到可疑行李物品，使用便携式爆炸物探测器、台式液体检查仪、便携式液体检查仪对特定怀疑对象进行精检；若发现危险品，利用防爆毯、防爆球（罐）、危险物品存储罐进行现场临时处置，并上报公安机关。安检工作人员使用手持金属探测器对所有乘客进行普检；使用台式液体检查仪、便携式液体检查仪对携带液体物品的乘客进行精检。车站安检流程如图 11.1-3 所示。

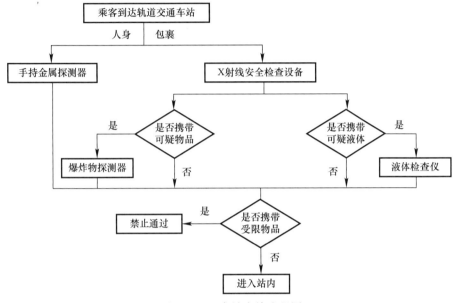

图 11.1-3　车站安检流程图

2. 车辆基地周界防范系统

车辆基地所处地域相对偏僻，空间大，设备贵重，做好安全防范十分重要，采用周界防范系统，可以有效协助安全防范工作。周界防范是指在建筑物内外重要地点和区域布设探测装置，一旦受到非法入侵，系统会自动检测到入侵事件并及时向有关人员报警，同时启动视频监视系统对入侵现场进行监视和录像。

周界防范系统可采用的技术方案有多种，如激光对射、红外对射、微波探测、振动电缆、泄漏式电缆、地埋感应电缆、张力式围栏、高压电子脉冲围栏、光纤光栅、视频分析等，目前采用较多的是张力式围栏、光纤光栅技术等周界防范系统。

11.2　门禁系统

门禁系统是集计算机、网络、自动识别、控制等技术和现代化安全管理措施为一体的自动化安全管理控制系统，是解决重要部位出入口安全防范管理的有效措施，在城市轨道交通综合自动化系统中发挥着重要作用。门禁系统的设置范围包括中央级、车站级、车辆段、停车场、主变电所。门禁系统为集中式管理系统，分为中央与车站两级管理，中央、车站、就地三级控制。门禁系统组成如图 11.2-1 所示。

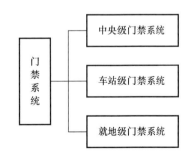

图 11.2-1　门禁系统组成图

11.2.1 设计理念

1. 设计原则

（1）门禁系统设计和设备选型要求技术先进、性能安全可靠、易于维护、使用灵活方便。

（2）门禁系统按集中管理分级控制方式设计。管理分为中央与车站两级管理，控制分为中央、车站和现场三级控制。

（3）门禁系统运行模式分为在线、离线、火灾、维修四种模式，并且可根据不同情况自动转换。

（4）门禁系统采用工业级控制系统，系统设计、配置设备均应具有较强的抗电磁干扰能力，满足地铁特殊环境条件下正常使用，同时应考虑防尘、防潮，确保运行可靠。

（5）门禁系统软硬件采用模块化设计，通过软件升级及硬件扩展、增加现场设备就可以实现控制点扩展的要求。

（6）门禁系统采用断电释放式解锁方式，并在火灾时统一断电。

2. 设计参数

（1）门禁系统和设备应按一级负荷供电；接地采用综合接地方式，接地电阻不大于 1Ω。

（2）门禁系统和设备必须安全可靠，应具有适应 $7\times24h$ 不间断工作的能力。

（3）门禁系统应采用不间断电源供电，后备时间不应低于 1h。

11.2.2 功能模块

门禁系统标准技术方案布置如图 11.2-2 所示。

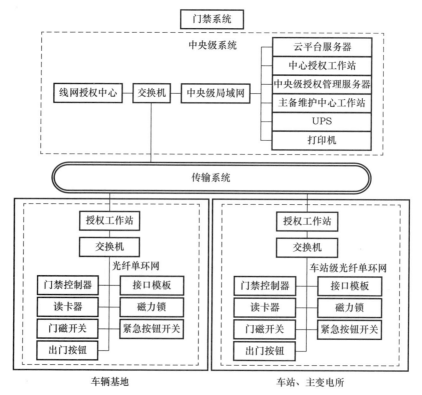

图 11.2-2 门禁系统标准技术方案布置图

1. 中央级门禁系统

中央级系统主要由门禁管理服务器、监控管理工作站、中央授权工作站、授权读卡器、打印机、局域网设备及不间断电源等组成，如图 11.2-3 所示。

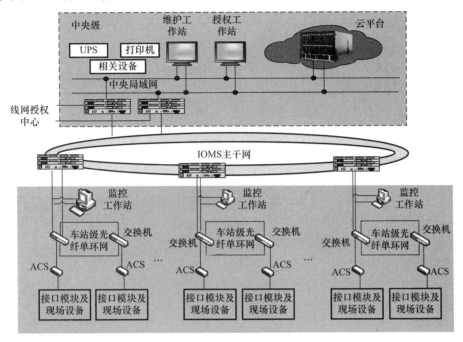

图 11.2-3　门禁系统构成示意图

2. 车站级门禁系统

车站级系统主要由车站工作站、授权读卡器、打印机、局域网设备及不间断电源等组成，如图 11.2-4 所示。

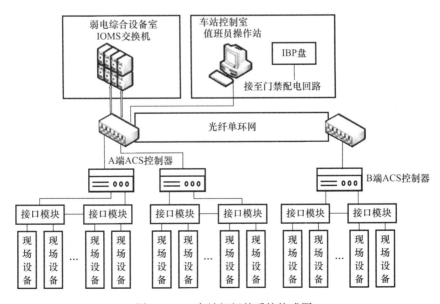

图 11.2-4　车站级门禁系统构成图

3. 就地级门禁系统

就地级门禁系统主要由就地控制器及与其相连的读卡器、电子锁、门磁、开门按钮、门禁卡等组成。

11.3 概预算

11.3.1 工程量计算规则

1. 计算规则

（1）设备按个或组、套计量，并在规格和备注中明确其内容包含范围。

（2）挖光（电）缆沟及管道沟的土质按照"综合土"和"综合石"分别计算。

（3）三层、二层以太网交换机以"套"为单位计算。

（4）入侵报警器设备安装工程，按设计图示数量以"套"为单位计算。

（5）出入口控制设备安装工程，按设计图示数量以"台"为单位计算。

（6）分系统调试、系统试运行，以"系统"为单位计算。

2. 工程数量

典型 6A 车站一般设置 2 个安检点，每个安检点设置车站安检系统设备，安检点设备配置原则如表 11.3-1 所示。

车站安检系统安检点设备配置原则表　　　　　　表 11.3-1

序号	安检设备名称	单位	设置原则
1	X 射线安全检查设备	台	每个安检点分别设置 1 台
2	台式液体检查仪	台	每处安检点设置 1 台
3	便携式液体检查仪	台	每处安检点设置 1 台
4	便携式爆炸物探测器	台	每处安检点设置 1 台
5	防爆球（罐）	只	每座车站独立站厅、独立站台各设置 1 只
6	手持金属探测器	台	每处安检点设置 4 台
7	辅助设备	套	每处安检点设置 1 套，含插排、腰挂式扩声器、手持式扩声器、客流引导带、阅图工作站围挡、安检设备柜、开包工作台等

11.3.2 核心设备

1. 安防系统

（1）车站安检系统

车站安检系统主要由 X 射线安全检查设备、台式液体检查仪、便携式液体检查仪、便携式爆炸物探测器、防爆球（罐）、防爆毯、危险物品存储罐、手持金属探测器、辅助设备及安检标志标识等构成。

1）X 射线安全检查设备：具有有机物剔除、图像放大、图像穿透增强、高吸收率报警、连续扫描及危险品提示显示等功能，如图 11.3-1 所示。

2）台式液体检查仪：具有报警后手动或自动复位、自动计数、声光报警、自动校验、液体检测结果存储及检索等功能，如图 11.3-2 所示。

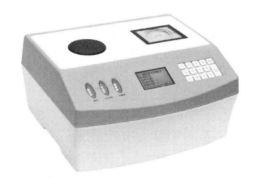

图 11.3-1　X 射线安全检查设备　　　　　图 11.3-2　台式液体检查仪

3）便携式爆炸物探测器：具有检测大多数商用和军用炸药的功能，如图 11.3-3 所示。

4）手持金属探测器：可对乘客身体进行非接触式检查，具有声、光、振动单独报警、开机自动检测，报警模式选择等功能，如图 11.3-4 所示。

图 11.3-3　便携式爆炸物探测器　　　　　图 11.3-4　手持金属探测器

5）防爆球：对爆炸冲击波、爆炸声响、爆炸碎片能起到有效防护作用，如图 11.3-5 所示。

图 11.3-5　防爆球

车站安检系统常见设备的主要规格及价格如表 11.3-2 所示。

车站安检系统设备主要规格及价格 表 11.3-2

项目名称	规格	单位	市场含税价（元）
X 射线安全检查设备	中型通道式	台	250000
台式液体检查仪		台	120000
便携式液体检查仪	电磁检测型	台	60000
便携式爆炸物探测器		台	160000
防爆球	FBQ—JBG750FB	个	80000
手持金属探测器		台	800

注：表中型号说明：FBQ—JBG750FB——防爆球重量 750kg。

（2）车辆基地周界防范系统

车辆基地周界防范系统主要由报警主机（图 11.3-6）、周界报警工作站、张力围栏（图 11.3-7）、摄像机等构成，常见设备主材的主要规格及价格如表 11.3-3 所示。

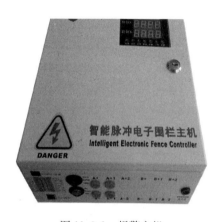

图 11.3-6 报警主机

图 11.3-7 张力围栏

车辆基地周界防范系统设备主要规格及价格 表 11.3-3

项目名称	规格	单位	市场含税价（元）
报警主机	电子围栏型报警主机	台	80000
周界报警工作站	TK01 型工作站	台	15000
张力围栏	定制	km	150000
摄像机	固定式	台	8000

2. 门禁系统

门禁系统分为中央与车站两级管理，中央、车站、就地三级控制。中央级的核心设备为门禁服务器、工作站；车站级核心设备为车站工作站、读卡器。就地级核心设备为就地控制器、门锁及开关。门禁系统的主要设备如图 11.3-8 所示，常见设备的主要规格及价格如表 11.3-4 所示。

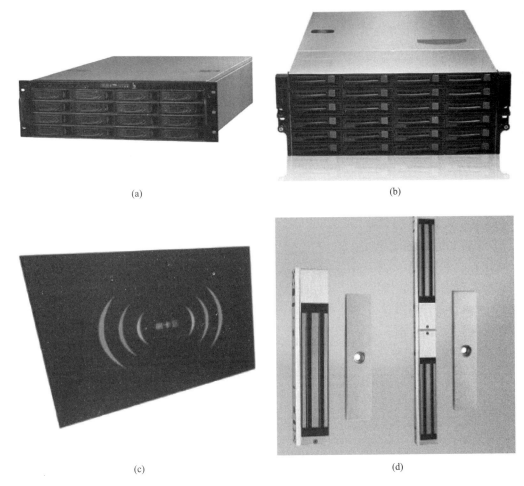

图 11.3-8　门禁系统主要设备

（a）门禁服务器；（b）工作站；（c）读卡器；（d）门锁

门禁系统设备主要规格及价格　　　　　　表 11.3-4

项目名称	规格	单位	市场含税价（元）
门禁服务器	数据库服务器	台	100000
工作站		台	80000
读卡器	授权、考勤读卡器	台	500
门禁控制器		台	20000
就地控制器		台	8000
门锁	单门、双门磁力锁	台	2000

11.3.3　安装工程与主要材料

典型 6A 线路的安防与门禁系统中，设备费占比 80%，主材费占比 10%，安装费（不含主材）占比 10%。安防与门禁系统的核心主材包括电缆、光缆、桥/支架三部分，具体安装工序及主材介绍参照本书第 5 章通信。

11.3.4 概预算编制

1. 定额说明

（1）光缆、电缆等网线敷设主材数量应考虑定额损耗量。

（2）设备安装定额套用一般包括设备基础预埋、设备运输、设备安装。

（3）电力电缆敷设定额项目，除单轨跨座式高架区间外，均按三芯电缆编制。敷设单芯电力电缆时，定额人工、机械消耗量乘以系数 0.67；敷设五芯电力电缆时，定额人工、机械消耗量乘以系数 1.3，五芯以上每增加一芯，系数增加 0.3。

（4）安全防范全系统联调费按安防系统人工费的 30% 计取。

2. 编制重点

（1）安防系统

1）车站安检系统

车站安检系统概预算编制时，应重点关注投资占比大的 X 射线安全检查设备、台式液体检查仪、便携式爆炸物探测器的数量和单价，典型 6A 车站的安检系统指标约为 150 万元/站，重点设备占系统设备主材费的 70.67%，其参考数量及单价如表 11.3-5 所示。

车站安检系统重点设备参考数量及单价表　　　　表 11.3-5

序号	项目名称	规格	单位	数量	单价（元）	总价（元）	费用占比
1	X 射线安全检查设备	中型通道式	台	2	250000	500000	33.33%
2	台式液体检查仪		台	2	120000	240000	16.00%
3	便携式爆炸物探测器		台	2	160000	320000	21.33%

2）车辆基地周界防范系统

车辆基地周界防范系统概预算编制时，应重点关注投资占比大的报警主机、周界报警工作站、张力围栏、摄像机的数量和单价，典型 6A 车辆段的周防系统指标约为 800 万元/座，典型 6A 停车场的周防系统指标约为 400 万元/座。以车辆段周防系统为例，重点设备主材占系统设备主材费的 51.13%，其参考数量及单价如表 11.3-6 所示。

车辆基地周防系统重点设备主材参考数量及单价表　　　　表 11.3-6

序号	项目名称	规格	单位	数量	单价（元）	总价（元）	费用占比
1	报警主机	电子围栏型报警主机	台	1	80000	80000	1.00%
2	张力围栏	定制	km	3	150000	450000	5.63%
3	摄像机	固定式	台	220	8000	1760000	22.00%
4	摄像机	一体化球型	台	100	18000	1800000	22.50%

（2）门禁系统

1）中央级系统

中央级系统概预算编制时，应重点关注投资占比大的门禁服务器、工作站、中心级软件的数量和单价，典型 6A 车站的中央级门禁系统指标约 90 万元/处，重点设备占系统设备主材费的 88.89%，其参考数量及单价如表 11.3-7 所示。

中央级门禁系统重点设备参考数量及单价表　　　　表 11.3-7

序号	项目名称	规格	单位	数量	单价（元）	总价（元）	费用占比
1	门禁服务器	数据库服务器	台	2	100000	200000	22.22%
2	中心级软件		套	1	300000	300000	33.33%
3	网络安全防火墙		套	1	300000	300000	33.33%

2）车站及就地级系统

车站及就地级门禁系统概预算编制时，应重点关注投资占比大的门禁管理服务器、工作站、授权读卡器、就地控制器的数量和单价，典型 6A 车站的车站及就地级门禁系统指标约 80 万元/站，重点设备占系统设备主材费的 61.25%，其参考数量及单价如表 11.3-8 所示。

车站及就地级门禁系统重点设备参考数量及单价表　　　　表 11.3-8

序号	项目名称	规格	单位	数量	单价（元）	总价（元）	费用占比
1	门禁控制器		台	1	20000	20000	2.50%
2	工作站		台	1	80000	80000	10.00%
3	读卡器	授权、考勤读卡器	台	52	500	26000	3.25%
4	就地控制器		台	32	8000	256000	32.00%
5	门锁	单门、双门磁力锁	台	54	2000	108000	13.50%

3. 注意事项

（1）不同安检级别的设备配置

影响车站安检系统造价的主要因素是安检级别，安检级别受车站客流、周边环境等影响，变化范围大。根据城市轨道交通站点客流峰值、政治敏感、交通枢纽、行李包裹等情况，一般将车站划分为 3 种安检级别：一级为客流量大、交通枢纽车站；二级为大型场馆周边、敏感地区车站；三级为其他地区车站。根据不同的车站级别，合理配置不同的安检系统设备，如表 11.3-9 所示。

不同安检级别车站核心设备数量对比表　　　　表 11.3-9

序号	项目	单位	安检级别（一级）	安检级别（二级）	安检级别（三级）
	车站安检	站	1	1	1
1	X 射线安全检查设备	台	4	4	2
（1）	中型 X 射线安全检查设备	台	—	4	2
（2）	大型 X 射线安全检查设备	台	4	—	—
2	台式液体检查仪	台	4	4	2
3	便携式液体检查仪	台	4	4	2
4	便携式爆炸物探测器	台	4	4	2
5	防爆球（罐）	个	4	4	2
6	安检辅助设备	套	4	4	2

（2）安防集成平台

目前，部分城市和地区采用安防集成平台的方案，形成自动化、智能化程度高、综合防范能力强、符合地铁特点的安全防范系统。

线路中心级安防集成平台设置实时服务器、历史服务器、维护网管服务器、磁盘阵列、以太网交换机、通信接口处理器、在线式后备电源（UPS）、工作站、打印机等设备。在控制中心、公交分局设置以太网交换机，通过通信专业提供的光纤连接到安防集成平台，为整个轨道交通应急指挥提供基础信息平台。

站点级安防集成平台通过分布在站点范围内的站级局域网络，对管辖范围内的各安防子系统的状态、性能、报警信息等数据进行实时收集，通过操作员工作站以图形、表格和文本形式显示出来，供车站运营、安保或公安人员参考使用，提供向城市轨道交通各运营系统发布联动控制请求的能力。站点级安防集成平台的设备由实时服务器、以太网交换机、通信接口处理器、工作站、打印机等组成。

典型 6A 线路的安防集成平台每条线指标约为 1500 万元。

第 12 章　自动售检票

12.1　概述

自动售检票系统（AFC）是城市轨道交通系统的重要组成部分，主要为乘客提供快捷、简易的购票和检票进站服务。主要由清分中心（ACC）、线路中央计算机系统（LCC）、车站 AFC、维修及培训系统等组成，如图 12.1-1 所示。

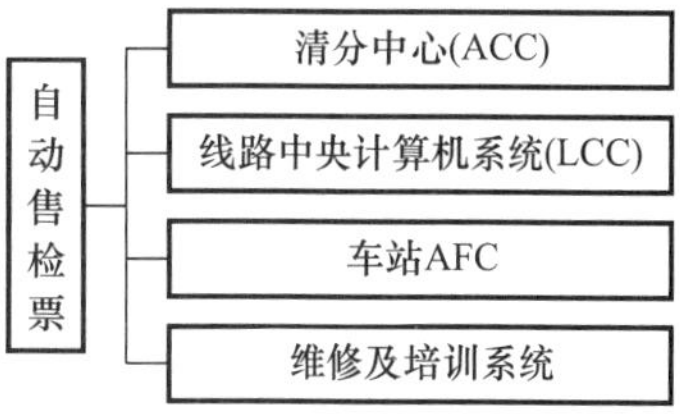

图 12.1-1　自动售检票系统组成图

12.1.1　设计理念

1. 设计原则

（1）AFC 系统不仅应满足线路本身运营和管理要求，还应考虑后续工程延长或调整需要，以及与轨道交通线网其他线路联运联乘、无障碍换乘的需求。

（2）AFC 系统的设计能力应满足地铁超高峰客流量的需要。设备数量应按近期超高峰客流量计算确定，并应按远期超高峰客流量预留位置与安装条件。

（3）AFC 系统的设计应以可靠性、安全性、可维护性和可扩展性为原则，保证数据的完整性、保密性、真实性和一致性。

（4）现场设备布置应充分考虑车站建筑条件、客流量、客流走向、乘客使用频率等条件，为运营管理提供良好条件。还应适当考虑使用中的人为因素，结合站厅出入口的客流量分布，适当地进行调整。

（5）在满足系统安全性、可靠性及功能需求的前提下，应优先选用国内成熟系统及设备，并充分利用国内厂家的系统集成能力和加工及设备总成能力，提高系统设备国产化率。

（6）AFC 系统应具有良好的操作界面，现场设备的外观设计应尽可能体现本地的文化特色，并符合整体的建筑装修要求。

2. 设计参数

（1）AFC 系统应能 7×24h 连续运行，根据不同设备的可靠性及运行环境需求采用相应的措施和技术。

（2）普通通道检票机单片宽度为 280mm，通道宽度为 550mm；宽通道检票机单片宽度为 300mm，通道宽度为 900mm。

（3）AFC 系统设备应满足以下要求：平均无故障时间 MTBF≥30000h；平均故障修复时间 MTTR≤30min。

（4）AFC 系统现场终端设备应符合人体工程学，应具有良好的人机界面扩展能力，方便乘客使用，现场终端设备具体性能指标如表 12.1-1 所示。

现场终端设备性能指标表 表 12.1-1

设备名称	运行设备两次损坏之间的次数（MCBF）	平均故障修复时间（MTTR）
自动检票机（闸机）	≥70000 次	≤30min
票房售票机	≥100000 次	≤30min
自动售票机	≥50000 次	≤30min
互联网售票机	≥50000 次	≤30min
便携式验票机	≥100000 次	≤30min

（5）车站服务器采用工业标准处理器，支持多 CPU 的 64 位主机，应配置不少于 4 个 CPU，至少可扩充至 8 个，CPU 主频不低于 1.90GHz；内存不少于 64GB，可扩充至 128GB；内置不少于 3 个硬盘，硬盘容量需要考虑应用程序、操作系统、文件系统和系统缓存等的需求外，还应考虑 50％的冗余空间。

（6）车站各工作站配置不低于：CPU 主频 1.8GHz，内存 32GB，硬盘 1TB，20 英寸液晶显示器，支持 USB 启动系统等。

12.1.2 功能模块

自动售检票系统布置如图 12.1-2 所示。

1. 清分系统（ACC）

清分系统（ACC）设置在控制中心，实现对车票交易数据的整体处理及统计分析。清分系统用于城市轨道交通各条线路之间，与城市通卡、银联、移动运营商及其他相关系统之间的收益清算、交易数据的整体处理及统计分析，并具备对城市轨道交通各线路 AFC 系统整体运营管理的功能。清分中心系统建成后作为整个城市轨道交通线网的发卡中心、清分中心、数据中心和运营管理中心，将统一管理和下发城市轨道交通各线共同的票务及系统参数。

2. 线路中央计算机系统（LCC）

线路中央计算机系统（LCC）作为线路 AFC 系统的管理及监控中心，设在线路控制中心，通过光纤传输通道向上接入清分系统。LCC 由中央服务器、应用服务器、操作员工作站、存储设备、打印机、网络设备和不间断电源等组成。主要功能包括接收清分系统的运行参数、票价表、交易结算数据、财务数据清分、黑名单以及接收、发送车票调配等信息；向清分系统上传各种原始交易数据、客流监视数据、设备状态数据、接收并转发清分系统的各种指令、安全认证数据等；接收车站计算机系统上传的车站终端设备数据，并对采集的数据进行处理，定期完成各种统计报表；向车站计算机系统和车站终端设备下发系统参数、运营模式安全认证数据及黑名单等。

3. 车站 AFC

车站 AFC 主要包括车站终端设备、车站计算机系统等。

车站售检票终端设备主要包括自动售票机、互联网售票机、自动检票机（含单向、双向、宽通道）、便携式检验票机等。

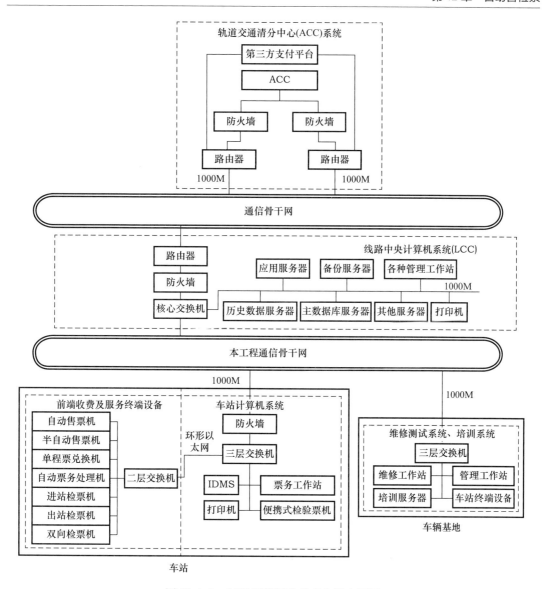

图 12.1-2　AFC 系统标准技术方案布置图

车站计算机系统设置在车站控制室或设备房中，用以对车站终端设备进行监控和控制，每个车站设置 1 套车站计算机系统。车站计算机接收线路中央计算机系统下发的运行参数、运营模式安全认证数据及黑名单等，并下发给车站终端设备。同时采集车站终端设备的原始交易数据和设备状态数据，并上传给线路中央计算机系统。车站计算机组网如图 12.1-3 所示。

4. 维修及培训系统

维修测试系统和培训系统一般设置在车辆基地。

维修测试系统主要对 AFC 系统设备的故障及运行状态进行监控，跟踪设备内具有电子编号部件的安装情况，跟踪设备部件的添加及替换等记录，跟踪设备关键部件的使用情况及安装位置，进行维修调度等。

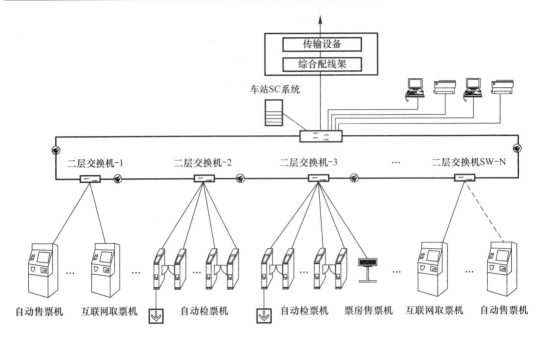

图 12.1-3　车站计算机组网示意图

培训系统用于培训维修人员及运营操作人员，使他们能独立、安全有效地运作 AFC 系统，对 AFC 系统提供安全、称职、有效的操作、维护和检修；在系统扩展时能在供货商指导下，独立完成部分系统扩展工作。

12.2　概预算

12.2.1　工程量计算规则

1. 计算规则

（1）设备数量（如自动售票机、自动检票机）统计依据图纸确定，计算参数及原则严格按照相关技术标准。

（2）AFC 地面线槽的工作内容，根据生产工艺的不同需将线槽及分线盒、出线孔等项目分开计列。

（3）线缆引入室内及设备内预留长度按以下规则计算：线缆在引入通信设备室、银行网点后应预留 20m 长度；线缆在引入票务室、维修室、车控室、通信电源室、客服中心后应至少预留 8m 长度；各类连接至终端设备的线缆，在设备终端处每处至少预留 2m 长度。

（4）各种光缆、电缆、网线敷设（架设）的工程量，按设计长度计算，并将附加长度计入工程量，附加长度包括设计规定的预留长度和垂度、弛度、自然弯曲度等。

2. 工程数量

典型 6A 车站自动售检票设备配置主要原则如表 12.2-1 所示。

车站自动售检票系统设备配置原则表　　　　　　　　表 12.2-1

序号	安检设备名称	单位	设置原则
1	自动售票机	台	每组自动售票机数量不少于 4 台，一般设置 2 组
2	自动检票机	通道	自动检票机的配置满足车站紧急疏散的要求，每组自动检票机数量不少于 5 通道
3	宽通道双向检票机	通道	在每座车站均设置宽通道双向检票机，在建筑空间有条件的情况下，每组进站/出站检票机组均设置 1 台宽通道双向检票机

综上分析，典型 6A 车站设置 8 台自动售票机（其中自动售票机 4 台，互联网售票机 4 台）、6 通道进站检票机、2 通道边门检票机、10 通道出站检票机、2 通道普通双向检票机、4 通道宽通道双向检票机。

12.2.2　核心设备

1. 线路中央计算机系统（LCC）

线路中央计算机系统（LCC）的核心设备主要是主数据服务器、线路中央计算机软件等，主数据服务器如图 12.2-1 所示，设备价格见第 12.2.4 节的"编制重点"（表 12.2-6）。

2. 车站 AFC

车站 AFC 主要包括车站终端设备、车站附属设备等。车站售检票终端的核心设备主要是自动售票机和自动检票机（含单向、双向、宽通道）。车站附属设备主要包括监控工作站、票务工作站、紧急按钮和打印设备等。

（1）自动售票机

自动售票机设在非付费区，由乘客自行操作，根据乘客所选到站地点或票价自动计费、收费、发

图 12.2-1　主数据服务器

售车票。支持现金或储值车票购买单程票，也可根据需要对储值车票进行充值，并具有验票功能。能同时接受正在流通的主要硬币、纸币，预留识别新币种的条件，并具备纸币的接收暂存及识别伪钞和纸币找零功能，具有接收银行卡及手机支付条件，如图 12.2-2 所示。

（2）自动检票机

自动检票机包括进闸机、出闸机、双向闸机，用于隔离付费区和非付费区。自动检票机能对乘客持有的城市轨道交通专用车票、二维码等进行检查、读写，如图 12.2-3 所示。

图 12.2-2　自动售票机

图 12.2-3　自动检票机

车站 AFC 系统设备主要规格及价格如表 12.2-2 所示。

车站 AFC 系统设备主要规格及价格　　　　表 12.2-2

项目名称	规格	单位	市场含税价（元）
自动售票机	TVM3500	台	160000
互联网售票机	iTVM 1711N	台	100000
进站检票机	HIG2700-2	通道	90000
出站检票机	HIG2700-3	通道	90000

注：表中型号含义如下：TVM——自动售票机；iTVM——互联网售票机。

3. 维修及培训系统

维修及培训系统的主要设备包括维修服务器、培训工作站等。维修及培训系统常见设备主要规格及价格如表 12.2-3 所示。

维修及培训系统设备主要规格及价格　　　　表 12.2-3

项目名称	规格	单位	市场含税价（元）
维修服务器		台	50000
模拟服务器		台	200000
工作站	培训、维修、模拟	台	15000

12.2.3　安装工程与主要材料

典型 6A 车站的 AFC 系统中，设备费占比约 90%，主材费占比 4%，安装费（不含主材）占比 6%。AFC 系统的核心主材包括电缆、光缆、桥/支架三部分，具体安装工序及主材介绍参照本书第 5 章通信。

12.2.4　概预算编制

1. 定额说明

（1）自动售检票全线系统及分系统联调中，以独立的一个站或中心为基础，按独立的一个站或中心人工费的 30% 计取。

（2）车站售、检票设备安装、调试，按设计图示数量以"台"为单位计算。

（3）自动售检票计算机设备、网络设备及软件安装、调试，按设计图示数量以"台（套）"为单位计算。

（4）系统互联与调试，按设计图示数量以"系统"为单位计算。

2. 编制重点

（1）车站 AFC 系统

车站 AFC 系统概预算编制时，应重点关注投资占比大的自动售票机、互联网售票机、自动检票机的数量和单价。典型 6A 车站 AFC 系统指标约 550 万元/站，重点设备占系统设备主材费的 59.27%，其参考数量及单价如表 12.2-4 所示。

车站 AFC 系统重点设备参考数量及单价表　　　　表 12.2-4

序号	项目名称	规格	单位	数量	单价（元）	总价（元）	费用占比
1	自动售票机	TVM3500	台	4	160000	640000	11.64%

续表

序号	项目名称	规格	单位	数量	单价（元）	总价（元）	费用占比
2	互联网售票机	iTVM 1711N	台	4	100000	400000	7.27%
3	自动检票机	含进站、出站、宽通道等	通道	24	92500	2220000	40.36%

（2）维修及培训系统

维修及培训系统概预算编制时，应重点关注投资占比大的服务器、工作站的数量和单价。以典型 6A 线路为例，一般在车辆基地设一处维修及培训系统，指标约为 500 万元/处，重点设备占系统设备主材费的 48.40%，其参考数量及单价如表 12.2-5 所示。

维修及培训系统重点设备参考数量及单价表　　　　表 12.2-5

序号	项目名称	规格	单位	数量	单价（元）	总价（元）	费用占比
1	维修服务器		台	8	50000	400000	8.00%
2	模拟服务器		台	2	200000	400000	8.00%
3	工作站	培训、维修、模拟	台	12	15000	180000	3.60%
4	自动售票机	TVM3500	台	2	160000	320000	6.40%
5	互联网售票机	iTVM 1711N	台	2	100000	200000	4.00%
6	自动检票机	含进站、出站、宽通道等	通道	10	92000	920000	18.40%

（3）线路中央计算机系统（LCC）

线路中央计算机系统概预算编制时，应重点关注投资占比大的主数据服务器、线路中央计算机软件的数量和单价，以典型 6A 线路为例，线路中央计算机系统指标约 950 万元/处，重点设备占系统设备主材费的 53.68%，其参考数量及单价如表 12.2-6 所示。

线路中央计算机系统重点设备参考数量及单价表　　　　表 12.2-6

序号	项目名称	规格	单位	数量	单价（元）	总价（元）	费用占比
1	主数据服务器	中心级	台	2	550000	1100000	11.58%
2	线路中央计算机软件	中心级	批	2	2000000	4000000	42.11%

3. 注意事项

（1）客流对车站自动售检票费用的影响

影响自动售检票系统造价的主要因素是车站客流，8A 编组客流较 6A 编组大、车站规模大，配置的售检票设备比 6A 编组多，典型 8A 车站比典型 6A 车站建筑面积增加约 3500m²，车站 AFC 系统设备相应增加，如表 12.2-7 所示，费用指标增加 101.90 万元/站。

典型 6A 车站和典型 8A 车站 AFC 核心设备数量对比表　　　　表 12.2-7

序号	项目	单位	6A 车站设备数量	8A 车站设备数量
1	自动售票机	台	4	5
2	互联网售票机	台	4	5
3	半自动售票机	台	2	3

序号	项目	单位	6A 车站设备数量	8A 车站设备数量
4	进站检票机	通道	6	10
5	边门检票机	通道	2	2
6	出站检票机	通道	10	12
7	普通双向检票机	通道	2	2
8	宽通道双向检票机	通道	4	4

（2）多线路中心（CLC）

目前，部分城市轨道交通 AFC 系统接入多线路中心（CLC）。多线路中心（CLC）是轨道交通多个线路中心系统的集合，主要包含主中心系统、调试中心系统、维修中心系统、票务中心系统、灾备中心系统、检测中心系统等子系统。接入多线路中心 CLC 后，取消线路中央计算机系统（LCC），概算中仅需计列 CLC 接入费用。

（3）清分系统（ACC）

清分中心一般列入城市的第 1 条线路投资，后续线路仅计列 ACC 接入费用，一般一条线路配合接入费按照 150 万元考虑。

第 13 章 站内客运设备、站台门

13.1 站内客运设备

站内客运设备作为城市轨道交通车站的大型设备，是乘客使用最为频繁的设备，也是提高车站集散效率，方便旅客进出站和上下楼层，满足无障碍出行要求，体现城市文明形象必不可少的设备。站内客运设备由自动扶梯、电梯、自动人行道和轮椅升降台组成，如图 13.1-1 所示。

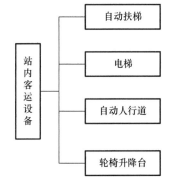

图 13.1-1　站内客运设备系统组成图

13.1.1 设计理念

1. 设计原则

（1）自动扶梯采用公共交通重载型扶梯，电梯采用无机房垂直电梯实现无障碍通道。地下车站站内扶梯选用室内型自动扶梯，电梯采用观光型电梯，以保证车站的通透美观。出入口扶梯选用室外型自动扶梯，电梯宜采用钢筋混凝土井道电梯。

（2）自动扶梯采用变频调速装置，具备节约能源功能。观光电梯钢井架立柱及横梁均采用方柱形式。所有电梯均采用大门套。

（3）自动扶梯下部机坑不得积水，应采用重力流排水。无重力流排水条件时，应在机坑外设集水坑，并配备排水设施。电梯底坑按不渗水设计，底坑内不得积水。出入口电梯应在底坑外设置集水坑，并配备排水设施。室外型自动扶梯必须设置油水分离器，雨水需通过油水分离器后再排入集水井。电梯底坑内应设置排水设施，并不应漏水、渗水；当采用液压电梯时，底坑应具有集油装置。

（4）设置自动扶梯的出入口应设置上盖，以避免设备直接暴露在室外环境中。为适应冬季的室外温度环境，室外自动扶梯设置上机舱和梳齿板加热装置，加热装置电源由扶梯驱动电源提供，运营时需先加热扶梯梯级，再启动扶梯，不可边加热边运行。

（5）自动扶梯的传输设备应采用阻燃材料，采用无卤、低烟的阻燃电线和电缆。电梯的井道壁、底面、顶板应使用不燃、坚固、无粉尘的材料建造。

（6）自动扶梯需就近设置独立电源箱。参与疏散的自动扶梯采用一级负荷，其他扶梯及电梯采用二级负荷。电梯应配置蓄电池，满足紧急情况下电梯运行所需电源要求。

（7）当电梯兼作消防梯时，其设施应符合消防电梯的功能，供电应采用一级负荷。

2. 设计参数

（1）自动扶梯水平梯级上、下各 4 块（水平长度不小于 1.6m），梯级宽度 1000mm，

倾斜角度为 30°、27.3°。

（2）自动扶梯名义速度为 0.65m/s（可调整在 0.5m/s 速度下运行），节能速度为 0.13m/s（不小于名义速度的 0.2 倍）。

（3）自动扶梯设计最大输送能力为 7300 人/h（0.5m/s 速度下最大输送能力为 6000 人/h）。

（4）自动扶梯导轨转弯半径应符合表 13.1-1 要求。

上、下导轨转弯半径 表 13.1-1

自动扶梯类型	上导轨转弯半径（mm）	下导轨转弯半径（mm）
提升高度≤10m	≥2600	≥2000
提升高度＞10m	≥3600	≥2000

（5）电梯额定载重量为 1000kg/1600kg，提升速度为 1m/s。

（6）电梯开门尺寸及轿厢尺寸应符合表 13.1-2 的要求。

电梯开门尺寸及轿厢尺寸表 表 13.1-2

电梯类型	开门尺寸（mm）		轿厢尺寸（mm）			轿厢最大有效面积
	宽	高	宽	深	高	
载重 1000kg	1000	2100	1600	1400	2300	≤2.4m²
载重 1600kg	1100	2100	1950	1750	2300	≤3.56m²

注：轿厢尺寸允许有适当差异，但最大有效面积应符合表中要求。

13.1.2 功能模块

站内客运设备主要包括电梯和自动扶梯，布置如图 13.1-2 所示。

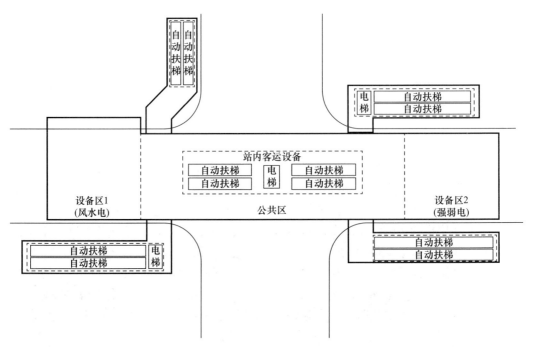

图 13.1-2 站内客运设备系统标准技术方案布置图

1. 自动扶梯

自动扶梯作为地铁车站内集散乘客的主要运输工具，它可以将乘客安全、快捷、舒适地送入或送出车站，满足地面至站厅、站厅至站台不同标高间乘客的乘降需要。自动扶梯一般设置在车站出入口至站厅层、站厅层至站台层之间。

自动扶梯为公共交通重载型，当自动扶梯上无乘客时，自动转入节能速度。在乘客乘梯前，自动感应，切换到额定速度，具有全变频调速功能。

2. 电梯

一般在地铁车站内及出入口处设置电梯，可为行动不方便的乘客服务，也可兼作设备更换维修时运输设备零部件。电梯的设置需满足行动不方便乘客不同方向乘坐地铁以及换乘的需要，同时兼顾大尺寸、重行李的垂直乘降功能。站台-站厅层垂直电梯设置在付费区，站厅-地面层垂直电梯设置在非付费区。

车站通常采用运行性能好、维修方便的井道结构无机房电梯，车辆段由于土建条件充裕，基于方便维修和节约造价的考虑，多选择有机房曳引型电梯。无机房电梯相对于有机房电梯，利用现代化生产技术将机房内设备尽量在保持原有性能的前提下小型化，将原机房内的控制柜、电引机、限速器等移往电梯井道顶部或井道侧部，从而取消传统机房。

13.2　站台门

站台门具有保护乘客安全、在运营过程中节约通风空调系统能耗的功能，在改善乘客候车环境、增进社会效益、节约劳动力资源方面均有重要作用，同时可以消除列车活塞风和噪声对乘客的影响。站台门主要有全封闭站台门和半高型站台门两种形式，全封闭型站台门用于地下车站，半高型站台门用于地面站或高架站。站台门系统组成如图 13.2-1 所示。

图 13.2-1　站台门系统组成图

13.2.1　设计理念

1. 设计原则

（1）站台门设置在车站站台有效站台长度范围内，以站台中心线为基准向两端对称布置。

（2）站台门系统应满足行车、信号、通风空调等系统安全运营的要求。

（3）站台门的设置应满足正常运营时乘客上下车和故障或灾害运营时疏散乘客的要求。

（4）站台门不作为车站防火分隔设施。

（5）站台门系统的软硬件应充分考虑可靠性、可维修性、可扩展性和兼容性，遵循模块化和冗余设计的原则。

（6）门体框架和门板材料应选用 A 级不燃材料；站台门系统的绝缘材料、密封材料和电线电缆等应采用无卤、低烟的阻燃材料。

（7）站台门供电电源按一级负荷进行设计。

（8）首、末滑动门打开后不能影响列车司机门的全部开启和列车司机进出司机室。

（9）整列站台门的控制优先权应从低到高排列，可分为下列级别：信号系统对站台门进行开关控制；就地控制盘对站台门进行开关控制；通过紧急控制盘对站台门进行开关控制；手动操作。

2. 设计参数

（1）站台门平均无故障使用周期不小于 60 万个周期。

（2）交流输入电压为 380（$1\pm10\%$）V，额定输入频率为 50 ± 2Hz。

（3）正常维护条件下，系统整体使用寿命$\geq$30a。

（4）站台门标准尺寸如表 13.2-1 所示。

站台门标准尺寸　　　　　　　　　　　　　　表 13.2-1

项目名称	标准尺寸（mm）	
	全高封闭型站台门	半高型站台门
站台门总高度	3200	1600
滑动门净开度	2000	2000
端门净开度	1100	1200
应急门净开度	1100	1200
标准端门单元净宽度	2500	2500
滑动门、应急门、端门净高度	2150	1500

13.2.2 功能模块

站台门设置在站台边缘，将列车与车站站台候车区隔离，保障乘客候车安全。列车未进站时，站台门处于关闭状态；当列车进站后，列车车门与站台门严格对准、联动开启，以供乘客上下车，待乘降结束后，车门与站台门同步关闭。站台门布置见图 13.2-2。

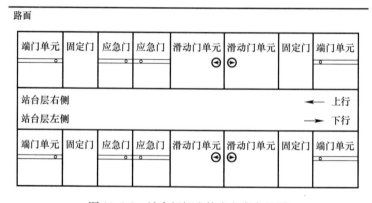

图 13.2-2　站台门标准技术方案布置图

13.3 概预算

13.3.1 工程量计算规则

1. 计算规则

（1）自动扶梯按提升高度划分以"部"计算。电梯安装按层（站）数划分、以"部"

计算。电梯电气安装以及电梯调试以"部"计算。

（2）门柱及门槛安装、上部结构安装、门楣及盖板安装以"门单元"计算。门体安装中固定门、滑动门、应急门及端门单元安装以"道"计算。门状态指示灯及控制装置安装以"套"计算。系统调试以带一套自动开、闭门装置的自动门为一个"门单元"计算。

2. 工程数量

1 座典型 6A 车站的站内客运设备数量如表 13.3-1 所示。站台门的设备数量一般随列车编组而变化，不同编组站台门数量如表 13.3-2 所示，典型 6A 车站的站台门系统主要设备数量如表 13.3-3 所示。

1 座典型 6A 车站站内客运设备数量表　　　　表 13.3-1

序号	项目名称	单位	数量	备注
1	自动扶梯	部	12	主体布置 4 部，出入口布置 8 部
2	电梯	部	3	主体布置 1 部，出入口布置 2 部

1 座车站不同列车编组站台门数量表　　　　表 13.3-2

列车编组类型	4B 编组	6B 编组	6A 编组	8A 编组
站台门数量（门单元）	32	48	60	80

1 座典型 6A 车站站台门系统主要设备数量表　　　　表 13.3-3

序号	项目名称	单位	数量
1	顶箱、立柱结构、门槛、安装底座	套	2
2	门机系统	套	60
3	电源设备	套	1
4	固定门	道	48
5	滑动门	道	60
6	中央控制盘（PSC）	套	1
7	应急门	道	12
8	门控单元（DCU）	套	60
9	端门单元	套	4
10	激光雷达探测系统	套	1

13.3.2　核心设备

1. 自动扶梯

地铁车站一般采用公共交通重载型自动扶梯，能够在高频率重载和恶劣交通环境下，提供安全可靠的服务，如图 13.3-1 所示。

自动扶梯设备单价约为 86 万元/部。

2. 电梯

地铁车站电梯应按无机房电梯设计，当无法满足无机房电梯布置要求时，宜采用液压电梯，站内电梯轿厢和井道采用透明型，如图 13.3-2 所示。出入口电梯地下层厅门和轿厢门采用透明型，地面层厅门可采用不透明型。

电梯设备单价约为 41 万元/部。

图 13.3-1 自动扶梯　　　　　　　　图 13.3-2 电梯

3. 站台门

站台门系统主要由门体、门机、电源与控制系统四部分组成，全自动驾驶线路每站还需设置一套激光雷达探测系统。

（1）门体

门体包括顶箱结构、支撑结构、门槛、固定门、应急门、端门等，如图 13.3-3 所示。

（2）门机

门机由驱动电机、传动装置和紧锁装置三部分组成，如图 13.3-4 所示。

图 13.3-3 门体　　　　　　　　　图 13.3-4 门机

（3）电源

电源分为驱动电源和控制电源，如图 13.3-5 所示。

（4）控制系统

控制系统主要由中央控制盘（PSC）、门控单元（DCU）、就地控制盒等组成，如图 13.3-6 所示。

典型 6A 车站的站台门指标为 8.8 万元/门单元，当采用全自动驾驶时，每座车站增设一套激光雷达探测系统，按 72 万元/套估列，则站台门指标为 10 万元/门单元。

13.3.3 安装工程与主要材料

1. 自动扶梯

典型 6A 车站自动扶梯，设备费占比 90%，安装费占比 10%，无相关主材费用。自动扶梯安装一般由设备供应商负责，安装工序流程如图 13.3-7 所示。

图 13.3-5　站台门电源　　　　　图 13.3-6　站台门控制系统

2. 电梯

典型 6A 车站电梯，设备费占比 90%，安装费占比 10%，无相关主材费用。电梯安装一般由设备供应商负责，安装工序流程如图 13.3-8 所示。

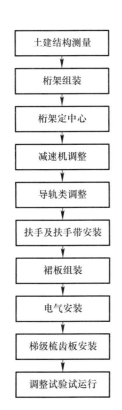

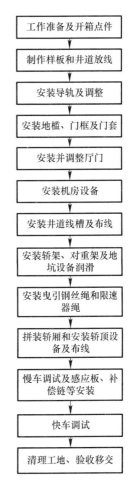

图 13.3-7　自动扶梯安装工序流程图　　　　图 13.3-8　电梯安装工序流程图

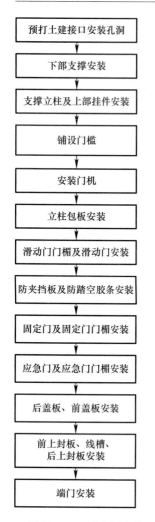

图 13.3-9 站台门安装
工序流程图

预打土建接口安装孔洞

下部支撑安装

支撑立柱及上部挂件安装

铺设门槛

安装门机

立柱包板安装

滑动门门楣及滑动门安装

防夹挡板及防踏空胶条安装

固定门及固定门门楣安装

应急门及应急门门楣安装

后盖板、前盖板安装

前上封板、线槽、后上封板安装

端门安装

3. 站台门

典型 6A 车站站台门，设备费占比 80%，安装费占比 20%，无相关主材费用。安装工序流程如图 13.3-9 所示。

13.3.4 概预算编制

1. 定额说明

（1）站内客运设备、站台门安装定额套用包括自动扶梯安装、电梯安装、站台门门体安装、控制装置安装、系统调试等项目。

（2）自动扶梯及电梯安装中包括机械安装和电气安装，但不包含下列工作内容：

1）自动扶梯外侧装饰板部分。发生时按现行装饰工程消耗量定额计算。

2）接地极以及接地干线敷设、配电装置及电梯控制柜、箱进线电缆的安装，发生时按供电工程相应子目计算。

3）电梯轿厢加装空调、冷热风机、闭路电视、电话、音箱、集中监视系统等设备、群控集中监视系统以及模拟装置，发生时按智能与控制系统安装工程相应子目计算。

4）结构预埋型钢制作安装、脚手架、厅门的塞缝，发生时按地下结构工程相应子目计算。

（3）定额子目中已考虑了高空作业因素，不得再行计算超高作业增加费。

2. 编制重点

（1）自动扶梯

典型 6A 车站的自动扶梯数量为 12 部，费用约为 1140 万元，指标约为 95 万元/部。

（2）电梯

典型 6A 车站的电梯数量为 3 部，费用约为 135 万元，指标约为 45 万元/部。

（3）站台门

全自动驾驶线路站台门系统概预算编制时，应重点关注顶箱、立柱结构、门槛、安装底座、门机系统、电源设备、固定门、滑动门、中央控制盘（PSC）、应急门、门控单元（DCU）、端门单元、激光雷达探测系统的数量和单价。典型 6A 车站的站台门费用约为 600 万元/站（10 万元/门单元），重点设备占站台门设备主材费的 94.18%，其参考数量及单价如表 13.3-4 所示。

站台门系统重点设备参考数量及单价表 表 13.3-4

序号	项目名称	单位	数量	单价（元）	总价（元）	费用占比
1	顶箱、立柱结构、门槛、安装底座	套	2	517500	1035000	21.80%
2	门机系统	套	60	12000	720000	15.17%

序号	项目名称	单位	数量	单价（元）	总价（元）	费用占比
3	电源设备	套	1	187500	187500	3.95%
4	固定门	扇	48	11000	528000	11.12%
5	滑动门	扇	60	9500	570000	12.01%
6	中央控制盘（PSC）	套	1	250000	250000	5.27%
7	应急门	道	12	15000	180000	3.79%
8	门控单元（DCU）	套	60	3000	180000	3.79%
9	端门单元	套	4	25000	100000	2.11%
10	激光雷达探测系统	套	1	720000	720000	15.17%

3. 注意事项

（1）智能检测设备

部分城市自动扶梯设置了智能检测设备，实现数据自动采集、智能判断，提高了站务工作的标准化程度和工作效率。自动扶梯智能检测设备单价一般按 8 万元/套考虑，电梯智能检测设备单价一般按 6 万元/套考虑。

（2）自动人行道

自动人行道是指带有循环运行（板式或带式）走道，用于水平或倾斜角不大于 12°输送乘客的固定电力驱动设备。其结构与自动扶梯相似，主要由活动路面和扶手两部分组成。30m 长自动人行道设备单价约 80 万元/部。

（3）车辆段电梯

车辆段电梯一般在综合楼设置。提升高度 90m 的电梯设备单价约 60 万元/部。

（4）多媒体显示屏

部分城市站台门设置了多媒体显示屏系统。多媒体显示屏设置在固定门顶箱，与顶箱盖板一体化设计，用于替代站台公共区顶端 PIS 屏。1 座 6A 地下两层车站一般设置 24 套多媒体显示屏系统，设备单价一般约为 4.50 万元/套。

第14章　工艺设备及车辆

14.1　工艺设备

车辆基地工艺设备是用于车辆、机电设备、土建结构检修及维护保养的设备，按照配置场所分为车辆段工艺设备和停车场工艺设备两部分，其中车辆段工艺设备根据功能配置分为车辆运用检修设备、综合维修中心设备、物资总库设备及培训中心设备4部分，见图14.1-1。

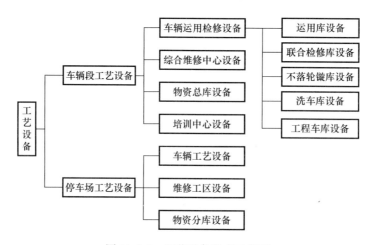

图14.1-1　工艺设备组成示意图

14.1.1　设计理念

1. 设计原则

（1）车辆段运用整备设施应根据生产需要配备停车列检库、双周/三月检库和列车清洗及相应线路和必要的办公、生活房屋和设施。双周/三月检库宜与停车列检库合建组成运用库，也可单独设置或与定修库等检修厂房合建组成联合检修库。

（2）车辆段应设机械洗车设施，配属车超过12列的停车场也可设置机械洗车设施，洗车设施包括洗车机、洗车线路和生产房屋。洗车机宜采用通过式，其功能应满足车辆两侧和端部的洗刷要求，并具有清水清洗及化学洗涤剂清洗功能。

（3）车辆检修设施包括定修库、大架修库、临修库、不落轮镟库、列车吹扫设施和辅助生产用房及设施，并根据其功能和检修工艺要求设置，且应符合下列规定：1）定修段应设定修库、临修库、不落轮镟库；2）大架修段除应设置定修段各种生产房屋外，还应根据车辆检修要求设大架修架落车库、检修库、静调库和转向架、电机、电器、钩缓、受电弓、空调、制动及蓄电池等部件检修分间，并应根据需要设油漆库。

（4）定修库、临修库、架修库和大修库均应设电动桥式或梁式起重机、必要的搬运设备和架车设备。起重机的起重量应满足工艺和检修作业的要求，起重机的走行高度应根据车辆高度、架车方式、架车高度、车顶作业要求和起重机的结构尺寸计算确定；架修库和大修库应根据作业需要选用地下式固定架车机组或其他形式的架车设备。临修库可选用移动式架车机。

（5）镟轮库可单独设置，也可与检修厂房合并设置，当合并设置时宜以实体隔墙隔开；镟轮库宜根据设备检修及安装要求设置设备；镟轮线应根据作业需要配置公铁两用车或其他牵引设备。

（6）车辆段应配备调车机车和调机库，调车机台数应能满足段内调车作业的需要，并应有一台备用车；调车机的牵引能力应满足牵引远期一列车在空载状态下通过全线最大坡度地段的要求；调机库的规模应按远期配备调车机车台数确定，库内宜有一个台位的检查坑，应根据作业需要设一台 2t 单梁起重机和必要的检修设施。

（7）车辆段应设吹扫设施，包括吹扫线、吹扫作业平台和吹扫设备；吹扫作业平台应设有防护栏，平台的结构尺寸应根据车辆结构和作业要求确定；吹扫设备应根据吹扫作业要求选用成熟可靠产品，并应根据作业和设备的要求配备辅助生产房屋。

（8）大、架修段转向架间应毗邻架修库设置，并应设有转向架和轮对等零部件的检修、清洗、试验和探伤设备；转向架间的规模和检修台位应根据转向架检修任务量、作业方式和检修时间计算确定。

（9）大、架修段电机间应临近转向架间设置，应根据作业需要配备电机分解、检测、清洗和组装设备，以及必要的起重运输设备，其中电机试验间与其电源应毗邻设置，并应采取降噪、隔声措施。

（10）蓄电池间的规模应满足地铁车辆蓄电池检修和充电需要，并应根据需要承担段内调车机车、工程车、蓄电池运搬车和汽车的蓄电池检修和充电；蓄电池间应设有电源室、蓄电池检修室、充电室、药品储存室和值班室；酸性蓄电池室应为防酸地面，并应与其他房屋隔断和采取防爆措施。

（11）车辆段电器间、制动间和空调检修间，应根据其作业要求配备相应的检修设备和起重运输设备。

（12）车辆段设备维修应根据段内机电设备和动力设施维护、检修的需要配备必要的金属切削与加工设备、电焊与电气焊设备、电器检测设备、管道维修设备和起重运输设备等。

（13）综合维修中心应满足全线线路、路基、轨道、桥梁、涵洞、隧道、房屋建筑和道路等设施的维修、保养，以及供电、通信、信号、机电设备和自动化设备的维修和检修工作的需要。维修中心应根据各专业的性质分设工务与建筑、供电、通信与信号、机电和自动化车间，根据各专业的作用内容配备必要的设备和轨道检测车、接触网检修车、磨轨车、轨道平车及平板车等工程车辆，并应配备相应的线路和工程车库；上述大型工程车辆应按自愿共享原则配备。

（14）物资总库宜设在大、架修车辆段内，可在定修段或停车场内分别设物资分库或材料库；大、架修车辆段内的物资总库宜设立体仓储设备；物资总库、物资分库和材料库应根据需要配备起重设备和汽车、蓄电池车等运输车辆。

（15）培训中心应设司机模拟驾驶装置及其他系统模拟设施，并应设教室、实验室、图书室、阅览室和教职员工办公和生活用房，以及必要的教学设备和配套设施。

2. 设计参数

（1）车辆日常维修和定期检修的修程和周期应根据车辆技术条件、车辆的质量和既有车辆基地的检修经验制定。新建地铁工程的车辆检修修程和检修周期应符合表14.1-1的规定。

车辆检修修程及检修周期   表 14.1-1

类别	检修修程	日常维修和定期检修周期指标		检修时间（d）
		走行里程（万 km）	时间间隔（a）	
定期检修	大修	120	10	35
	架修	60	5	20
	定修	15	1.25	7
日常维修	三月检	3	0.25	2
	双周检	0.5	15d	0.5
	列检	—	每天或两天	

（2）各车库的长度应分别按下列公式计算，并应结合厂房组合情况和建筑、结构设计要求作适当调整，并不应小于下列公式的计算值（单位：m）：

1）停车库计算长度：$L_{tk}=(L+1)\times N_t+(N_t-1)\times 8+9$

2）列检库计算长度：$L_{jk}=L_j\times N_j+(N_j-1)\times 8+9$

3）双周/三月检计算长度：$L_{yk}=(L+1)\times N_y+(N_y-1)\times 8+25$

4）尽端式洗车线有效长度：$L_{js}=2L+L_s+10$

5）贯通式洗车线有效长度：$L_{ts}=2L+L_s+12$

6）牵出线有效长度：$L_q=L_{qc}+L_n+10$

7）定修库长度：$L_{dk}=L+N_d\times 1+16$

8）临修库长度：$L_{lk}=L+L_z+20$

9）调机库长度：$L_{tk}=(L_n+2)\times N_n+(N_n-1)\times 4+7$，有检修作业时，其库长宜增加 7m。

10）静调库的长度、宽度可按定修库设计；架修库和大修库的规模应根据各修程的检修作业量、检修时间计算确定；镟轮线的有效长度应满足列车所有车辆的轮对镟修工作的要求，设备前后应有一辆车长度的直线段；吹扫库的尺寸应根据吹扫作业要求确定。

注：L——列车长度；$(L+1)$——列车长度加停车误差 1m；L_s——洗车机长度（包括联锁设备）；L_{qc}——通过牵出线的列车总长度；L_n——调车机长度；(L_n+2)——调车机长度加停车误差 2m；L_z——转向架长度；L_j——检查坑长度；N_t——每条线停车列位数；N_j——每条线列检列位数；N_y——每条线月检列位数；N_d——列车单元数；N_n——每条线停放调车机台数；8——停车列位/列检列位/月检列位之间通道宽度；9——停车库/列检库两段端横向通道总宽度；25——月检库设计附加长度；10——洗车线、牵出线端安全距离；12——信号设备设置附加长度；1——列车单元解钩后车钩检修作业所需距离；16——定修库设计附加长度；20——临修库设计附加长度；4——两调机检修台位之间的

通道宽度；7——调机台位距车库前后横向通道宽。

（3）车辆段、停车场各种车库有关部位的最小尺寸宜符合表 14.1-2 的规定，其中静调库尺寸按定修库设计。

各车库有关部位的最小尺寸（m）　　　　　　　　　　　　表 14.1-2

车库种类 项目名称	停车库	列检库	周月检库	定临修库	大架修库	油漆库	调机库
车体之间通道宽度（无柱）	(1.6) 1.4	(2.0) 1.8	3	4	4.5	2.5	2
车体与侧墙之间的通道宽度	(1.5) 1.4	(2.0) 1.6	3	3.5	4	2.5	1.7
车体与柱边通道宽度	(1.3) 1.2	(1.8) 1.4	2.2	3	3.2	2.2	1.5
库内前、后通道净宽	4	4	4	5	5	3	3
车库大门净宽	$B+0.6$						
车库大门净高	$H+0.4$						

注：1. B 为车辆或调车机的宽度；
　　2. H 为车辆高度（受电弓电动车辆按受电弓落弓高度计算）或调车机高度；
　　3. 调车机车库为单线库时，车体与侧墙（或柱）表面之间的距离应有一侧不小于 2m；
　　4. 表中停车库、列检库括号内尺寸适用于接触轨供电的车辆；列数值适用于架空。

（4）停车列检库设计的总列位数，应按本段（场）配属列车数扣除在修车列检和双周/三月检列位数计算确定；列检列位数设计不应大于停车列检库总列位数的 50%。

（5）运用库库型为尽端式布置时，停车、列检线应按 1 列位或 2 列位设计，双周三月检应按 1 列位设计；库型为贯通式布置时，停车、列检线应按 2 列位或 3 列位设计，双周三月检应按 2 列位设计。

（6）双周/三月检库宜有 1~2 列位设调试外接电源设备。

（7）列车洗车作业时的速度宜为 3~5km/h。

（8）转向架间内或附近应设轮对存放间存放备用轮对和待修轮对，备用轮对数量不应小于同时检修车辆所需轮对的 2 倍；待修轮对数量可根据本段轮对加工能力确定；转向架间内应设 10t 电动桥式起重机；轮对存放间内应设不小于 2t 的电动起重机。

14.1.2　功能模块

本节主要介绍车辆段工艺设备，停车场工艺设备相关内容可参照车辆段。

1. 车辆运用检修设备

车辆运用检修设备用于车辆的运用及检修作业，车辆运用作业包括车辆清洁和停车列检，工艺流程见图 14.1-2；车辆检修作业包括大修、架修、定修、临修、双周三月检等，工艺流程见图 14.1-3。

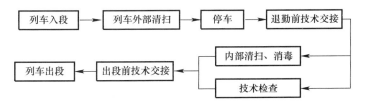

图 14.1-2　车辆运用工艺流程图

车辆运用检修设备功能需在对应的库房内实现，车辆段设置的库房一般包括：运用库、联合检修库、不落轮镟库、洗车库、工程车库及其他库房。大修、架修和定修一般在联合检修库完成；三月检、双周检和列检一般在运用库完成；停车场一般只设运用库。

（1）运用库

运用库包括停车列检库、双周三月检库和辅助用房（包括车辆段调度中心、备品备件间），配置的主要设备有检修平台、列检专用工具、车辆专用工具、静调电源柜、车辆段调度中心大屏等。

1）停车列检库

停车列检库承担配属车辆的停放、运用、整备工作，承担运用车辆的内部清扫、定期消毒、功能检测、技术检查和一般性故障处理工作。

停车列检作业对转向架、空气制动装置、电气装置、控制装置、车钩缓冲装置、车门、车灯、蓄电池等主要部件进行外观检查和保养，及时处理影响行车安全的故障。

2）双周三月检库

双周三月检库承担配属车辆的双周三月检任务，兼作静调试验工作。

双周三月检作业对车辆受电弓、转向架、电机、空气制动装置、空调设备、电气装置、控制装置、车钩缓冲装置、车门、车灯、蓄电池等主要部件的技术状态和功能进行检查、保养和必要的试验，列车不解列。双周三月检作业工艺流程见图 14.1-4。

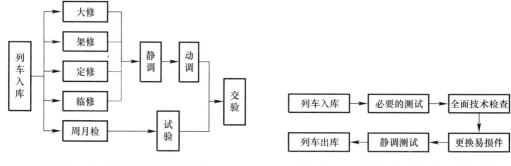

图 14.1-3　车辆检修工艺流程图　　　　图 14.1-4　双周三月检作业工艺流程图

（2）联合检修库

联合检修库由定临修库、大架修库、清扫库、静调库、转向架检修间、电机维修区、电器检修间、制动检修间、空调检修间、受电弓检修间、备品库、钩缓检修间、车门窗检修间、机加工车间、熔焊间、探伤间、仪表检修间、计量室以及辅助用房等组成。

1）定临修库

定临修库主库承担本线配属车辆定修及临修作业的架车、分解、检修、组装、落车以及交验等工作，列车由调机车或公铁两用车牵引出入库。配置的主要设备有电动单梁桥式起重机、地坑式固定架车机组、车辆专用工具、定修中高平台。

① 定修作业

定修作业对车辆受电弓、转向架、电机、空气制动装置、空调设备、电气装置、控制装置、车钩缓冲装置、车门、车灯、蓄电池等主要部件的技术状态和功能进行检查、修理和必要的试验，更换易损易耗件。定修原则上不解列、不架车，以检查、维护作业为主。

定修作业工艺流程见图 14.1-5。

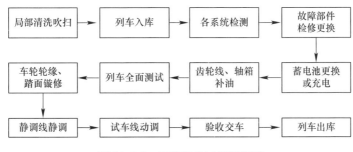

图 14.1-5　定修作业工艺流程图

② 临修作业

临修作业对车辆的临时故障进行检修，更换需检修的转向架及其他大型部件。临修更换转向架作业采用固定式架车机进行。

2）大架修库

人架修库承担本线配属车辆大/架修作业的架车、分解、检修、组装、落车以及交验等工作。大架修作业工艺流程见图 14.1-6。配置的主要设备有固定式架车机、移动式架车机、移车台、车体称重设备、电动双梁桥式起重机、电动单梁桥式起重机。

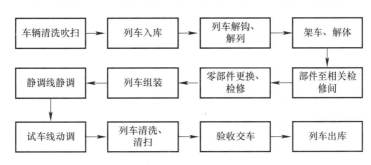

图 14.1-6　大架修作业工艺流程图

① 大修作业

大修作业对车辆包括车体在内进行全面的分解、检查及整修，对部分系统进行全面更换，对车辆各系统进行全面检测、调试及试验。

② 架修作业

架修作业对车辆的重要部件如电机、转向架等分解，进行全面检查、修理，并更换部分部件。对车辆各系统进行全面检测、调试、试验。架修作业时列车解列为单辆车进行检修。

3）车体表面处理间

承担大修车辆车体表面处理作业，主要配置喷漆设备。

4）部件检修车间

部件检修车间负责车辆各个部件的检查、检修、维护、试验等工作，包括受电弓检修区、空调检修区、制动检修区、钩缓检修区、电机检修区、电气检修区、车门窗座椅贯通道检修区、机加工区等。配置的主要设备有电动单梁桥式起重机、受电弓检修试验台、空调试验设备、制动综合试验台、车钩连挂试验台、动平衡机、车辆电机电气系统试验装置、超声波清洗机等。

5）转向架检修间

转向架检修间承担大架修车辆转向架及部分临修车转向架的检修作业，检修流程包括冲洗、分解、检修、组装、试验、喷漆作业，配置的主要设备有转向架静载试验台、转向架喷漆设备、转向架提升台、轴箱清洗机、驱动装置试验台、轮对拆卸设备、轮对压装设备、电动双梁桥式起重机。

6）辅助用房

辅助用房包括镟轮间、电机吹扫清洗间、叉车间、熔焊间、轴承轴箱存放间、探伤间、蓄电池间、工具间、会议室等，配置的主要设备有车轮车床、电动单梁悬挂起重机、电机清洗机、叉车、弧焊机、自动恒流充放电机。

（3）不落轮镟库

不落轮镟库负责车辆临修的镟轮作业，以提高列车运行质量。镟轮作业的轮对对位由镟轮机床配备的公铁两用车完成。配置的主要设备有不落轮镟床、电动单梁桥式起重机、公铁两用车。

（4）洗车库

洗车库承担车辆段配属车辆的定期外部清洗任务，以保持列车外部清洁、提高车辆检修质量和改善工作条件。配置的主要设备为列车自动清洗机。洗车作业工艺流程见图 14.1-7。

图 14.1-7　洗车工艺作业流程图

（5）工程车库

承担调机车和各特种车辆的停放、运用、整备、日常维修工作。调机车承担段内地铁车辆的调车作业和正线救援作业。配置的主要设备有蓄电池调机车、平板车、平板车吊车、电动单梁桥式起重机。

（6）其他工艺设备

1）空压机站

主要提供车辆段内主要生产车间所需压缩空气，主要供气范围为联合检修库；配置的主要设备有空压机、储气罐。

2）轮对受电弓监测站

设于出入段线上，负责对本线配属车的受电弓、轮对踏面状态进行定期检测，预防故障发生。配置的主要设备有受电弓检测成套设备、轮对检测成套设备。

2. 综合维修中心设备

综合维修中心主要承担轨道交通建成通车后各种固定设施的经常性巡检、定期维修、故障检修、日常保养和维护，根据规模和工作范围可分为维修中心、维修工区和维修组。

车辆段设维修中心，根据各专业性质分设工建车间、机电自动化车间、供电车间、通号车间及工程车队；停车场一般设维修工区或维修组，维修工区由工务工班、信号工班、供电工班组成，负责综合工区辖区内区间正线、辅助线、停车场及出入场线的工务、信号、供电设施的日常保养和临时补修。

综合维修中心配置的主要设备有钢轨打磨车、网轨检测车、抢险救援设备、抢险指挥车、相控阵超声成像检测仪、电动单梁桥式起重机等。一般钢轨打磨车、网轨检测车等大型工程车辆宜按资源共享配置。

综合维修中心具体功能如下：

（1）承担轨道、桥梁、路基、隧道、车站等建筑物、构筑物的检查、维修、保养工作。

（2）承担供电系统、通信信号系统的运营管理、巡检、维修保养工作。

（3）承担各种机电系统及设备，包括环控系统、给水排水系统、电梯及自动扶梯等设备的运营管理、巡检、维修保养工作。

（4）承担各自动化系统（包括自动售检票系统、车站设备监控系统、防灾报警系统）及通用办公计算机系统的测试、维修保养工作。

3. 物资总库设备

物资总库承担全线范围内运营所需的各种机电设备、机具、备品备件、配件、钢轨、其他材料及劳保用品的存放和发放管理的工作。物资总库宜设置在大架修车辆段，可在定修段和停车场内分别设物资分库或材料库。

物资总库分为立体仓库区、大件物品存放区及办公区，配置的主要设备有电动单梁桥式起重机、立体化仓储设备、小型堆垛机、工业货架、蓄电池叉车等。

4. 培训中心设备

培训中心负责组织和管理职工的技术教育和培训工作，一个城市轨道交通系统一般只设一个培训中心。培训中心配置的主要设备有司机模拟驾驶装置、系统模拟设施、教学设备及配套设施。

14.2　车辆

地铁车辆（简称"车辆"）是在地铁线路上可编入列车中运行的单节车，分为动车（有动力）和拖车（无动力）；根据客流规模、车辆定员及线路条件编组成列，可正常载客的地铁车辆的完整组合称为地铁列车（简称"列车"）。车辆由车体、转向架、联结装置、电气系统、制动系统、空调装置、安全设施、控制诊断系统、乘客信息系统九部分组成，见图 14.2-1。

14.2.1　设计理念

1. 设计原则

（1）车辆应确保在寿命周期内正常运行时的行车安全和人身安全；同时应具备故障、事故和灾难情况下对人员和车辆救助的条件；车辆及内部设施应使用不燃材料或无卤、低卤的阻燃材料；车辆应采取减振与防噪措施。

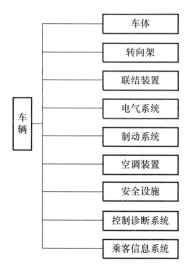

图 14.2-1　车辆组成示意图

（2）列车应具有下列故障运行能力：

1）列车在超员荷载和在丧失 1/4 动力的情况下，应能维持运行到终点；

2）列车在超员荷载和在丧失 1/2 动力的情况下，应具有在正线最大坡道上启动和运行到最近车站的能力；

3）一列空载列车应具有在正线线路的最大坡道上牵引另一列超员荷载的无动力列车运行控制到下一站的能力。

（3）列车的动拖比应根据启动加速度、制动减速度、平均速度、旅行速度、故障运行能力、维修费、耗电量、车辆的购置费等因素以及充分发挥再生制动作用，减少摩擦制动材料消耗，减少在隧道内的发热量，节约电能，减少环境污染等因素综合分析确定。

（4）联结装置应符合下列要求：1）列车中固定编组的各车辆间的车钩形式为半永久性牵引杆，列车两端宜设密接式半自动车钩或密接式自动车钩；2）联结装置中应设置缓冲装置，其特性应能有效吸收撞击能量。

（5）连接的两节车辆之间应设置贯通道，贯通道应密封、防水、防火、隔热、隔声，贯通道渡板应耐磨、平顺、防滑、防夹，用于贯通道的密封材料应有足够的抗拉强度，并应安全可靠，不易老化。

（6）车体应采用不锈钢或铝合金材料和整体承载结构。在使用期限内承受正常荷载时不应产生永久变形和疲劳损伤，并应有足够的刚度和满足纠正脱轨的要求。车体的内外墙板之间以及底架与地板之间，应敷设吸湿性小、膨胀率低、性能稳定的隔热、吸声材料。

（7）车辆宜采用无摇枕两系悬挂两轴转向架，转向架性能、主要尺寸应与车体、线路相互匹配，并应保证其相关部件在允许磨耗限度内，能确保列车以最高允许速度安全平稳运行。即使在悬挂或减振系统损坏时，也应能确保车辆在线路上安全运行到终点。

（8）电传动系统宜采用变频调压的交流传动系统，应具有牵引和再生制动的基本功能；牵引电机宜采用矢量控制或直接转矩控制的方式；电传动系统应能充分利用轮轨粘着条件和能按车辆载重量自动调整牵引力或电制动力的大小，并应具有反应灵敏的防空钻、防滑行控制和防冲动控制。

（9）制动系统应采用微机控制，应能根据荷载大小自动调整制动力大小；常用制动应采用电制动，并应充分利用电制动功能。电制动与空气制动应能协调配合，并应具有冲击率限制。当电制动力不足时，空气制动应按总制动力的要求补充不足的制动力。空气制动应具有相对独立的制动能力，即使在牵引供电中断或电制动故障情况下，也应能保证空气制动发挥作用。

（10）列车在实施再生制动时，制动能量应能被其他列车吸收，多余能量应由再生制动能量吸收装置吸收；紧急制动应为纯空气制动，列车在出现意外分离等严重故障而影响列车安全时，应能立刻制动实施紧急制动；停车制动系统应保证在线路最大坡道、列车在最大荷载情况下施加停放制动不会发生溜车。

（11）基础制动宜采用单元式踏面制动装置或盘形制动装置，列车制动系统应具有保持制动功能。

（12）列车应设置报警系统，客室内应设置乘客紧急报警装置，乘客紧急报警装置应具有乘务员与乘客间双向通信功能；列车应装设 ATP 信号车载设备。

（13）客室车门应设置安全联锁，应确保车速大于 5km/h 时不能开启、车门未全关闭时不能启动列车；客室、司机室应配置便携式灭火器具，安放位置应有明显标识并便于取用。

2. 设计参数

（1）车辆类型应根据当地的预测客流量、环境条件、线路条件、运输能力要求等因素综合比较确定。地铁车辆的主要技术规格应符合表 14.2-1 的规定。

地铁车辆的主要技术规格　　　　　　表 14.2-1

项目名称			A 型车	B 型车
车辆驱动特征			钢轮/钢轨	
			旋转电机	
车轴数			四轴	四轴
车辆轴重（t）			≤16	≤14
车厢基本长度（m）	单司机室车厢		23.60（24.40）	19.00（19.55）
	无司机室车厢		22.00（22.80）	19.00（19.55）
车辆基本宽度（m）			3.00	2.80
车辆高度（m）	受流器车	有空调	—	3.80
		无空调	—	3.60
	受电弓	落弓高度	3.81	3.81
		工作高度	3.90～5.60	3.90～5.60
车内净高（m）			2.10～2.15	
地板面高（车门处）			1.13	1.10
转向架中心距（m）			15.70	12.60
固定轴距（m）			2.20～2.50	2.20～2.30
车轮直径（mm）			Φ840	Φ760 或者 Φ660
车门数（每侧）（个）			5	4
车门宽度（m）			1.30～1.40	1.30～1.40
车门高度（m）			≥1.80	≥1.80
定员	单司机室车厢		310（超员 432）	230（超员 327）
	其中：座席		56	36
	无司机室车厢		310（超员 432）	250（超员 352）
	其中：座席		56.00	46.00
车辆最高速度（km/h）			80.00～100.00	80.00～100.00
启动平均加速度（m/s²）（0～35km/h）			0.83～1.00	0.85
常用制动减速度（m/s²）			1.00	1.10
紧急制动减速度（m/s²）			1.20	1.50
等效噪声 [dB（A）]	司机室内		≤80.00	≤75.00
	乘客室内		≤83.00	≤75.00
	车外		80.00～85.00	≤80.00

注：1. 无司机室的为标准车辆长度。

　　2. 有司机室的车辆加长长度部分，应满足标准车的曲线地段限界。

　　3. 括号内的数字为车辆两端车钩连接中心点之间的距离。

（2）车钩水平中心线距轨面高宜采用 720mm 或 660mm。同一城市地铁车辆宜采取同一尺寸。

（3）在最大垂直荷载作用下，车体静挠度不应超过两转向架支撑点之间距离的 0.1%；车体结构设计寿命不应低于 30a。

（4）转向架架构设计寿命不应低于 30a。

（5）受流器或受电弓受流时，应对受电器或供电设施均无损伤或异常磨损。受电弓的静态压力应为 70～140N，受流器的静态压力应为 120～180N。

（6）辅助电源系统应由辅助变流器、蓄电池等组成，辅助电源的交流输出电压波形应为正弦波。辅助变流器的容量应能满足车辆各种工况下的使用需求；蓄电池容量应能满足车辆在故障及紧急情况下车门控制、应急通风、应急照明、外部照明、车载安全设备、广播、通信等系统工作不低于 45min，以及 45min 后列车能开关门一次的要求。

（7）缓冲装置应能承受并可完全复原的最大冲击速度为 5km/h。

（8）当利用轨道中心道床面作为应急疏散通道时，列车端部车辆应设置专用端门和配置下车设施，且组成列车的各车辆之间应贯通。端门和贯通道的宽度不应小于 600mm，高度不应低于 1800mm。

（9）客室及司机室应根据需要设置通风、空调和供暖设施，并应符合下列要求：1）当仅有机械通风装置时，客室内人均供风量不应少于 $20m^3/h$（按定员载荷计）；2）当采用空调系统时，客室内人均新风量不应少于 $10m^3/h$（按定员载荷计），司机室人均新风量不应少于 $30m^3/h$。

14.2.2 功能模块

1. 车体

车体是车辆中最重要的组成部件之一，是安装与连接其他设备和部件的基础，车体支撑在转向架上，用以容纳乘客和司机。车体由底架、侧墙、端墙、车门、车窗、车顶、内装修等部分组成，客室车门有内藏门、外挂门和塞拉门三种形式，目前常用的是内藏门。车体示意图见图 14.2-2。

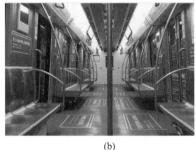

（a）　　　　　　　　　　　（b）　　　　　　　　　　（c）

图 14.2-2　车体示意图

（a）车体构造图；（b）车体内部图；（c）内藏门

2. 转向架

转向架是车辆结构中最为重要的部件之一，直接影响车辆运行品质，动力性能和行车安全，主要由构架、轮对、一、二系悬挂、抗侧滚扭杆、基础制动系统、中央牵引单元、轮缘润滑系统及辅助装置等组成，如图 14.2-3 所示。

转向架多采用无摇枕二系悬挂二轴转向架，转向架构架为 H 型钢板压型焊接结构，一系悬挂采用圆锥叠层橡胶弹簧，二系悬挂采用空气弹簧，并设有高度自动调节装置和横向减振器。

转向架具有以下功能：

（1）可增加车辆的载重、长度与容积，提高列车运行速度。

（2）转向架相对车体可自由回转，使较长车辆能自由通过小半径曲线。

（3）安装了弹簧减振装置，具有良好的减振特性，可提高车辆运行平稳性和安全性。

（4）支撑车体，承受并传递从车体至车轮或从轮轨至车体之间的各种载荷及作用力，并使轴重均匀分配。

（5）可安装电机，为车辆提供动力，通过轴承装置使车轮沿钢轨的滚动转化为车体沿线路运行的平动。

（6）可安装制动装置，利用轮轨之间的粘着传递制动力，放大制动缸所产生的制动力，使车辆具有良好的制动效果。

3. 联结装置

联结装置（钩缓装置）是连接车辆形成一个整体，传递牵引力、制动力并缓和纵向冲击力的车辆部件，包括车钩和缓冲器，安装于车底架构端的牵引梁内。车钩类型有自动车钩、半自动车钩、半永久型牵引杆，缓冲器采用橡胶缓冲器或其他大容量缓冲器。联结装置见图 14.2-4。

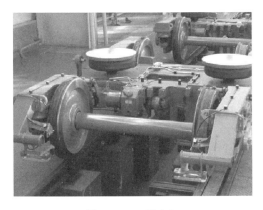

图 14.2-3　转向架

图 14.2-4　联结装置

4. 电气系统

电气系统包括牵引系统和辅助电源系统，牵引系统采用变压变频逆变器调速，鼠笼式三相异步电机驱动的交流传动系统，系统具有功能齐全的自检、自诊、监控和故障记录系统；辅助电源系统由辅助变流器、蓄电池等组成，DC/AC 逆变器（三相交流 380V）产生 AC3×380V 交流电源向空调、风机等交流负荷供，DC/AC 逆变器（直流 110V）产生 DC 110V 直流电源，作为蓄电池充电和直流负载的电源。逆变器和牵引电机如图 14.2-5 和图 14.2-6 所示。

图 14.2-5　逆变器

图 14.2-6　牵引电机

5. 制动系统

列车制动系统采用电制动和空气制动相结合的混合制动方式。基础制动采用单元式踏面制动装置或盘形制动装置；电制动设有再生制动和电阻制动，当再生制动失效时可自动

图 14.2-7　制动系统

转换成电阻制动；空气制动系统由风源系统、常用制动系统、紧急制动系统、停放制动系统组成，并包括指令装置、电气及空气控制装置、执行操作装置、自诊断装置等。制动系统如图 14.2-7 所示。

6. 空调装置

每辆车设置 2 台单元式车顶空调装置，每台的制冷量不应小于 $35 \sim 40 \text{kWh}$；每辆车的总风量应不小于 $10000 \text{m}^3/\text{h}$，新风量不应小于 $3200 \text{m}^3/\text{h}$。

7. 安全设施

（1）列车应设置报警系统，客室内设置紧急报警装置；

（2）列车应设置 ATP 信号车载设备；

（3）车门系统应设置安全联锁，确保车速大于 5km/h 时不能开启，车门未完全关闭时不能启动列车；

（4）列车应配置便携式灭火器；

（5）各电气设备金属外壳或箱体应采取保护性接地措施。

8. 控制诊断系统

列车计算机网络系统（TCMS）作为列车的控制中枢，应具备收集各系统运行及故障数据、数据分类、故障诊断及处理，将收集到的数据通过车载信号系统上传至运营控制中心；并执行车载信号系统发出的指令，实现列车唤醒、自检、运行、远程隔离及复位、自动折返、休眠等功能。中央控制单元、车载 ATO/ATP 装置、车载无线装置、电传动控制、制动控制、辅助逆变器控制、车门控制、空调控制、列车信息系统均应计入列车计算机网络系统。

列车和车辆控制分为列车控制级、车辆控制级（如有）与子系统控制级（包括牵引控制、空气制动、辅助电源、门控制、空调系统控制、乘客信息系统等），各控制级均具有冗余结构；诊断系统应该给出整列车的故障分级，便于车辆调度判断。

9. 乘客信息系统

（1）列车应具有广播和对讲功能，可实现运营控制中心向乘客、司机向乘客进行广播，司机之间可通过广播通话。

（2）列车应具有乘客信息显示系统（PIDS），通过客室内安装的 LCD 彩色图文显示器为乘客提供高质量的视频信息和必要的旅行换乘信息。车载设备主要包括：车载控制器、无线网桥和天线、LCD 控制器、分屏器、LCD 显示屏、车载交换机、摄像头、监控编码器、视频存储服务器。

（3）列车应具有视频监控系统，在客室和两端（外部）将分别安装视频监控系统设备，以实时监控客室紧急状况和两端运行环境。

14.3 概预算

14.3.1 核心设备

1. 工艺设备

工艺设备的核心设备包括蓄电池调机车、列车自动清洗机、固定式架车机、转向架静载试验台、五防锁、不落轮镟床、网轨检测车、立体化仓储设备、在线式受电弓检测系统、轮对几何尺寸在线检测系统等。

（1）蓄电池调机车

蓄电池调机车是由驾驶室、制动系统、行走系统、控制系统、蓄电池组、照明灯等组成的机车，动力由蓄电池组提供，驱动电动机运行，是简单可靠、机动灵活的牵引设备，无噪声、无污染。蓄电池调机车如图 14.3-1 所示。

（2）列车自动清洗机

列车自动清洗机用于清洗地铁列车的前后两端面、侧面、侧面和顶面的过渡弧面，具有自动刷洗、手动刷洗、水清洗、洗涤剂清洗、系统流程工况显示、故障显示、系统保护等功能，发生故障时系统能够紧急停机，同时进行声光报警。列车自动清洗机如图 14.3-2 所示。

图 14.3-1 蓄电池调机车

图 14.3-2 列车自动清洗机

（3）固定式架车机

固定式架车机用于列车架修、大修时的起、落车作业，对列车车体下部的机械、电气部件进行拆卸、维修、保养和更换，如图 14.3-3 所示。

（4）转向架静载试验台

转向架静载试验台用于车辆转向架静载试验、静压试验（压吨试验），采用电液伺服加载方式，加载力可以人为设定，以便模拟车体重量或根据工艺需要对转向架加载。在加载的同时可以检测转向架的轮重和转向架四角高，也可以根据需求增设轴距测量装置。用于静压试验时可以根据需要取消或保留称重系统。转向架静载试验台如图 14.3-4 所示。

图 14.3-3　固定式架车机

图 14.3-4　转向架静载试验台

（5）五防锁

五防锁包含防误系统和地线管理子系统，对列检库内隔离开关、接地线、网门等进行防误闭锁和实施监控，以消除车辆段库区接触网手动隔离开关断、送电、验电、挂接地线及车辆检修时存在的安全隐患，并对接地线的放置及挂拆进行在线规范管理，确保人身和运营的安全与高效。五防锁如图 14.3-5 所示。

（6）不落轮镟床

不落轮镟床主要用于地铁车辆在整列编组不解体的条件下，对地铁车辆轮对的轮缘和踏面进行测量和镟修，并适用于对单个转向架以及单个带轴箱轮对的修理加工。设备采用数控系统，具备自动测量、加工、数据记录和储存、自动润滑、故障诊断、铁屑破碎和排送等基本功能，同时具备对不同轮对的轮廓形状曲线进行编程、加工的功能，能够完成调机车、平板车等工程车的车轮镟修加工，使轮对保持良好的运用状态。不落轮镟床如图 14.3-6 所示。

（7）轮对压装设备

轮对压装设备是地铁车辆系统滚动轴承压装的专业设备，其主要用途是采用冷压方式将滚动轴承压装到轮对轴颈上，能实现自动不调头一次完成压装。轮对压装设备如图 14.3-7 所示。

（8）立体化仓储设备

立体化仓储设备由货架、有轨巷道堆垛起重机、出入库水平输送系统等组成，可实现货物搬运及存取机械化、仓库管理自动化，使材料及配件的存储、管理、周转联成一体，确立合理的存储量，减少仓储费用，建立最佳的物流组织形式。立体化仓储设备如图 14.3-8 所示。

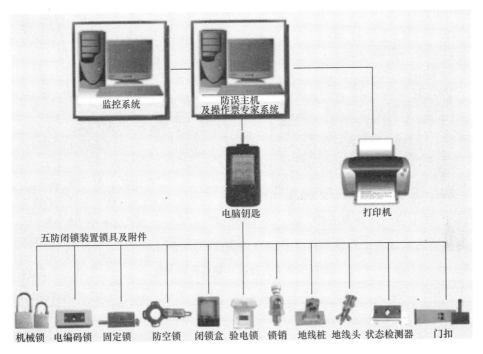

图 14.3-5　五防锁系统

图 14.3-6　不落轮镟床

图 14.3-7　轮对压装设备

（9）在线式受电弓检测系统

在线式受电弓检测系统利用高速图像处理器和传感器，配合图像分析方法，在不影响列车正常运行的前提下实现在线检测受电弓状态。该系统检测效率高，能实时跟踪监测各种反映受电弓主要运行状态和安全性能的特征信息，并对信息进行综合分析处理，及时预报影响车辆安全运行的受电弓故障，消除故障隐患。在线式受电弓检测系统如图 14.3-9 所示。

（10）轮对几何尺寸在线检测系统

轮对几何尺寸在线检测系统是一种专门用于地铁车辆磨耗检测的设备。该系统安装在轨道两侧，能在线检测地铁车辆轮对各相关部位的尺寸，当列车通过该系统时，系统能够快速、准确地检测出车轮的轮缘厚度、轮缘高度、踏面形状、车轮直径、车轮内侧距等重要数据。轮对几何尺寸在线检测系统如图 14.3-10 所示。

图 14.3-8　立体化仓储设备

图 14.3-9　在线式受电弓检测装置

车辆基地工艺设备主要设备规格及价格如表 14.3-1 所示。

车辆基地工艺设备主要型号及价格　　　　　　　　　　表 14.3-1

项目名称	规格	单位	市场含税价（元）
蓄电池调机车	430kW	辆	7000000
列车自动清洗机	130kW	套	3800000
固定式架车机	非标，120kW	套	8000000
转向架静载试验台	4.5kVA	台	4200000
五防锁	—	套	4500000
不落镟轮床	U2000-400M（150）	台	9000000
轮对压装设备		台	2200000
立体化仓储设备	非标	座	5000000
在线受电弓检测系统	5kW	套	2500000
轮对几何尺寸在线检测系统	非标	套	4000000

2. 车辆

地铁常用车辆为 A 型车和 B 型车，列车编组一般为 4 辆、6 辆、8 辆等不同的编组，最高时速一般为 80km/h、100km/h、120km/h，驾驶模式一般分为全自动驾驶和非全自动驾驶。设计时速为 80km/h 的全自动驾驶 A 型车单价约 900 万元/辆。地铁车辆如图 14.3-11 所示。

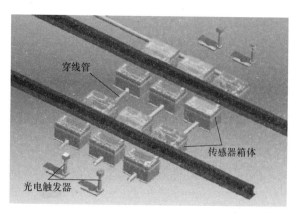
穿线管
传感器箱体
光电触发器
图 14.3-10　轮对几何尺寸在线检测系统

图 14.3-11　地铁车辆

14.3.2　概预算编制

1. 工程量计算规则

（1）工艺设备工程数量

典型 6A 车辆段的车辆运用检修设备、综合维修中心设备、物资总库设备的主要工程数量如表 14.3-2～表 14.3-4 所示。

车辆运用检修主要设备数量表　　　　　　　　　表 14.3-2

序号	项目名称	单位	数量	备注
1	蓄电池调机车	辆	4	一般一座车辆段配 4 辆
2	列车自动清洗机	套	1	一般一座车辆段配 1 套
3	固定式架车机	套	2	一般一座车辆段配 2 套
4	转向架静载试验台	台	1	一般一座车辆段配 1 台
5	五防锁	套	1	一般一座车辆段配 1 套
6	不落镟轮床	台	1	一般一座车辆段配 1 台
7	轮对压装设备	台	1	一般一座车辆段配 1 台
8	在线受电弓检测系统	套	1	一般一座车辆段配 1 套
9	轮对几何尺寸在线检测系统	套	1	一般一座车辆段配 1 套

综合维修中心主要设备数量表　　　　　　　　　表 14.3-3

序号	项目名称	单位	数量	备注
1	网轨检测车	辆	1	部分线路配 1 辆，可与其他线路共享
2	抢险救援设备	套	1	一般一座车辆段配 1 套

物资总库主要设备数量表　　　　　　　　　表 14.3-4

序号	项目名称	单位	数量	备注
1	立体化仓储设备	套	1	一般一座车辆段配 1 套
2	工业货架	套	1	一般一座车辆段配 1 套

培训中心负责组织和管理职工的技术教育和培训工作，一个城市轨道交通系统一般只设一个培训中心。

（2）车辆数量

初步设计阶段按照初期配属车数量计算车辆购置费，配属车一般包含运用车、备用车和检修车。

2. 编制重点

（1）车辆运用检修设备

车辆运用检修设备概预算编制时，应重点关注投资占比大的蓄电池调机车、列车自动清洗机、固定式架车机、转向架静载试验台、五防锁、不落轮镟床、轮对压装设备、在线式受电弓检测系统、轮对几何尺寸在线检测系统的数量和单价。典型 6A 车辆段的车辆运用检修设备费约为 11000 万元，重点设备费占比约 67.45%，其参考数量及单价如表 14.3-5 所示。

车辆运用检修重点设备参考数量及单价表　　　　表 14.3-5

序号	项目名称	规格	单位	数量	单价（元）	总价（元）	费用占比
1	蓄电池调机车	430kW	辆	4	7000000	28000000	25.45%
2	固定式架车机	非标，120kW	套	2	8000000	16000000	14.55%
3	不落轮镟床	U2000-400M（150）	台	1	9000000	9000000	8.18%
4	五防锁	—	套	1	4500000	4500000	4.09%
5	转向架静载试验台	4.5kVA	台	1	4200000	4200000	3.82%
6	轮对几何尺寸在线检测系统	非标	套	1	4000000	4000000	3.64%
7	列车自动清洗机	130kW	套	1	3800000	3800000	3.45%
8	在线受电弓检测系统	5kW	套	1	2500000	2500000	2.27%
9	轮对压装设备	—	台	1	2200000	2200000	2.00%

（2）综合维修中心设备

综合维修中心设备概预算编制时，应重点关注投资占比大的网轨检测车、抢险救援设备的数量和单价，综合维修中心设备费约为 3600 万元，重点设备费占比约 94.44%，其参考数量及单价如表 14.3-6 所示。

综合维修中心重点设备参考数量及单价表　　　　表 14.3-6

序号	项目名称	规格	单位	数量	单价（元）	总价（元）	费用占比
1	网轨检测车	—	辆	1	30000000	30000000	83.33%
2	抢险救援设备	—	套	1	4000000	4000000	11.11%

（3）物资总库设备

物资总库设备概预算编制时应重点关注投资占比大的立体化仓储设备、工业货架的数量和单价。物资总库设备费用约为 800 万元，重点设备费占比约 77.50%，其参考数量及单价如表 14.3-7 所示。

物资总库重点设备参考数量及单价表　　　　表 14.3-7

序号	项目名称	规格	单位	数量	单价（元）	总价（元）	费用占比
1	立体化仓储设备	非标	套	1	5000000	5000000	62.50%
2	工业货架	非标	套	1	1200000	1200000	15.00%

（4）培训中心设备

一个城市轨道交通系统一般只设一个培训中心，培训中心一般需设置列车驾驶仿真培训系统等设备，费用约 2600 万元/处。

3. 注意事项

（1）工艺设备注意事项

1）大架修与定临修

大架修车辆段较定临修，需增设整体式地下架车机组、移车台、车辆称重等大型检修设备，增加费用约 5000 万元/座。

2）磨轨车、铣磨车

根据线网要求，部分车辆段需配置磨轨车或铣磨车（图 14.3-12），磨轨车约 5000 万元/辆，铣磨车约为 9000 万元/辆。

3）智慧运维系统

智慧运维系统是依托于大数据的智能化系统，借助实时监控设备，采集和分析城市轨道交通车辆的运行和检修数据，判断设备故障趋势，诊断设备的运用健康状态，从而实现故障分级预警及设备维修作业的智能化管理。智慧运维系统指标约 3500 万元/处。

4）车辆健康系统

车辆健康系统是用于车辆维修管理的软件

图 14.3-12　磨轨车

系统，可以实现车辆的远程故障诊断、地面设备监测数据分析、车辆故障统计分析、车辆健康诊断评估、能耗管理等功能。车辆健康系统指标约为 1500 万元/处。

（2）车辆注意事项

1）车辆单价影响因素

影响地铁车辆单价的主要因素包括车辆类型、全自动驾驶、设计时速、动拖比。一般情况下，A 型车单价高于 B 型车；全自动驾驶车辆单价高于非全自动驾驶；设计时速越大，车辆单价越高；列车动拖比越大，车辆单价越高。设计时速为 80km/h 的非全自动驾驶 A 型车约为 800 万元/辆，B 型车约为 650 万元/辆。

2）车载 PIS

车地无线系统及车载 ATP 费用在信号系统中，车载 PIS 的存储设备等费用在通信系统中，显示屏等费用在车辆购置费中。

3）车辆厂家

国内的地铁车辆制造企业为中国中车股份有限公司，下属企业有南京浦镇车辆有限公司、青岛四方车辆有限公司、株洲电力机车有限公司和长春轨道客车有限公司。车辆价格受市场竞争、供需关系等影响，不同厂家、不同地区车辆报价有所差异，需要通过询价来确定车辆单价。

参 考 文 献

[1] 王立勇. 城市轨道交通工程技术经济指标 [M]. 北京：中国建筑工业出版社，2016.

[2] 王立勇. 城市轨道交通工程施工组织与概预算 [M]. 北京：人民交通出版社，2019.

[3] 住房和城乡建设部标准定额研究所，中铁第五勘察设计院集团有限公司. 城市轨道交通工程设计概算编制办法 [M]. 北京：中国计划出版社，2017.

[4] 住房和城乡建设部，国家质量监督检验检疫总局. 地铁设计规范 [S]. GB 50157—2013，北京：中国建筑工业出版社，2013.

[5] 湖北省建设工程标准定额管理总站，武汉市工程建设标准定额管理站，武汉地铁集团有限公司. 武汉城市轨道交通工程消耗量定额及全费用基价表 [M]. 武汉：长江出版社，2019.

[6] 湖北省建设工程标准定额管理总站. 湖北省通用安装工程消耗量定额及全费用基价表 [M]. 武汉：长江出版社，2018.

[7] 湖北省建设工程标准定额管理总站. 湖北省市政工程消耗量定额及全费用基价表 [M]. 武汉：长江出版社，2018.

[8] 朱丹. 城市轨道交通工程概论 [M]. 北京：人民交通出版社，2012.

[9] 车轮飞. 地铁暖通空调工程常见问题及分析 [M]. 北京：中国建筑工业出版社，2015.

[10] 宋奇吼，李学武. 城市轨道交通供电 [M]. 3 版. 北京：中国铁道出版社，2012.